U0647464

科学人才观丛书

Kexue Rencaiguan

shi jian duben

科学人才观

实践读本

中共中央组织部人才工作局　编

人民出版社

党建读物出版社

要牢固树立人才资源是第一资源的观念。人才是先进生产力和先进文化的重要创造者和传播者。人才资源是第一资源，人才优势是最大优势，人才开发是经济社会发展的重要推动力量。

实现我国人才发展总体目标，必须坚持服务发展、人才优先、以用为本、创新机制、高端引领、整体开发的指导方针。

——胡锦涛

积极宣传和普及科学人才观
更好发挥人才第一资源作用[*]

（代　序）

李源潮

　　2003 年 10 月，胡锦涛总书记在党的十六届三中全会上，提出了以人为本、全面协调可持续发展的科学发展观。2003 年 12 月，胡锦涛总书记在全国人才工作会议上，提出了科学人才观的理念，这是我们党对马克思主义人才理论的重要创新。

　　科学人才观是在科学发展观指导下提出的，是科学发展观在人才发展领域的集中体现和具体应用。首先，科学人才观继承和发展了党中央三代领导集体关于人才发展的重要思想。从毛泽东同志强调中国革命和建设需要培养造就大批德才兼备的各类人才；邓小平同志提出科学技术是第一生产力、知识分子是工人阶级的一部分的重要论断，强调要尊重知识、尊重人才；江泽民同志提出人才是第一资源的思想，强调要尊重劳动、尊重知识、尊重人才、尊重创造；到胡锦涛总书记提出科学人才观，强调人人可以成才的理念，强调在科学发展整体布局中人才要优先发展的战略，等等。这一系列重要思想一脉相承、与时俱进，构成了中国特色社会主义人才理论，指导着国家确立并实施科教兴国和人才强国战略。其次，科学人才观凝结了我们党

---

　　* 本文摘自中共中央政治局委员、中央书记处书记、中央组织部部长李源潮在科学人才观讨论会上的讲话。

90多年来特别是改革开放以来创新人才发展的实践经验。人才是最活跃的先进生产力，人才是科学发展的第一资源，人才工作要围绕中心、服务大局，人才发展要以用为本，以及高端引领、整体开发，等等，都是我们党长期人才工作实践的经验总结。其三，科学人才观按照科学发展观的要求，全面回答了新形势下我国人才发展的一系列重大理论和实践问题，涵盖了育才、引才、用才、聚才等各个方面，为提高人才工作科学化水平、推动人才科学发展提供了新理念和方法论。我们要深刻认识科学人才观的理论价值和实践意义，积极宣传和普及科学人才观。

科学人才观是落实国家中长期人才发展规划的实践指南。2010年颁布的国家中长期人才发展规划，是我国第一次对实施人才强国战略作出的顶层设计。科学人才观是制订国家中长期人才发展规划的灵魂。人才发展规划提出的我国人才发展的指导方针、战略目标、总体部署、人才队伍建设主要任务、10项重要人才政策和12项重大人才工程等，都是科学人才观的具体展开和生动体现。人才发展规划颁布实施已经两年多，成效初显；但这是10年规划，目前还只能说是开局良好。我们要以科学人才观为指导大力推进规划的实施。一是要把宣传和普及科学人才观贯穿于实施人才发展规划的全过程，让人才是科学发展第一资源、人才要优先发展、人才发展以用为本、人人皆可成才等核心价值理念真正深入人心，为深入实施人才发展规划提供思想动力。二是要抓好人才发展规划提出的各项重大任务的落实。在继续抓好"千人计划"的同时，启动实施对国内高层次人才的"国家特殊支持计划"，努力为人才提供更多的创新空间、创新机遇、创新支持。三是要运用科学人才观解决人才发展中遇到的新矛盾新问题，推动人才发展规划顺利实施，更好地发挥人才对科学发展的引领和支撑作用。

科学人才观是推动人才发展体制机制创新的重要武器。人才发展的关键在体制机制，体制机制的活力来自解放思想、改革创新。科学人才观的提出，有力推动了人才思想的解放和体制机制的创新，对如何建立符合中国国情的人才培养开发、评价发现、选拔任用、流动配置、激励保障机制是基本的指导。现在制约人才成长和发挥作用的保守思想和体制机制障碍仍然不少。比如，嫉才妒才、轻才贬才、"枪打出头鸟"等落后观念还很有市场；人才评价标准不够科学，项目申请、经费管理、激励保障等方面有的制度规定不利于人才潜心研究和创新创业；人才市场化配置机制不够完善，制约了人才的合理流动和价值实现，等等。这些情况说明，解放思想、解放人才、解放科技生产力是一项重要而长期的任务。我们要大力宣传和普及科学人才观，开阔眼界、开阔思路、开阔胸襟，更好地认识人才、集聚人才、使用人才，推动人才政策和体制机制创新，营造有利于各类人才脱颖而出、各尽其才的制度环境。

科学人才观是一个开放的、发展的体系，实践没有止境，理论创新也没有止境。随着我国社会主义现代化建设的不断发展，建设人才强国的实践也会更加深入和丰富。我们要坚持以邓小平理论和"三个代表"重要思想为指导，深入贯彻落实科学发展观，不断丰富和发展科学人才观。要总结基层的实践创造和探索，把行之有效的经验与做法上升为规律性认识。要深入研究和回答实践中提出的新问题，让人才理论来自实践、用于实践，在实践中接受检验和发展。要充分吸收国际人才发展的先进思想理念，特别是培养创新人才、支持人才创业、保护知识产权等方面的经验，为完善我国人才发展体制机制、提高人才国际竞争力提供更好的思想和理论指导。

希望更多的人才理论和实践工作者，进一步加强对科学人才观的研究和宣传，使科学人才观在全社会得到更好的普及应用，为人才的涌现、集聚、发展和成功创造更好的社会氛围，为推动建设创新型国家和人才强国作出积极贡献！

积极宣传和普及科学人才观 更好发挥人才第一资源作用

目 录

一　**人才是最活跃的先进生产力**　/1

二　**人才是科学发展第一资源**　/31

目录

十一　坚持人才发展改革创新　/311

十二　坚持党管人才原则　/339

一　人才是最活跃的先进生产力

马克思主义唯物史观认为，科学技术是推动经济发展和社会进步的生产力，人是生产力中最活跃的因素。人才是人力资源中的先进部分，是科技创新的主要承担者，人才对经济社会发展的创造性贡献，决定了人才是最活跃的先进生产力。江苏无锡从澳大利亚引进一个施正荣，几年时间就形成了具有世界先进水平的太阳能产业。江西新余从苏州引进一个彭小峰，很快就培育出一个大规模的太阳能多晶硅片和硅料生产企业。邓小平同志在论述对马克思主义的理论要解放思想、创新发展的时候，作出了一个时代性的判断：科学技术是第一生产力。邓小平同志强调，一定要在党内和全社会造成一种空气，尊重知识、尊重人才。人才是科学技术的主要载体。我们要充分认识人才在创造和发展先进生产力中的关键作用，不断解放思想、解放人才、解放科技生产力。

人才催生
北方经济中心

　　"新区是干大事的地方"，曾在美国医药行业担任资深研究员的张明煌博士如是说，"回国主要是为了实现自己的价值，在天津滨海新区，我们有更多的机会和更好的舞台"。这句话反映出千千万万怀揣创业梦想人才的心声。

　　今天的滨海新区，吸引着来自世界各地的优秀人才，他们带着技术和梦想，来这里创业、生活、扎根，成为新一代滨海人。

天津港

一　人才是最活跃的先进生产力

科学人才观实践读本

2005 年 10 月，滨海新区纳入国家发展战略，开发开放进入全新阶段。特别是近年来汇聚 5000 万元以上的项目 1100 多个，总投资超过 1.5 万亿元的新区"十大战役"全面打响，各种生产要素加速涌入，经济爆发式增长，科学发展排头兵实力显著增强，成为带动天津、服务环渤海区域发展的强大引擎。当我们掩卷沉思，探究个中原因时发现，人才竞相汇聚为新区高速发展提供了澎湃动力。

◀ 人才不能有"失"

滨海新区上升为国家发展战略后，在靠什么驱动发展这个问题上，新区人进行了一番热议：有人认为新区发展靠项目带动，有人认为靠产业引领，有人认为靠技术创新，但无论依靠什么，人才始终都是一个避不开、绕不过的话题。

早在 1998 年，摩托罗拉公司把在中国国内招聘的 245 名 IC 研发工程师送至美国培训，在当地优厚待遇的诱惑下，不少人流露出留在美国发展的意愿。这些人才一旦流失，工厂将难以正常运营。得知情况后，天津市领导亲自赴美做思想工作，将这批人悉数带回。摩托罗拉公司总部为表示感谢，特向滨海新区开发区颁发"最佳人才环境促进奖"，这是该公司在全球唯一向政府颁发的奖项。这件事给滨海人带来深深触动：即使是有上万人的跨国公司，也不愿流失任何一个人才，人才极其珍贵，人才不容有"失"。

不仅如此，随着滨海新区开发开放的深度展开，重大项目快速聚集，重大工程密集开工，对各类人才的需求更加迫切。新区

相关链接

天津滨海新区五大人才工程

2010 年 11 月，滨海新区提出实施科技人才领航工程、海外人才灯塔工程、企业人才旗舰工程、技能人才蓝海工程和服务人才港湾工程等五大人才工程，到 2015 年，引进培养各类领军人才 300 名，高层次专业技术人才和管理人才 5000 名，高素质从业人员 40000 名。

人才需求调查显示，部分行业人才缺口高达 23%。空客 A320 项目招聘蓝领工人便遭遇了难题。"有的职位根本招不到合适的人，比如喷漆技工，要求有大面积手工喷漆的经验，我们联系了两个造船厂，也只找到了 3 个人。外方把招录条件一再降低，最后也只是招了一半。"时任保税区人力资源服务中心主任刘忠玉有些无奈地说。

形势逼人，刻不容缓。2007 年 6 月，在进一步加快滨海新区开发开放动员大会上，天津市委提出要加快建设滨海新区人才高地，吹响了新区人才"集结号"。市、新区、各功能区、用人单位立即行动起来，一项项人才政策相继出台，一个个人才工程加紧实施，各类人才源源不断地从海内外涌向新区。

◀ 这是一片适合种子发芽的沃土

2007 年 7 月，博纳艾杰尔公司总经理汪群杰博士终于在新区找到了"新家"。"如果在别的地方，租金加上装修费用，怎么也得上百万元，但新区很多东西都是现成的，租金方面也有很多优惠，只需要二三十万元就可以了。"每次谈起这事，他都非常激动。几年内，他陆续获得的各类扶持资金近千万元，公司得到了长足发展，而这正得益于新区完善的创新创业支持政策体系。

近年来，滨海新区不断加大统筹力度，推进人才体制机制创新，为建设人才高地安上了"动车轮"。先后出台了《加快引进海外高层次人才暂行办法》《高新技术企业培育资金管理办法》等一系列人才政策，设立了 4000 万元人才发展基金和 1 亿元重大人才工程专项资

滨海新区引进的原创动漫设计团队

建设中的天津未来科技城

金，对创新创业领军人才给予300万元资助，对高层次留学生给予50万元资助。各功能区也制定了很多配套政策，如滨海高新区率先在9家企业开展股权激励试点，最高给予科技企业技术人才1000万元股权激励专项资金，使他们由"打工者"变为"股东"。

人才最渴望干事业的平台。谈起当年从加拿大回国创业，杜勇博士至今仍津津乐道："我第一次来天津国际生物医药联合研究院参观时，这里的科研条件让我震撼，没想到仪器设备这么先进、齐备。当时我就认定，这里是一片适合种子发芽的沃土！"很快，他创办的宝瑞生物技术有限公司就组建起来，仅用一年半时间就取得了2项科研专利。

目前，像天津国际生物医药联合研究院这样的大型公共技术平台在滨海新区有十余个，国家超级计算机天津中心、细胞产品国家工程研究中心等国家和省部级重点实验室、工程技术中心75家，企业技术中心和研发中心181家、博士后工作站和博士后创新实践基地124个，集聚了6万多名科技研发人员。此外，滨海新区以建设天津未来科技城为龙头，还建造了生产力促进中心、留学生创业园、大学科技园等各类孵育载体65家，总面积超过400万平方米，成功孵化1800

多家企业。天津泰达国际创业中心是新区最大的科技企业孵化器，国韵生物公司 2008 年从该中心"出壳"后，仅用三年时间就实现年销售额 2 亿元，成为国内 PHA 领域的领军企业之一。

安居才能乐业。23 岁的辽宁小伙小侯大学毕业即应聘到天津一汽丰田公司，对于月薪仅有 3000 多元的他，租房是一笔不小的开销。让他开心的是，到新区后很快就入住了瑞达白领公寓。对公寓内的配套设施、装修风格与周边环境，他都十分满意，"没想到这么快就有了一个家，这样我就可以放开手脚大干一番了"。富士康（天津）精密工业有限公司也是人才安居工程的受益者之一，新区人才公寓为该公司 9000 多名员工提供了居住服务。公司负责人坦言，"新区的蓝白领公寓，无论是完整性还是成熟度，都为人才落户创造了最好的条件"。

近年来，新区人才安居工程先后建成专家公寓、白领公寓、蓝领公寓和政府公屋等各类人才公寓 300 多万平方米，可供 25 万人才居住。此外，滨海新区建立人才服务联动反应机制，整合公安、教育、卫生、社保等部门服务资源，快速高效地为人才解决出入境、医疗、子女入学等实际问题。每年通过评选，为 1000 名优秀外来建设者解决落户问题。对重点

滨海新区人才公寓

企事业单位，则通过成建制引才方式，将大批专业技术人员和管理人员举家迁入，先后为中国一重、中航直升机、中科院工业生物研究所等一次性引入各类人才 1.3 万人。

一　人才是最活跃的先进生产力

人才集聚化带来产业升级

新区以政策开路，以服务聚心，打造人才栖居环境，实现了人才近悦远来。滨海新区人才高地工程实施以来，人才集聚效应初步显现。目前，新区人才总量突破 65 万人，其中具有高级职称者 1.7 万人，海外留学归国人才达 4700 人，35 人入选国家"千人计划"，外籍专家 2100 多人，人才密度居全国前列。

在人才的引领带动下，一系列重大关键技术被攻克，一大批高新技术企业发展壮大，新区产业结构迅速优化升级，经济社会发展呈现出勃勃生机。

目前，各类人才在滨海新区创办的科技型中小企业 8300 家，年申请专利 7500 件，销售收入 2500 亿元，总产值占全区工业总产值的五分之一；其中销售收入过亿元的"小巨人"企业 390 家。在基因药物、膜材料、海水淡化装备、电动汽车等高端技术领域取得了重大突破，聚集了 160 多项高水平研发转化新项目，培育了以赛象科技、力神电池、曙光计算机等为代表的一大批自主创新龙头企业。

高端高质高新项目集群带动了新区产业结构升级。过去大家一想到天津产品，脑子里只有"一碗面"、"一部机"、"一瓶酒"，即康师傅方便面、摩托罗拉手机和王朝葡萄酒。但如今，最让人津津乐道的是以大飞机为代表的航空航天大项目，2012 年年底，第 100 架中国产空客 A320 飞机将翱翔蓝天。在大飞机龙头带动下，大运载

相关链接

空客天津总装线项目

空客天津总装线是由空中客车公司与天津保税区、中国航空工业集团公司组成的中方联合体共同建设的合资企业，是欧洲以外唯一一家空客飞机总装线。项目于 2008 年 10 月投产，2009 年 6 月交付首架飞机，现在生产进度已达到每月总装 3 架飞机，至 2012 年下半年交付飞机总数将突破 100 架。

天津滨海临港经济区

火箭、直升机、无人机、通讯卫星、空间站项目纷至沓来，航空航天产业链迅速完善，产值从 2005 年的 2.2 亿元上升到 2011 年的 227.7 亿元，6 年增长了 103 倍，产业规模位居全国前列。随着人才的加速集聚，新区形成了物联网、云计算、纳米材料、风电设备等一大批战略性新兴产业集群，高新技术产业产值占工业总产值的比重达 44%。现代服务业快速发展，188 个总部经济项目成功落户，股权投资基金及基金管理公司达到 2100 家，融资租赁业务总量占全国 1/4……

更直观的变化是，滨海新区经济总量不断跃升，连续 4 年每年净增千亿元，平均增幅 22.5%。2011 年生产总值达 6207 亿元，是 2007 年的 2.6 倍。5 年来，人才数量每增长一个百分点，提升新区经济总量增长 5.6 个百分点，2011 年新区人均 GDP 突破 24 万元。

一　人才是最活跃的先进生产力

人才托起"东方硅谷"

2006 年，无锡市启动了 5 年内引进 30 名海外留学归国领军型创业人才的"530"计划，向海归领军人才提供三个"100"的待遇和三个"3"的支持，展现了城市的人才渴求和诚意。随后引来海外高层次人才的热捧，申报人数连年激增，截至 2011 年年底，这座湖畔城市已经吸引了 1631 家"530"企业注册落地，总注册资本达 50.4 亿元。

目前，已有 687 家"530"企业形成销售，58 家企业年销售额超千万元、4 家企业年销售额超亿元。围绕部分"530"企业建起的新兴产业链与产业园区在无锡已建成规模。

> **相关链接**
>
> ### "530"计划的三个"100"和三个"3"
>
> 　　**三个"100"**：对引进的"530"计划领军人才，一次性给予 100 万元的创业启动资金，提供不少于 100 平方米的工作场所和不少于 100 平方米的公寓住房，并且 3 年内免收租金。
>
> 　　**三个"3"**：对引进的"530"计划领军人才，从事科技开发项目的，可给予不低于 300 万元的创业投资；对有市场需求的高新技术产品，可给予不低于 300 万元的资金担保；以技术成果入股投资的，其技术成果可按不少于注册资本 30%作价入股。

一个人带来一个产业

　　施正荣，这个名字，在很长一段时间都是"530"人才来到无锡的理由之一。在应邀参加无锡留学人员创业商会年会时，施正荣写下了一段动情的文字："我们带着梦的种子回来，让它们在故土生根、开花、结果，亲身感受父老乡亲品尝我们创造的成就……还有比这更充实、更甜美、更幸福的境界吗？我们心里充满感激，感谢时代给了我们梦想，感谢生活给了我们机遇，感

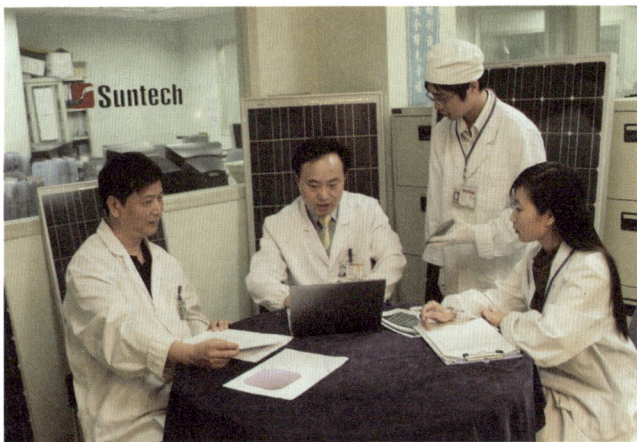

施正荣（左二）成为海外高层次人才来无锡创业的"标杆"

一人才是最活跃的先进生产力

张雷（左二）和他的团队

谢'530'计划给了我们信心和依托……"施正荣与尚德太阳能，吸引了世人目光，也促使了无锡观念的转变。以施正荣引进为起点，无锡2006年推出"530"计划。在引进的高层次人才中，日益涌现出了众多"黑马"，呈现出对新兴产业的强劲带动。

2006年年底，张雷放弃了英国投行的职位，在江阴高新技术创业园内一间简单办公室开始了"追风之路"。在不到三年的时间里，张雷和他的"黄金团队"迅速攻关，成为国内首家独立完成兆瓦级风机动态载荷和核心控制系统设计的风电企业。国内国际市场都递来橄榄枝，去年企业销售收入突破30亿元。崛起的远景迅速带动了周边的配套产业。围绕张雷开发的风电整机龙头项目，江阴大力招引风电配套项目，拉长风电轴承、控制系统、叶片等一整套的风电产业链。而张雷本人也前往国际一流风电配套企业，游说他们将工厂搬到江阴，2010年全球最大风电叶片生产企业LM公司的风电叶片项目正式落户江阴。由此，江阴着力打造千亿元级先进装备低碳产业。

据统计，"530"企业列入全市重点发展新兴产业的项目占总数的90%以上。"530"计划的成功实施，不仅在于引进了一批高层次人才和高新技术项目，其深层次意义在于这些高层次人才携带的科技项目具有前沿先导性，项目落户后能起到对新兴产业的引领带动效应。

率先跃入创新活跃期

2010年，无锡研究与开发投入首度跃上百亿元高点，占GDP比重超过2.3%。按照国际惯例，R&D投入强度达到2%是进入"创新驱动期"的标志之一。依此标准，当年无锡即进入"创新活跃期"。分

析人士认为，"530"计划的实施成为城市迈入创新活跃期的重要抓手。

人才是最活跃的生产力。"530"人才的科技实力不俗，虽然群体还不够壮大，但已初步展现出科技人才的创新示范效应。随着其产业化进程的加快，这一群体必将成为创新型经济发展的一股中坚力量。在无锡，"530"项目是高科技的代名词，在生物医药、传感网、新材料、现代装备等新兴领域，一大批"530"产品填补国内空白，达到了国际先进水平。

郑卫国是"530"计划首批引进的海外高层次领军人才之一。2006年，他带着先进的核酸检测技术离开美国"硅谷"，落户惠山区创办的中德美联生物技术有限公司，到如今一跃成为全球第三家拥有核酸检测核心技术的高科技生物企业，为国内外机构提供核酸检测服务。

有意思的是这位低调的生物学博士6年来常"被参观"，北美生物医药界的旧识考察过他的创业状态后，又有十多位博士也加入"530"队伍。创业的人需要集聚，"530"计划的深入推进，集聚了一批创新资源。"以才引才"的"葡萄串"效应，带来了先进技术的"葡萄串"效应。

在传感网领域，这一效应更为明显。沃浦光电传感科技研发生产的量子级联激光器和量子阱红外探测器，达到了国际领先水平；德思普科技有限公司引进了全球第二大通讯软件设计公司Sandbridge公司的研发管理团队，目前公司已研发出全球领先的多模4G移动终端基频信号处理器芯片，这一芯片的投产将改变我国在DSP处理器领域、无线基带芯片领域长期落后的局面。诚如德思普科技公司董事长李科奕所说，"这个行业没有什么其他资本，只有靠人才。"有投行背景的李科奕，是一个资源组合者、创业者，通过创业、并购，把一大批高端的

无锡高新区

一 人才是最活跃的先进生产力

传感网产业创新资源集聚在无锡。目前，在整个无锡，从事与物联网产业相关的"530"企业有250多家。

从创新型城市建设角度而言，"530"计划带来的，不仅是人才、项目，更是为城市产业发展发挥着创新示范效应，促进城市集聚创新资源能力的提升。到目前为止，"530"企业共承担部省级以上政府支持项目350多项，获得支持资金超过4亿元。特别是2010年开始的江苏省重点打造的"江苏创新团队"项目，全市8个获支持的团队中"530"企业就占了6家。

人才推动发展变革

先进的生产力，给思想观念与体制机制会带来什么？"530"的科技旋风、创新热情，给无锡这座因"民族工商业"、"乡镇企业"而闻名的工商名城，也带来了"触动"与"冲击"。

海归人才对本土企业发展的触动是一步步呈现的。

第一波冲击是施正荣的崛起。纵观百年历史长河中的无锡知名企业家相册，"黑白照片多，彩色照片少"，无锡大企业家的影响力依然还停留在当年的"面粉大王"、"丝业大王"、"煤铁大王"。当尚德施正荣以新时代创新创业海归的形象站在全新的舞台上时，拉开了海归人才推动本地高科技创新的序幕。

第二波冲击是"530"人才的到来。无锡对科技创新创业的鼓励以及张雷等"530"人才的表现，令本地企业家们看到一种新的发展速度和发展方式。两个企业群体在"冲击"之下，带着"探索"的意味开展合作。

凤凰画材与凤凰半导体，是一种深度融入的"探索"——嫁接。本地民营企业家陈卫宏执掌着全国第一、世界第二的"凤凰画材"，而"530"人才，来自美国休斯敦大学的物理学博士屈志军则是掌握着填补国内空白的IGBT系列芯片技术，一心想回国创业。经由人介绍，陈卫宏与屈志军一个出资一个出技术创办了凤凰半导体科技公司，形成了海归与本土企业家结合的"嫁接模式"。"做技术和做企

业有很大的不同，这种合作方式解决了海归水土不服的问题"，屈志军说，"创业是艰苦的，但我庆幸来到无锡，有这么多人的帮助"。

人才是最活跃的先进生产力，而城市间的人才竞争对政府服务水平提出了更高的要求。

屈志军（左三）与无锡当地企业合作

无锡"硅谷式创业"的氛围得到海归人才的普遍认可。"没有资金，有人给你；没有人手，有人帮你找；不懂兼并收购，有人为你操作。你唯一要做的是，拿出创意并付诸实施"。这是矽鼎科技董事长吴薇的感受。现在矽鼎科技已经完成国有股权的退出程序，而主打产品——国内外第一款基于车载 Linux 的新一代低功耗高性能符合车载标准的车联网前后装电脑也打开市场，单是一个品牌的两年订单额就达到了 4.5 亿元。他说，现在还不能说创业成功了，但从目前来看，选择无锡就是最大的成功。

"创业之初当保姆，发展之中当导师，成功之后当保安。"这一"无锡特色"的服务模式曾被广为传播。而站在"530"计划实施 6 年的节点上，服务模式不断升级，人才环境不断改善，特别是在体制机制的创新上，政府需主动作为，建立适宜创新创业机制，在转型发展中集聚人才。

城以才兴。无锡聚才不停步，2012 年再出引智力招，发布《关于深化"530"计划，建设"东方硅谷"的意见》，面向海内外广揽包括诺贝尔奖获得者在内的顶尖人才和科技创业、科技创新、社会事业、中介服务等七大类人才，力争 5 年内招揽海外高层次创新创业人才突破 1 万人；构建政府支持体系、企业创新体系、金融支撑体系、中介服务体系，使"东方硅谷"初具形态。

一　人才是最活跃的先进生产力

"经济小巨人"
背后的故事

　　新余，传说中仙女下凡之地。这座不沿江、不靠海，缺乏区位优势的中部内陆小城，曾因钢铁为主导产业而"一钢独大"。然而，在短短几年内完成华丽转型，一跃成为新能源、新材料、钢铁"三足鼎立"的国家新能源科技示范城。2011年，人均GDP达到10552美元，超广东、浙江，成为远近闻名的"经济小巨人"。是什么力量使这座工业城市到处都是活跃的创造、到处都是日新月异的进步？答案是：人才！

引进一个人才办起一个企业

　　从50年前设市开始，新余的发展就一直与钢铁联系在一起。1960年，新余因为"新余钢铁厂"的建立，升格为市；1963年，又

因为钢铁工业建设规模压缩，恢复为县。直到 1983 年才重新设市，一直以来钢铁产业都是当地无可替代的支柱产业。但今天，钢铁对新余市财政的贡献率已从以往的 80% 降到了 23%。

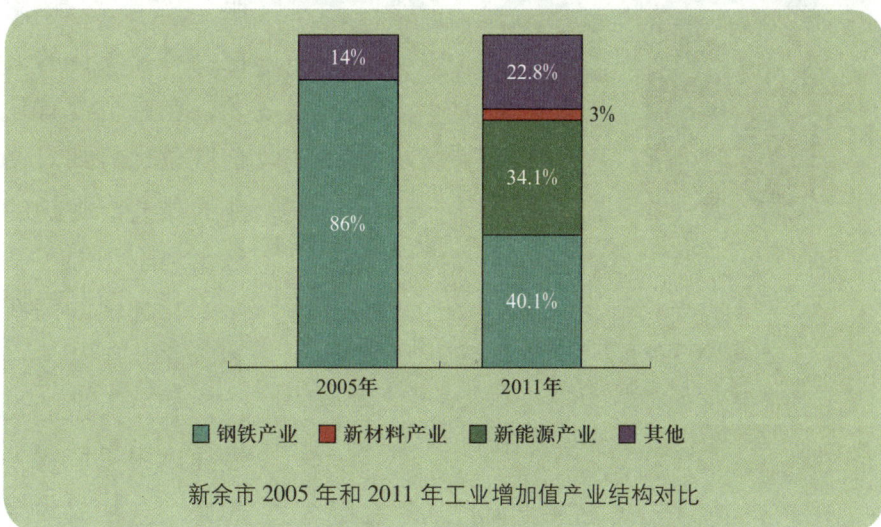

新余市 2005 年和 2011 年工业增加值产业结构对比

图例：钢铁产业　新材料产业　新能源产业　其他

　　透过深刻变化，大家都会有这样一种感慨：新余有今天的发展态势都缘于人才！彭小峰就是其中的一位杰出代表。

　　2005 年，鲜为人知的彭小峰怀揣着太阳能项目回到家乡江西，寻找发展太阳能光伏产业的机会。他受到当时新余市领导诚挚的邀请。"那时，我觉得新余还不完全具备发展光伏产业的条件，于是向新余市提出了 3 个要求"，彭小峰说，"第一，要帮助解决光伏产业需要的人才问题；第二，帮助解决企业最初的融资问题；第三，光伏产业对用电要求高，要保证企业有稳定的电力供应"。随后，新余市在全国范围内招聘人才，从 200 多位应聘者中，精心挑选了 8 位从事半导体等与光伏产业相关专业的优秀人才，并送国外培训。这既解了彭小峰在企业初创期的"人才之急"，也给如今成长为世界级太阳能企业的赛维造就了一支核心人才团队。与此同时，新余市又为赛维提供了 2 亿元的资金信贷支持，用电问题的解决同样顺利。彭小峰说："既能满足我提出的 3 个条件，又能让我实现回家乡创业的想法，新余最终成了我的不二选择。"

一　人才是最活跃的先进生产力

相关链接

彭小峰与江西赛维

● 2005 年 7 月江西赛维 LDK 太阳能高科技有限公司注册

● 2006 年 4 月投产，并成为当时亚洲最大的多晶硅片生产企业

● 2007 年 6 月在美国纽交所上市

● 2008 年实现销售收入突破 120 亿元

● 2009 年成为年销售量突破 1000MW 的光伏企业

● 2010 年硅片产能达 3000MW，销售收入突破 200 亿元

● 2011 年进行海外扩张，完成对 SPI 70% 股份的收购，销售收入突破 300 亿元

就这样，在政府的大力支持下，一个具有世界战略眼光，手握太阳能高科技项目的人才，在这个没有任何区位优势却对创业人才充满呵护的红土地上创办了一个书写神话的高新技术光伏企业——江西赛维。她的发展速度出乎所有人想象，一举成为全球最大的太阳能多晶硅片和硅料生产企业。在金融危机和欧债危机的双重影响下，2011 年，江西赛维销售收入仍达到 336.8 亿元，较 2010 年增长 27.3%。

◀ 凝聚一批团队兴起一个产业

人才跟着产业走，产业随着人才兴。近年来，新余围绕新能源、新材料、钢铁三大支柱产业的发展，大力实施人才引进培养"十百千万"工程，集聚了澳大利亚新南威尔士大学教授、世界太阳能之父马丁·格林，法国国家科研中心专家章向华博士、中南大学校长黄伯云院士等一批领军人才及其团队为新余经济社会发展服务。目前，已有来自世界各地的 300 多名外籍专家在新余各企业工作；一批像江西升阳光电、江西瑞晶、江西开昂等 20 多家光伏上下游企业

落户新余；新余高新区、新余经济开发区、分宜工业园区三大产业园里聚集了全市96％以上的高级经营管理人才、高科技研发人才和高技能人才，使新余在全国率先形成了一个"硅料—硅片—电池—组件—太阳能应用产品"完整成熟的光伏产业集群，创造了光伏产业发展的"新余速度"。

2008 年，时任台湾升阳光电科技股份有限公司常务副总经理的彭金龙了解到新余光伏企业发展情况，鉴于当时全球范围内的硅料供应紧张状况，说服台湾升阳公司做出了靠近硅料产地投资

相关链接

新余市"十百千万"工程

围绕新余市经济社会发展战略目标，到 2020 年，引进培养 10 名"两院"院士、10 名海外高端人才、10 名国家级学术技术带头人或享受国务院特殊津贴人员；引进培养博士研究生 300 名、企业年销售收入过 10 亿元的企业家 300 名、创新创业人才 300 名；选派 1000 名党政人才到国内外名校深造，选派 1000 名年轻后备干部到重点项目、招商一线或乡镇实践锻炼，行政事业单位引进 1000 名硕士研究生；培养 10 万名技能人才、10 万名农村实用人才、10 万名专业技术人才。

建厂的重大决策，在新余投资建设太阳能电池厂——江西升阳光电科技有限公司。公司凝聚了一批出色的管理团队及从事高效太阳能电池研发和制造的科研人员，设计制造的高效太阳能电池销往全球。意大利华侨曹勇先生是一位在新余创业多年的优秀企业家，2008 年，他

新余市高新技术产业开发区

一 人才是最活跃的先进生产力

敏锐地看到太阳能产业的巨大市场前景，筹资创办了江西瑞晶太阳能科技有限公司，聚集了一批材料、高分子、半导体与电子电力技术专家和工程师及高级经营人才，成为新余光伏产业"大家庭"中的一员新秀。短短 3 年时间，公司电池片产能达到 650 兆瓦、组件产能达到 200 兆瓦，2010 年实现销售收入 30 亿元，跨入全国乃至全球重要的太阳能电池片供应厂商行列。

国家"千人计划"专家杨旸博士在一次参观考察中了解了江西赛维，使一直致力于新能源技术产品转化的他下定决心在新余投资创业，创办了江西开昂新能源科技有限公司。如今，该企业已经在太阳能应用领域占有很大的市场份额。在杨旸博士的穿针引线下，新余市政府举办了"2010 江西（新余）国际精英新能源创业行"活动，吸引了 30 多位来自美、日、英等国知名大学的博士以及 4 个国家"千人计划"专家团队来到新余，现场签订项目 3 个，签约资金 5 亿元，

新余市吸引了一大批国内外领军人才及其团队来创新创业（从左至右依次为：杨旸，李良彬，马丁·格林，黄伯云）

达成项目 5 个，总投资约 20 亿元。

2011 年，面对国际光伏市场的剧烈波动，新余光伏产业销售收入仍达到 409.4 亿元，较 2010 年增长 28.3%。

◀ 优化人才环境　激发一方活力

如果赛维和新余的"联姻"只是个案的话，在这典型个案的背后

新余市表彰突出贡献人才

蕴藏着必然的因素，那就是新余把搞好人才服务、优化人才环境这项"软任务"作为"硬指标"来落实，不断营造人才集聚"磁力场"。

"人才工作好不好，由人才说了算，考核结果还作为衡量各级'一把手'政绩的重要标尺，我们看到了新余对人才的极大诚意。"一位在新余创业多年的人才心悦诚服地说。近年来，新余市按照江西省统一部署安排，全面实施人才工作目标责任制，坚持每两年对县区人才工作开展一次考核检查，并向各类人才进行满意度测评。考核的关键指标就是：优化人才发展环境、发挥人才作用、提高人才对经济社会发展贡献率。

与此同时，一系列富有"含金量"的政策措施相继出台，加速了创新创业人才在新余"落地生根"：市政府出台了《高层次人才创新创业激励办法》，对来新余创（领）办高科技企业、建设博士后工作站等研发平台的给予优惠，对来新余创（领）办高科技企业的，给予最高 300 万元的创业扶持资金，对上市的企业给予最高 500 万元的资助奖励；定期评选表彰"新余市突出贡献人才"，先后以市委市政府名义表彰了两批共 33 名人选。同时，建立了党政领导联系优秀人才制度、开通了人才咨询服务热线，加强与优秀人才的联系，帮助协调解决创业发展中遇到的具体困难。一位企业家谈到来新余创业的感受时说："新余对创新创业人才遇到的问题，特事特办、急事急办、马上就办，这种全天候、全方位、全过程'保姆式'服务把我们的情感'绑架'了，但'绑架'的结果是甜蜜的。"

除了打造良好的创业发展环境，新余还努力营造良好的生活环境。在这个本不发达的内陆城市也开始选择在部分学校开展双语教学，解决外籍专家子女就学问题；建设了"酒吧一条街"，让外籍人才找到"家的感觉"；在医院设立外籍特色门诊，提供预约、接待、导诊、咨询一站式的"绿色通道"就诊服务；投资1.5亿元，建设了360套集生态、环保、节能、居住于一体的人才公寓。

塞巴斯蒂安·瓦格尼茨是一个来新余工作多年的"80后"德国小伙，他经常对家乡的朋友说："我更愿意待在新余，这儿不仅有'国家森林城市'的优美环境，更重要的是，这里有诚心吸纳人才的政府和让人才发挥作用的事业。"

袁隆平和他的
杂交水稻

　　水稻，作为世界一半人口的主食，曾经因产量低难以挑起重任。袁隆平闯入经典遗传理论禁区，成为世界上成功利用水稻杂种优势第一人，开辟了水稻大幅度增产的新途径，书写了一粒种子改变世界的传奇。"粮食安全看水稻，水稻高产看隆平"，世界因此瞩目中国。

　　在国家杂交水稻工程技术研究中心海南三亚南繁基地里，作为冲刺超级杂交稻大面积亩产 1000 公斤目标选育的种子选手们，正走上擂台各显神通。这是继 2011 年超级杂交稻达到大面积亩产 926.6 公斤、提前实现第三期目标后，袁隆平领衔的科研团队又踏上创造新的

相关链接

国家最高科学技术奖

为奖励在科技进步活动中作出突出贡献的公民、组织，中国设立了国家最高科学技术奖、国家自然科学奖、国家技术发明奖、国家科学技术进步奖、中华人民共和国国际科学技术合作奖5项国家科学技术奖。其中，国家最高科技奖为中国科技界最高奖项，授予在当代科学技术前沿取得重大突破或者在科学技术发展中有卓越建树，在科学技术创新、科学技术成果转化和高技术产业化中创造巨大经济效益或社会效益的科学技术工作者，国家最高科学技术奖每年授予人数不超过2名。

世界纪录的征程。

"如果攻下大面积亩产1000公斤难关，则意味着到2030年，面对全球50亿以大米为主食的人口，中国杂交水稻技术将有能力为'织补'世界粮食缺口作出贡献。"年过八旬的袁隆平雄心不已。

40多年来，袁隆平从一个不盲从权威的中专教师起步，历经多次失败后不断修正技术路线，最终成就了杂交水稻的世界辉煌，并获得首届中国最高科技奖。

路有饿殍受震撼　一生结缘稻米香

袁隆平和水稻结缘，还得从50多年前的一次经历说起。

1960年前后，我国遭遇三年困难时期，粮食严重短缺。"我亲眼看见至少5个人倒在路边、田埂边和桥底下，真的是路有饿殍！那种凄惨的场景对我有很大的刺激，让我深切体会到了什么叫做'民以食为天'，深深感受到了粮食的重要性。"袁隆平回忆道。

考虑到水稻是我国主要的粮食作物之一，更是南方的首要粮食作物，从1960年起袁隆平就开始研究水稻。他发现一些农民从高山上兑了种子担回来种，因为"施肥不如勤换种"。农民们还诚恳地对他说："袁老师，你是搞科研的，能不能培育一个亩产800斤、1000斤的新品种，那该多好！"

袁隆平意识到了农民紧迫的需要是什么，那就是良种！于是每到水稻抽穗时，他就到农田中去选，这在当时是最简单最有效的方法。

◀ 天然杂交小概率　大胆推断闯禁区

1961年7月的一天，袁隆平照例去田里选种。突然，一株形态特优的稻株"鹤立鸡群"地吸引了他的目光。只见大大的穗子，饱满的籽粒，10多个有8寸长的稻穗向下垂着，像瀑布一样。经过推算，用它做种子水稻亩产可上千斤，而当时高产水稻不过五六百斤。

如获至宝的袁隆平马上做了标记，待成熟后又小心翼翼地收藏好它的种子，第二年春天播种到田里精心管理，渴望有奇迹出现。

但是，禾苗抽穗后让袁隆平大失所望。穗子高矮参差不齐，没有一株再现它"老子"的雄姿。袁隆平坐在田埂上，半天呆呆地望着这些不争气的家伙，心里想：为什么会这样？

突然，失望之余来了灵感：这种"儿子"不如"老子"的现象，

袁隆平在安江农校试验田

一　人才是最活跃的先进生产力

是不是就是孟德尔、摩尔根遗传学上所说的分离现象呢？只有杂交品种的后代才可能出现分离，而且这株稻分离比例完全符合分离规律。再说，自花授粉的水稻本来就有 0.1%—0.2% 的天然异交率。袁隆平从这次发现的小概率事件中大胆推断，这株"鹤立鸡群"的水稻乃是天然杂交稻。

不久，袁隆平又通过人工杂交试验，发现的确有一些杂交组合有优势现象。一个离经叛道的想法清晰地出现在袁隆平脑海：水稻同样具有杂交优势，利用这一优势是提高产量的一个途径。而当时的国内外学术界普遍认为，水稻是一种花器很小的自花授粉作物，异花授粉十分困难，搞杂交水稻是行不通的。

◤ 育种难关逐攻破　超级水稻节节高

既然决定了搞杂交水稻，不管遇到多少困难，袁隆平一往无前。

要使水稻在它的开花期内杂交成功，必须使自身的雄蕊处在不育状态，才有可能使雌蕊在有限的时间内接受来自其他植株的雄蕊花粉。而要在水稻大田里对所有的水稻花雄蕊都做一次人工"去雄"工作，几乎是不可能的。解决这个问题的最好的办法，就是人工培育一种特殊的"母水稻"——雄性不育系。

袁隆平受先前发现的天然杂交稻的启示，推想天然的雄性不育系必定存在，尽管概率仅为万分之一，还是顶着酷热和胃痛开始了漫漫寻觅。功夫不负有心人，终于在坚持 14 天、拿着放大镜观察了 14 万多个稻穗后，袁隆平从洞庭早籼品种中发现了第一株雄性不育株。这意味着，攻克杂交稻育种难题跨出了关键的第一步。

此后，袁隆平先后检查了几十万个稻穗，在 4 个品种中共找到 6 株雄性不育株。经过反复试验和分析论证，1965 年 10 月，袁隆平撰写了论文《水稻的雄性不孕性》，投稿给中国科学院主办的《科学通报》杂志，正式提出了通过培育水稻三系，以三系配套的方法来利用水稻杂种优势的设想与思路。在这一思路指引下，全国性大协作先后攻克了三系配套关、优势组合关和制种三大难关。

袁隆平没有止步。1986年，他又提出了杂交水稻的育种战略，即育种方法由三系法到两系法再过渡到一系法，程序上由繁到简，效率却越来越高。1995年，中国独创的两系法杂交水稻研究获得成功，比已有同熟期三系法杂交水稻增产5%—10%。

水稻超高产育种是世界炙手可热的研究领域，对解决粮食安全问题至关重要。袁隆平又发起了对超级稻的攻势。在他的领衔攻关下，我国已先后实现了大面积亩产700公斤、800公斤和900公斤三个目标，屡次创造世界纪录，杂交水稻育种长期保持世界领先水平。

超级稻高产了，会不会好吃呢？面对这样的提问，袁隆平院士最喜欢讲个故事作答。"港深记者团来采访，其中有四位年轻小姐，我请她们吃饭，三位吃了三碗，还有一位吃了两碗半，都说真好吃。后来又来了一个香港企业家，一连吃了三四碗饭，他说'这米饭真好，我还要吃'，最后还说'我要打包'，打什么包？打饭的包。"

一　人才是最活跃的先进生产力

大推广自给自足 走出去造福世界

杂交水稻研究成功，首先受益的就是中国。

从1976年开始，杂交水稻以世界良种推广史上前所未有的发展态势在中国大地迅速推开。当年千军万马下海南制种的盛况，一直留在袁隆平的记忆中。"这段时期，全国27个省、市、自治区去海南的每年都有18000多人，制种面积多时达6万亩。"截至目前，我国杂交水稻已累计推广60亿亩，共增产稻谷5500多亿公斤，为我国从根本上解决粮食自给难题作出了重大贡献。1981年，袁隆平代表全国籼型杂交水稻科研协作组，获得了新中国成立以来第一项特等发明奖。

2006年，在确保粮食安全的前提下，立足为农业结构调整和农民致富创造条件，袁隆平院士提出实施"种三产四"丰产工程，就是种3亩超级稻，产出现有4亩地的粮食总产。湖南率先启动这一工程，2011年新增粮食产量有三分之二来自于杂交水稻新技术的推广应用。

杂交水稻也刮着旋风走向了世界。

第一站就是美国，还促成了中国农业第一个对外技术转让合同的签订。1979年，中国赠送给美国的1.5公斤杂交水稻种子在当地试种，

比当地良种增产 33% 以上，引起了美方的极大兴趣。次年，中美双方签订正式合同规定，中方将杂交水稻技术传授给美方，在美国制种并销售，美方每年从销售种子总收入中提取 6% 付给中方作为报酬，合同期为 20 年。袁隆平回忆说："美方还特地来我国拍摄了一部以中国杂交水稻为中心内容的彩色纪录片，在美国和日本播放，引起了轰动。"2006 年，袁隆平当选为美国科学院外籍院士。

近 50 期国际培训班，更是将杂交水稻大步推向世界。亚、非、拉约 50 个发展中国家受训的 2000 名技术人员，回国后都成为了当地研究和推广杂交水稻的技术骨干。20 世纪 90 年代初，联合国粮农组织还将推广杂交水稻列为解决发展中国家粮食短缺问题的首选战略，并聘请袁隆平为首席顾问。截至目前，杂交水稻已在全球 40 多个国家开始研究或引种，种植面积达 4500 万亩。

"我今生最大的心愿是让杂交水稻更多地造福世界。如果杂交水稻的推广占到世界水稻种植总面积的一半左右的话，全世界每年增产的粮食则可多养活四五亿人口，这样，在世界上消除饥饿就大有希望了。"袁隆平院士说道。

我们期盼着袁隆平的心愿早日实现！

一　人才是最活跃的先进生产力

二 人才是科学发展第一资源

　　中国的基本国情是人多地少，人力资源是我国最丰富、最可开发、最有潜力的资源。而人才资源是人力资源中最有价值的组成部分，是中国走科学发展之路最可依赖也必须依赖的第一资源。随着我国经济、科技、教育水平的不断提高，人才资源总量和质量都在迅速提升。江泽民同志在论述"三个代表"重要思想时就指出，人才是一个国家发展最重要的资源，人才资源是第一资源。党的十七大以来，我国深入实施人才强国战略，人才对科学发展的支撑作用日益凸显。截至 2010 年底，全国人才资源总量达到 1.2 亿人，人力资本对经济增长贡献率达到 32.6%，其中人才贡献率达到 26.6%。胡锦涛总书记强调，人才是第一资源，是国家发展的战略资源。我们要牢固树立这一科学理念，大力培养人才、引进人才、用好人才，把人力资源优势转化为人才资源优势，把人才资源优势转化为科学发展优势。

国际化大都市的
时代标签

2011 年，上海 GDP 增幅降到了 8.2%，在全国 31 个省区市中倒数第二。GDP 增速殿后，在上海市内部，也曾有过争论：是不是太没面子？

上海市委市政府对此相当淡定，明确提出：要下决心减少对重化工业、加工型劳动密集型产业、房地产发展和投资拉动等四个方面的依赖，扎实推进创新驱动、转型发展。市委领导形象地说："推进转型发展不是在公园里散步、在沙滩上晒太阳，要痛下决心，用破釜沉舟、义无反顾的决心和勇气顽强推进。"

上海土地面积只有天津的 1/3、北京的 1/2，自然资源缺乏。上海

上海陆家嘴

转型发展靠什么?

转型升级靠人才

最新统计表明，上海人才对经济的贡献率为36.7%，高于全国平均值10个百分点，位居全国之首。

产业可以迎来人才，人才也可以带动产业。

上海已是国内人才高地之一，建设国际人才高地已成必然。

近年来，"国家千人计划"、"上海千人计划"、"海外高层次人才集聚工程"、"浦江人才计划"等海外引才项目，吸引了很多的留学人员来沪创新创业。

据统计，目前上海引进的海外高层次人才中，已入选国家"千人计划"340人，位居全国第二位。上海还启动实施了地方"千人计划"，2011年11月，首批160位海外高层次人才入选。从2008年1月至2011年底，上海从海外引进的人才有31713人，其中归国留学人员12717人，外国专家18152人，港澳台专才844人。上海已成为海外留学人员回国工作和创业的首选城市之一。目前，常驻上海的外国专家约8.5万人，归国留学人员总数超过9万余人，持有效《外国人就业证》实际在沪就业的外国人近7万人。

相关链接

上海千人计划

"上海千人计划"是《上海市中长期人才发展规划纲要(2010—2020)》中提出的16项重大人才工程之首，计划用5—10年时间，重点引进2000名左右能够促进上海市重点行业、重点领域发展的海外高层次人才。

30页发展计划，让企业落户上海

"跑了好几个开发区，都说没办法注册。"入选国家"千人计划"

的创业人才、上海舜宇海逸光电技术有限公司 CEO 韩小逸，2008 年从美国回国创业时，在公司注册上兜了很大的圈子。"当时，没有资金、资源，有的只是知识产权和 30 页讲述发展计划的 PPT。我们希望以知识产权入股，这在国外是非常平常的事情，在当时的中国却过于超前。"韩小逸说。

上海接纳了他。而今，短短几年时间，公司已拥有 5 项发明专利，预计到 2013 年生产面积将达到 4000 平方米，产值将达到几个亿。

为韩小逸解难的知识产权入股，正是浦东试点的知识产权质押融资。不仅如此，2010 年，浦东新区人大还颁布了《关于推进浦东新区高新技术产业化的决定》："对社会资金为科技中小企业提供融资的，视情况给予一定比例的风险补偿或支持；对国资支持科技中小企业的，允许发生缘于非主观故意造成的失败或失误。"这是上海历史上第一次将"鼓励创新、宽容失败"写进人大决定。

国家"千人计划"创业人才李冰的"硅光子产业化"项目技术，居国际领先水平，但却是个高投入、高风险的"烧钱"项目。经过评

国家"千人计划"创业人才李冰（右二）与他的团队

审，杨浦区决定向李冰成立的圭光公司投入 100 万元启动资金、200 万元购房补贴和带有 3 年免租金合约的 200 平方米办公场地，并精心为其量身定制跟踪扶持协议。

受扶持李冰创业等案例的启发，杨浦区开始构建"资金＋基金"创业融资政策体系。杨浦区的态度很鲜明，即"投资人才，回报最丰厚，只要是评审通过的潜力股，就要大胆投"。针对启动期的创业企业，设立 5 年 3 亿元的人才专项资金，用于无偿资助处于启动期的海外归国人才创业企业。针对中早期的海外人才创业企业，组建了总额达 2 亿元的创业投资引导基金，发挥政策性资金的杠杆效应，通过市场化运作引导民间资本参与创业项目的发展壮大，目前联合 10 家国内知名创投机构，形成了"海外人才创业投资联盟"。

"走了好多城市，还是上海好！"因为上海在对海外人才使用机制上的大胆探索，使不少海外人才大声叫好。

2011 年，由 998 名外籍专家评选出的"中国十大最具吸引力的城市"中，上海的"创业扶持政策"获得第一。在创业扶持政策的带动下，目前归国留学人才在上海创办企业达 4300 余家，注册资本超过 5.7 亿美元。

无论海角与天涯，大抵心安即是家。

除了薪金待遇、创业机制，生活服务、居住环境等也是海外人才心安的理由。在"工作环境"包含的四项指标中，上海排名最高，获得三项第一。从这一调查也可以看出，外籍人士对上海的工作环境是非常满意的。同时也说明，上海对海外人才的吸引力，不仅来自于创业创新的政策，还有服务软环境。上海为"千人计划"人才设立了服务专窗，为他们提供高效便捷的服务。截至 2011 年底，生活专窗已服务"千人计划"专家及其家属 3349 人次，提供了涉及子女读书、医疗照顾等 16 大类 40 项生活安居服务。

海外人才成经济发展重要支点

李力游，展讯公司的总裁兼 CEO。作为国家"千人计划"专家，他连续三年承担国家"新一代宽带无线移动小通信网"重大科技专项。

相关链接

上海高效便捷的服务专窗

上海为人才提供"一口受理、一站办结"的生活服务专窗。同时，还设立科技事业发展服务专窗，按照"前置受理、全程代办"的服务理念，围绕科技政策咨询、计划项目申报等方面需求开展服务，提供涵盖"科技攻关"项目、创新创业环境资助、人才项目资助、国际科技合作等 7 大类 29 个科技事业服务项目。

研发成功世界首颗射频多模单芯片后，展讯公司获得三星供货商资质，也是中国芯片厂家第一次成为全球 TOP5 手机制造企业的供应商。

自主创新靠人才，像李力游这样的创新团队在上海有很多。一组数字可以说明这一切：上海张江国家自主创新示范区 296 平方公里的土地上，聚集了 1000 多个研发机构，其中包括 22 个国家级专业研发基地。

　　创新还需产业化。统计表明，2011年上海战略性新兴产业总产出突破1万亿元，按现价计算，比上年增长12.2%。新能源、民用航空、先进重大装备、新材料等战略性新兴产业加快培育，极大规模集成电路制造装备、新一代宽带无线移动通信网等一批重大专项成果实现产业化。

　　产业创新，使上海减少了对重化工业增长的依赖、对房地产的依赖、对加工型劳动密集型产业的依赖、对投资拉动的依赖。经过几年的努力，海外引进人才的产业创新，已成为上海经济发展的重要支点。

电子商务公司"1号店"，从2008年的刚刚起步到2011年上半年7亿元的营业收入，"1号店"凭借3年来营业收入增长192倍的骄人业绩等综合指标，名列全国B2C电子商务公司综合排名前五，位居2011年德勤"高科技、高成长"中国50强榜首。

　　国家"千人计划"专家权华博士和王尤崎博士创办的亚申科技公司，现已被国际权威机构评选为"国际清洁能源百强企业"，未来三年里营业收入将达到5亿元，5年内将突破10亿元，成为中国洁净能源行业的领军企业。

草原钢城的"聚才经"

10 年前，潘阳来站在包钢大门口犹豫不决，作为当年被包钢相中的冶炼才子，虽然受到包钢领导的热情邀请，但包钢传统的粗放型经营模式又是他所担心的。如今的潘阳来，已经成为包钢炼铁厂一名专业技术骨干，事业与家庭都安稳地扎在了包头。随着包钢高层次人才绿色通道的逐步顺畅和高技能人才激励政策的实施，各类人才争相涌入并助推包钢成功转型，钢铁产业新开发的高附加值产品产值占整个产业产值的 1/3 以上。

这不仅仅是包钢的转型，更是包头从资源城市向人才大市转变的一个重要缩影。10 年前，一谈到发展，很多领导干部首先想到的就是

包头春坤山草场

有没有矿产，都把希望寄托在地下资源上。人们根深蒂固的想法是：包头守着金山银山，不愁吃不愁穿，何苦花大价钱搞"人才强市"？然而，一批资源型城市发展陷入困境的严峻现实，让包头的决策者们清醒地认识到，如果执迷于廉价的资源输出，整个城市将钻进发展的死胡同，走人才、科技振兴之路，才是包头面向未来的最佳选择。

事实证明，包头"人才强市"战略扭转了"自然资源是第一资源"的发展困局，各类人才的聚能效应改变了传统的

相关链接

内蒙古"草原英才"工程

从 2010 年开始，用 5 年时间，引进培养海内外高层次人才 1200 名；建成高层次创新创业基地 30 个，创新团队 30 个。

产业格局，更催生了一批高科技含量、高附加值的新型产业，构筑了符合包头特色的"人才高地"。

"真心＋实意"补足人才短板

包头地处中国西北，对人才具有吸引力的工作条件、生活环境、人文氛围等都不占优势，但包头依靠政策留人、服务留人，用"真心＋实意"成功弥补了先天劣势。

聚集人才，政策先行。围绕落实好自治区出台的《内蒙古"草原英才"工程若干政策规定》，包头市先后制定出台了一系列配套政策，对引进培养的高端人才给予住房补贴，并免费提供创业科研用房，优先解决项目、课题启动资金。同时，对国家"千人计划"专家和"草原英才"，市财政分别按国家、自治区补贴标准进行配套。

优越的政策和创业环境，吸引来大批海归创业精英，栗世芳就是其中的一位。2008 年，栗世芳带着科研成果从澳大利亚来到包头，创办了汉诺威工业装备科技有限责任公司，开发出了具备完全自主知识产权的 AG 热存储材料、高效相变储能新材料等环保节能储能及热交换技术。"虽然我的项目在国外很有发展前景，能收到更稳定的效

益，但包头的创业环境更加吸引了我"，栗世芳说。在包头，像栗世芳这样的海归创业人才还有很多，他们放弃了国外的优越条件，选择扎根包头，催生了一批新兴产业领域的科技创新型企业。

生活上，包头更是提供保姆式的全方位贴身服务，建设人才公寓、提供子女入学"点读服务"、为配偶对口安排工作等，细致入微的服务，让各类人才在这里找到了"家"的感觉。

对此，本土人才内蒙古科技大学的李保卫深有感触。在美国俄亥俄州立大学从事了5年科研工作的他，本可以长期留在美国，美方也不断向他在国内的妻子发出邀请。然而，李保卫想都没想就谢绝了，

李保卫（左一）为团队成员进行技术讲解

他怀着一颗感恩的心，毅然选择回到了包头。他说："在包头工作30年来，各方面给予我的太多太多，是内蒙古培养了我，但我回报的还很少。这里有良好的发展前景和工作氛围，我将一辈子扎根包头。"

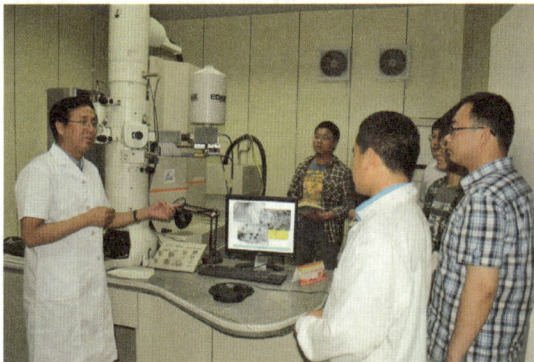

（单位：万人）

人才总量 28.91 / 56.7
占全市人口（%） 12.07 / 21.80
专业技术人才 10.13 / 16.2
党政人才 1.16 / 1.2
企业管理人才 2.42 / 4.3
技能人才 14 / 32
农村牧区实用人才 1.2 / 1.5

□ "十五"末期 ■ "十一五"末期

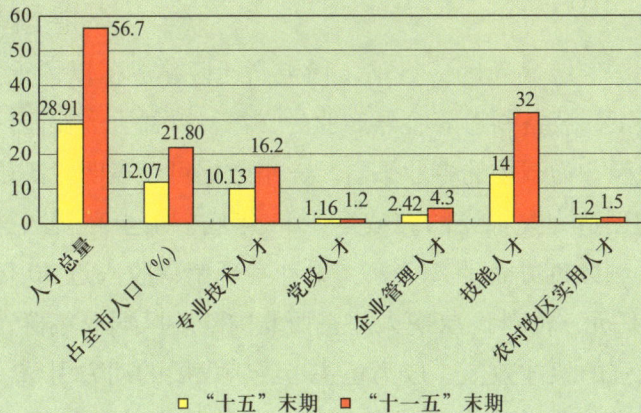

包头市"十一五"与"十五"期间人才总量对比

二　人才是科学发展第一资源

梧桐成林，凤凰飞来。截至"十一五"末，包头市的人才总量达到 56.7 万人，占全市总人口的 21.8%，比"十五"末增长一倍。其中海外留学人员 508 人，6 人入选国家"千人计划"。

依托产业搭建事业平台

如何让来之不易的人才充分发挥作用？包头市依托稀土、冶金、装备制造等传统产业优势，积极搭建人才创新创业平台，同时通过人才的创新创业活动，进一步推动了产业的发展与升级，走出了一条"产业搭建平台、平台聚纳人才、人才推动发展"良性循环的路子。

稀土永磁材料生产车间

"中东有石油，包头有稀土。"包头拥有全世界 70% 的稀土资源。依托这个得天独厚的资源优势，包头市成立了包头国家稀土高新技术产业开发区，这是全国唯一以稀土命名的国家级高新区。目前，稀土高新区建成了以稀土及其应用、铝铜深加工、装备制造等主导产业为支撑，以稀土产业园区等八个特色"区中园"为载体的事业平台。一组数据可以表明，高层次人才聚集产生的创造力是惊人的。截至 2011 年底，稀土高新区孵化、培养留学人员领办创办企业 263 家，累计实现销售收入近 40 亿元，实现利税 3.5 亿元。海外高层次人才在西北内陆地区形成集群，显示了产业平台极强的聚才效应，成为包头市经济发展的动力引擎。

在坚实的产业基础上搭建平台，才能更有效地发挥人才的创新作用。北重集团的"360"工程就是一个最真实的例子。以前，国内

3000 吨的挤压机都是进口的。世界上只有美国等国家掌握了重吨位垂直挤压技术，垄断着世界全部耐高温高压厚壁成型材料。北重集团副总经理雷丙旺上门提出合作意向，但均被美国和德国拒之门外。"我们有这么多年的军工生产经验，这么雄厚的装备制造基础，为什么不能自己搞?"雷丙旺坐不住了，他带领自己的科研团队，与清华大学共同建立了产学研联盟，在北重集团进行了大胆尝试和技术革新，终于成功研制出世界上最大的玄色金属挤压机并建成大口径厚壁无缝钢管生产线，打破了发达国家的技术垄断。雷丙旺一谈到"360"工程就难掩兴奋，但他总是谦虚地说:"如果不是包头原有的装备制造产业给了我们这个平台，单靠个人能力永远也不会取得这么大的成功。"

"十二五"期间，包头将依托稀土、冶金、装备制造等优势特色产业

3.6 万吨垂直挤压机

和战略性新兴产业，全力打造全国稀土人才高地、西部地区冶金人才高地、装备制造业人才高地和海外高层次创业人才高地，集聚 400 名行业领军人才、300 名海外创业人才、200 家拥有自主知识产权的高新技术企业，建设成为呼包鄂"草原硅谷"重要增长极。

人才引领产业转型升级

人才强市战略的实施，使包头这样一个老工业基地焕发出新的活力。"十一五"时期，全市生产总值和财政收入比"十五"时期均翻了一番左右。产业结构得到有效调整，传统产业壮大提升，新兴产业已现雏形，非资源型产业快速发展，产业多元、延伸、升级的态势明

显。取得这样的成绩，离不开各类人才特别是领军人才的引领和带动。提到包头本土领军人才的故事，不得不说起包钢薄板厂厂长——李德刚。

薄板厂 CSP 的板材生产线曾被誉为包钢的"印钞机"。2002 年，该生产线投产时正好赶上了中国钢铁行业一次前所未有的价格连续上涨期，热轧板的价格像坐上了火箭，吨钢从原来的两三千元，一路攀升到了 4600 元，最高时卖到了 5300 元，一举打破了包钢棒材、线材等普通产品市场疲软的困局。而该项目上马之初，"薄板厂投产之日，就是亏损之时"的质疑声，无时无刻不在刺激着这个老国企的敏感神经。是守当前、吃老本、保平稳，还是谋长远、用人才、求创新，在争议与纠结中，包钢选择了发展，选择了人才。"当时，包钢人是勒紧裤腰带来搞这个项目的。"回忆当初，李德刚说，"包钢砸下 30 个亿，让所有包钢人都感到空前的压力，正是依靠我们多年来自主培养的一大批优秀人才，通过他们的艰苦攻关，最终我们这条生产线在全球 20 多条生产线中创造了几个第一：最短时间达产，掌握技术最好……现在我们已经成为德国西马克公司全球两个培训基地之一。"

包钢万能轧机百米高速钢轨生产线

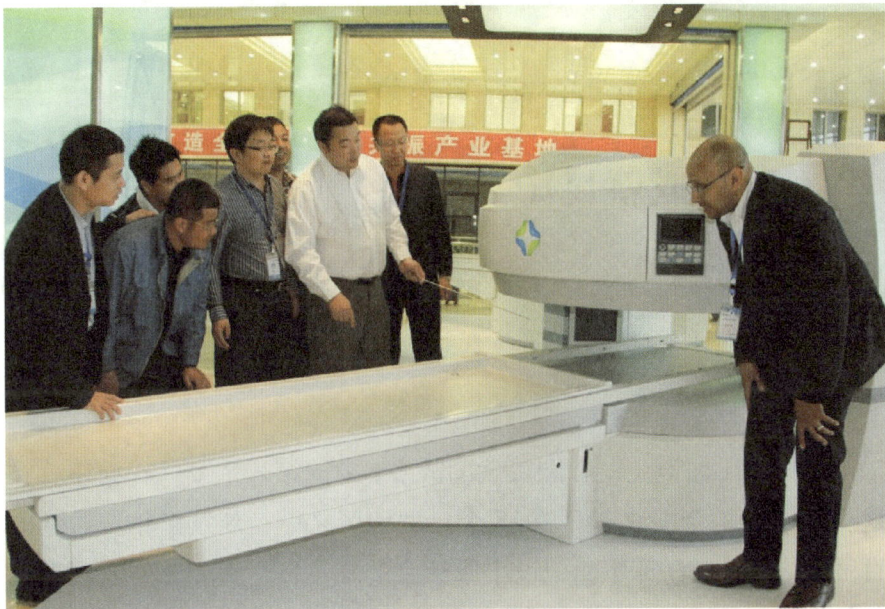

连建宇博士（右三）与包钢合作生产的高端医疗设备——永磁磁共振成像仪（MRI）

从交学费到收学费，依托本土人才的思想解放和技术创新，包钢成为包头市传统产业改造升级道路上的尖兵。而在战略性新兴产业领域，同样的一幕也正在上演。

2009年，留学归国人员许海华落户内蒙古留学生创业园，率先主持研发了具有颠覆性的数字电视java中间件操作平台，开创了我国数字电视的新革命。留美归国博士连建宇利用稀土材料研发的永磁磁共振成像仪，掌握了多项世界领先的核心技术，建成国内规模最大的永磁磁共振设备生产基地。国家"千人计划"专家、曾任美国戴尔公司高级工程师的王亚雄博士，创办包头博特科技有限责任公司，先后研制开发了高效相变太阳能集热器及系统、工业相变余热回收节能装置等项目，成为包头节能环保领域的领头雁。

二 人才是科学发展第一资源

第一资源成就昆山
率先发展

　　昆山，昆曲诞生地，顾炎武的故乡；中国第一水乡——周庄就在这里。昆山是全国改革开放 18 个典型地区之一，连续多年位居全国百强县之首；是江苏全面建设小康社会的样本区，率先基本实现现代化的先行区。这里人才总量超过 25 万人，引进院士 15 人、国家"千人计划"专家 49 人、"长江学者"9 人、外籍高层次人才超过 3000 人、海外留学归国人员 1000 余人、省"双创"人才 34 人。

昆山向世界发出"中国声音"

　　拥有核心人才，就能抢占产业制高点。一批领军人才引领发展起来的特色产业，已经成为昆山转型发展的重要支点。

　　OLED，被誉为改变显示产业格局的"梦幻显示"技术。2005年，昆山争取清华大学邱勇团队"情定"昆山，成立维信诺公司，建

昆山市区

成大陆第一条自主知识产权的OLED生产线。2011年，维信诺OLED项目获国家技术发明奖一等奖。现在，维信诺出货率居全球第2位，并参与了OLED国际标准制定，不仅提升"中国显示"亮度，还向世界发出了"中国声音"。

OLED 柔性显示技术

无独有偶，梁子才等顶尖生物专家将小核酸产业从"无中生有"变成"异军突起"，成为"人才引领产业"又一例证。

以前，小核酸这一2000多亿美元市场潜能的产业在我国为"零"。2006年，北大教授梁子才创建瑞博公司，张礼和院士、席真教授等知名专家参与其中。如今，"搞核酸，到昆山"成为共识，有10个院士教授实验室集聚，入住30多家企业和项目，形成完整产业链。

现代服务业因人才集聚创出了"昆山速度"。汪静波的诺亚控股落户不到一年，一大批基金公司入驻，注册资金超300亿元。法国凯捷投资20亿元，建设服务外包基地和全球交付及共享中心，未来3年产值将超100亿元。总投资3亿多元的安博培训基地，可同时容纳超过5000

相关链接

昆山小核酸产业基地

2002年，美国《科学》杂志和美国科学促进会将小核酸制药技术评为十大科学成就之首。2008年10月，昆山建立全国第一个小核酸产业基地，成立小核酸生物技术研究所，中国首个以核酸为主的生物技术特色产业基地和产业联盟在昆山崛起。

人培训，是江苏最大的软件服务与外包实训基地。华道数据、柯莱特等一批领军型金融外包企业相继落户，捷安特、恩斯克等20多个全球知名企业设立区域总部，戴尔、宏碁、华硕、联想四大品牌电脑的重要零部件供应分拨中心集聚昆山。花桥商务城累计引进各类服务业

二 人才是科学发展第一资源

花桥国际商务城

项目 500 多个，总投资超 600 亿元，连续三年荣膺"中国十大最佳服务外包园区"称号。先后被授予"全国商务开发区最具投资价值品牌"、"全国金融外包服务客户满意最佳典范品牌"和"中国最具投资价值金融服务外包基地"称号。

近三年，昆山人才贡献率每年以 2 个百分点速度递增，新兴产业产值增幅高于平均水平 10 个百分点。2011 年全市服务业增加值占 GDP 比重提高 2 个百分点，高新技术产业产值占规模以上工业比重达到 40.2%。

为企业发展植入"创新基因"

2009 年 5 月，国际知名挖掘机械专家曹东辉博士加盟三一重机，主持开发国内首台混合动力挖掘机，节能 10%；主持开发国内首台满足欧 IV 排放规制挖掘机，使我国工程机械研发与国际巨头并驾齐驱。2010 年，三一重机成为首个产销过万台的民族挖掘机企业。2011 年，三一重机市场占有率跃居行业第一，这是各大外资品牌盘踞中国挖掘机市场 20 余年来，中国国产品牌首次突破重围获取第一，也是目前国产品牌所取得的最高成就，彻底颠覆了中国挖掘机市场外资品牌独霸天下的格局。

2008 年 10 月，颜永年教授设立昆仑制造公司。为什么年过七旬还创业？颜教授说："在昆山，技术与产业之

三一重机生产的挖掘机

间是'零距离'，只要拥有先进技术，昆山就千方百计创造条件让其产业化"。2011 年 6 月，我国第一台自主知识产权的 3 万吨模锻液压机建成，填补亚太地区空白，创造 5 项世界第一。

2007 年 10 月，我国第一台由民营企业自主研发和制造的全自动工业焊接机器人在华恒研制成功，整体性能达到国际先进水平。2011 年，华恒的机器人成套装备技术达国际先进水平，销售额超 4 亿元。目前，昆山机器人产业崭露头角，拥有生产、研发企业 25 家；正投入 15 亿元建设机器人产业基地，规划用地 500 亩，预计到 2015 年，基地产值将达 200 亿元，成为在国内具有示范带动效应的机器人产业基地。

目前，创新驱动，企业为主，人才为本，在昆山已蔚然成风。昆山拥有产学研联合体 494 家，承担国家"863"、"973"项目 21 个，国家重大科技专项 12 项，呈现了 90% 的创新人才、90% 的科技投入、90% 的研发中心、90% 的科技成果在企业的良好态势。

服务人才"马上办"

昆山有个特殊机构叫"马上办"，"马上办"好比企业"保姆"，提供 24 小时全方位服务。现在，这个"杀手锏"被运用到人才工作中，

二　人才是科学发展第一资源

昆山人才服务窗口

像服务亲人一样服务人才。

国家"千人计划"专家马列伟从考察环境到正式落户，没超过24小时，用他自己的话说是"闪婚"。谈到"闪婚"的想法，马列伟说："昆山人真是'白加黑'、'五加二'。他们有创业的精神，跟创业者的思维、做事方式、眼光、胸怀很一致。"同样"闪婚"昆山的，还有孙云权、王波等一批国家"千人计划"专家。

积极创新机制，助人才闯过创业第一关。2008年，背着一只书包的李政德只身来昆山创业，他说公司当时"上无片瓦、下无寸土"，是200万元人才资金，让公司启动；是500万元创业贷款，让公司迈出发展步伐。仅两年时间，澳昆自动化设备就"武装"蒙牛、伊利等乳业巨头。

刘召贵同样创造了"奇迹"。2006年7月，他在昆山注册天瑞仪器公司。2008年5月，开始筹划上市。2011年1月，天瑞仪器在深交所上市。仅5年时间，就实现了由"一间办公室"到"一幢大厦"到"一家上市公司"再到"一个产业园"的"四级跳"。

浓厚的文化底蕴、迷人的水乡生态环境，同样是人才"爱上"昆山的理由。祖籍天津的国家"千人计划"专家潘力，2009年第一次从海外到周庄，当下就决定落户扎根。潘力说："昆山是一座科技和人文相结合的城市，适合我这样从事技术工作，又喜欢画画的人。"

再创人才新优势

昆山把人才科学、有效、可持续的集聚作为现代化的战略基础，提出未来10年，人力资源总量翻番，达到45万人，专业技术人才总量达到36万人，人力资本投资占GDP比重达20%，人才贡献率达50%，创新能力持续走在全国同类城市前列。"十二五"期间，大力引进建设新城市的"现代人"、引领新产业的"核心人"、服务新人才的"专业人"，力争到期末，实现"三个100、三个1000"目标。

面对新目标，昆山健全人才工作机构，打造一支懂产业、懂科技、懂企业管理、懂商业运作的

昆山"三个100、三个1000"目标

即吸引100名国家"千人计划"人才、100名"两院"院士和长江学者、100个高层次创新创业团队来昆创业；培育1000名优秀科技企业家，吸引1000名海外高层次人才，推动1000名教授博士进企业服务，构筑与昆山所处国际国内地位相当、与昆山产业特点和人文特色相符、与昆山经济社会发展相适的人才资源平台。

人才工作队伍。市委、市政府将"每万人拥有人才数"纳入"昆山市率先基本实现现代化指标体系"，成为全市上下奋斗目标。

人才投入更是不折不扣。市财政每年按不低于财政支出6%的标准，设立优秀人才和科技专项资金，各个区镇设立配套资金，实施"六个百万工程"，即：百万平方米人才公寓建设、百万科技项目启动扶持、百万人才安置资助、百万技术标准和发明专利奖励、百万重点实验室建设资助、百万科技成果产业化扶持。2011年，全市人才科技投入达到20亿元。近3年还投入35亿元建设100万平方米人才公寓。

创新校地合作模式。先后成立清华科技园昆山分园、北大科技园昆山分园、南京大学昆山创新研究院等载体。清华科技园昆山分园已发展成拥有100余家高科技企业的"国家级科技创业园"，清华大学

二、人才是科学发展第一资源

建校以来 11 个重大产业化项目有 2 个落户昆山。昆山与全国半数以上"985"、"211"院校和重点科研院所建立全面合作关系，所有区镇与至少 1 所著名高校建立产学研全面合作关系，吸引 400 多名高校和科研院所教授、博士走进企业，选派 36 名高校优秀教师担任科技镇长。连续 12 年举办"百所高校昆山行"，在全国 50 多所高校开展人才"订单式"培养。

清华科技园昆山分园

作为国家海外高层次人才创新创业基地，昆山大力推进国际人才本土化，本土人才国际化。与杜克大学等 14 个国家和地区的 15 所知名大学、专业机构合作培训人才。企业每年自主派遣 5000 名技术管理人员赴海外工作，累计选派专业人才出国（境）培训 26 万人次。在硅谷建设海外人才创新创业孵化基地，在美国、德国、日本等国设立海外人才招聘站，建立中华海外人才集散港和信息港，每年开展海外"昆山日"、"海外博士昆山行"等主题活动，汇聚海外高层次人才在昆山实现梦想。

人才支撑
辽宁三大发展战略

2005年3月，辽宁省发展研究中心七人调研小组，从城市到乡村、从沿海到内陆，开始了历时近百天的辽宁区域经济发展战略大调研。全省14个市、100个县（市）区、上千个乡镇和村都留下了他们的足迹。经过一番艰苦的评估、论证，一份关于辽宁三大区域发展的实施方略新鲜出炉并付诸实施，从此拉开了辽宁沿海经济带、沈阳经济区、辽西北三大区域协调发展，推动辽宁老工业基地全面振兴的帷幕。

大连海滨

二 人才是科学发展第一资源

科学发展，人才先行。七年过去了，辽宁老工业基地振兴取得了巨大成就，以人才为支撑的三大发展战略彰显出十足动力。

人才引领产业升级

"建设具有国际竞争力的先进装备制造业基地、重要原材料和高新技术产业基地。打造以沈阳为中心，和周边七个城市的一体化、同城化发展，成为充满活力的区域性经济中心和全国新型工业化典型示范区。"这是沈阳经济区的发展目标。实现这一目标，引进高端人才、优化人才结构，进而引领产业结构优化升级是必由之路。

2008年，世界金融危机爆发，全球知名企业瑞士旭密林和德国嘉特纳相继宣告破产，世界顶级建筑设计师面临失业。沈阳远大集团打破常规广揽海外英才，成功将22位世界级建筑设计专家收入麾下，组建起汇集高端技术人才的"国际大家庭"，在沈阳经济区异军突起，不断突破各种技术难题，打造国际精品工程，在金融危机的不利情况下仍实现合同额140亿元。伴随着沈阳经济区的发展，远大也成为世界最大的幕墙生产制造基地。

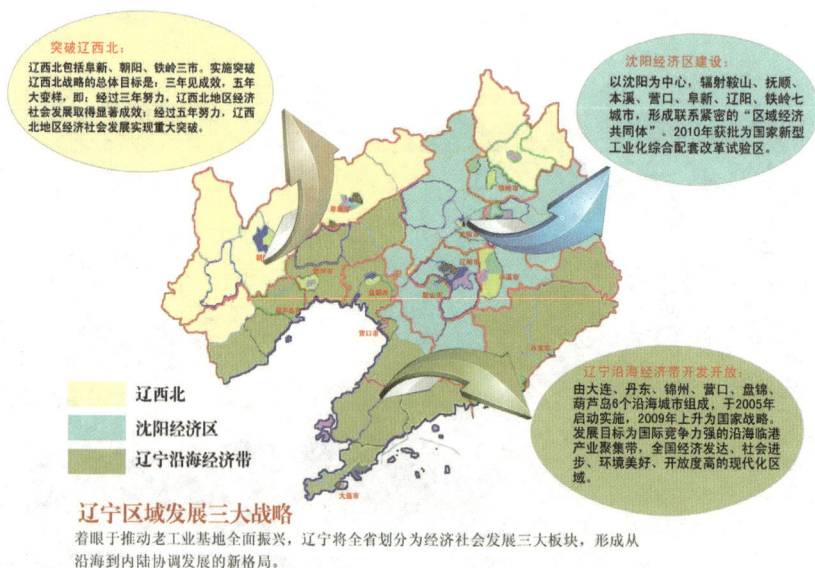

突破辽西北：
辽西北包括阜新、朝阳、铁岭三市。实施突破辽西北战略的总体目标是：三年见成效，五年大变样，即：经过三年努力，辽西北地区经济社会发展取得显著成效；经过五年努力，辽西北地区经济社会发展实现重大突破。

沈阳经济区建设：
以沈阳为中心，辐射鞍山、抚顺、本溪、营口、阜新、辽阳、铁岭七城市，形成联系紧密的"区域经济共同体"。2010年获批为国家新型工业化综合配套改革试验区。

辽宁沿海经济带开发开放：
由大连、丹东、锦州、营口、盘锦、葫芦岛6个沿海城市组成，于2005年启动实施，2009年上升为国家战略，发展目标为国际竞争力强的沿海临港产业聚集带，全国经济发达、社会进步、环境美好、开放度高的现代化区域。

辽西北
沈阳经济区
辽宁沿海经济带

辽宁区域发展三大战略
着眼于推动老工业基地全面振兴，辽宁将全省划分为经济社会发展三大板块，形成从沿海到内陆协调发展的新格局。

2011 年 9 月，国务院批复沈阳经济区新型工业化总体方案，沈阳经济区逐渐释放出对辽宁全省体制创新和协调发展的辐射力和引领力。

"人才是引领企业发展的主导因素，谁能把人才这个第一资源全面开发转化好，谁就掌握了市场竞争和区域发展的主动权"，沈阳鼓风机集团有限公司董事长苏永强底气十足地说，"近三年来，我们的科研投入 5 亿多元、每年确定 100 多个科研课题、出台 20 多项奖励政策……"在识才爱才重才的浓厚氛围中，沈鼓的"五朵金花"光荣绽放，"徐强精度"名噪中外，离心压缩机产量世界第一。有人才作支撑，沈鼓集团喊出了 2012 年实现 100 亿

沈鼓集团青年技能人才徐强一举创造了国内大型齿轮加工精度的全国之最——"徐强精度"

元、2015 年实现 200 亿元产值的目标。在沈阳经济区，沈阳机床、沈阳重型、鞍钢、本钢等一大批企业依托人才开发构筑起新型工业化发展的竞争优势。

高端引领创新突破

"立足辽宁、依托环渤海，服务东北、面向东北亚，建设成为东北地区对外开放的重要平台、东北亚重要的国际航运中心、具有国际竞争力的临港产业带、生态环境优美和人民生活富足的宜居区，形成我国沿海地区新的经济增长极。"《辽宁沿海经济带发展规划》的战略定位，使辽宁开始转身向海，吹响了老工业基地向海洋聚焦的"集结号"。

大连的长兴岛 7 年前还是一个名不见经传的小渔村，如今则是塔吊林立、巨轮远航，一幅繁荣景象，以船舶制造业为主的产业集群正在快速形成；千万吨级港口已经通航；可以支撑世界级产业规模和中

二　人才是科学发展第一资源

长兴岛临港工业区港口

等城市规模的基础设施建设已全面铺开，长兴岛将成为辽宁沿海经济带开发开放的引领者、先行区。"没有各类高端人才的支撑，我们发展得不可能这么快、效果这么好。"长兴岛临港工业区党工委书记金程高兴地说。

在世界发光学领域，许多顶尖专家都会对一个中国人竖起大拇指，他就是辽宁沿海经济带的大连路明科技集团有限公司总裁肖志国。从世贸中心大楼、五角大楼、悉尼歌剧院、德国世界杯赛场到北京奥运会，都有肖志国研究发明的 LED 光源。"肖志国奉献给人类的，是世界自发光史上的第三次革命。"专业人士这样评价他。他的产品还带动一大批相关产业的发展。"当年我在辽宁沿海经济带创业时，是党和政府帮我解决了启动资金，给了我很多优惠政策。我创业的根就在这里，我的企业空间广阔、前途远大。"肖志国自豪地说。

2009 年辽宁沿海经济带上升为"国家战略"，以人才项目为支撑的 42 个重点园区全面兴起，成为开发开放的重要载体；大连东北亚国际航运中心建设取得新进展，有效带动辽宁内陆乃至东北腹地加快开放和招商引智步伐。数以千计肖志国式高层次创业者默默耕耘着，他们的奋斗给沿海经济带的快速发展注入了活力。

引育并举支撑跨越

"依托当地资源优势，加快特色产业基地建设，培育壮大一批产业集群，形成聚集效应，提高产业竞争力，全力做大做强主导产业。"辽宁省委为辽西北发展指明了努力方向。受自然、区位等条件制约，经济社会发展水平相对滞后的辽西北地区要实现战略目标，必须引进高端智力、培养汇聚技能人才和实用型人才。

全国著名土壤专家、沈阳农业大学校长张玉龙教授多年来一直致力于土壤改良、节水农业及农业环境保护的研究，他带领科研团队研究开发的节点式渗灌技术获得省政府科技进步二等奖。就在他思考如何运用科研成果为农民带来好处的时候，辽宁省提出了突破辽西北战略。大力发展设施农业就是突破辽西北的一项重要措施，张玉龙教授的节点式渗灌技术在干旱少雨的辽西北地区找到了用武之地。

说起节点式渗灌技术的好处，朝阳市双塔区中山村村民李永军说："张教授的办法特别省水，庄稼不生病，不生杂草，还能省一半工时，一栋棚就多挣了3000多块。"现如今，突破辽西北战略中实施的"百万亩设施农业工程"普遍采用了张玉龙教授的科技成果。这一项工程就为每户农民增收400多元。

2011年，地处辽宁西北部、相对偏远沉寂的阜新、铁岭和朝阳三市轮番推出大动作：阜新市圆满承办首届中国液压装备博览会；铁岭市举办了中国铁岭专用车博览会；朝阳市百万

张玉龙教授（右）在田间调研

相关链接

辽宁"3+4"文件

辽宁省为跟进三大战略布局出台了人才整体开发的3个总体文件和4个配套文件：

3个总体文件即关于辽宁沿海经济带、沈阳经济区、突破辽西北人才整体开发战略的实施意见。

4个配套文件即实施"十百千高端人才引进工程"的意见、进一步做好高技能人才引进培养和激励工作的若干政策规定、进一步加强全省人才市场体系建设的意见以及进一步加强全省劳动力市场体系建设的意见。

亩设施农业工程获得巨大成功，"辽西北千万亩节水灌溉工程"正式启动并列入省"十二五"发展规划。以人才为支撑，辽西北地区甩掉包袱、摆脱束缚，驶入经济转型快车道。

对于辽宁来讲，三大区域发展战略更重大的意义在于区域间的辐射、带动和融合，形成沿海与腹地良性互动、协调发展、全方位对外开放的新格局，盘活了经济发展全局，而这一切，离不开辽宁省围绕三大区域发展战略实施的"3+4"人才整体开发举措。依靠人才引领，辽宁三大区域产业丰厚度不断提升、经济结构调整不断加快，三大区域竞相发展、推动振兴的良好局面初步形成。

人才交流合作
助推两岸和平发展

　　2009年11月11日上午，大陆首家台资医院——厦门长庚医院院长沈陈石铭和该院的其他15位台湾医生获得了福建省人事部门颁发的高级职称证书，这是祖国大陆首次为在大陆工作的台湾医生颁发职称证书。

　　手捧职称证书，沈陈石铭非常兴奋，"这是对在厦工作的台湾医生的充分肯定，今后我们也可以'入乡随俗'，更好地为大陆患者服务，同时更深入地与大陆同行交流心得，分享经验。"

　　这仅仅是福建省推进闽台人才交流合作的创新之一。

　　福建，地处海峡西岸，是大陆距离台湾本岛最近的区域。独特的

海峡号高速渡轮

对台合作优势，造就了福建在推进海峡两岸和平发展大局中的特殊地位。2007年10月，"海峡西岸"写入党的十七大报告；2009年5月，国务院出台《关于支持福建省加快建设海峡西岸经济区的若干意见》；2010年3月，国务院颁布《海峡西岸经济区发展规划》。福建先后制定了7部涉台专项法规、60多项涉台地方性法规，成为全国涉台立法最早、最多的省份，从而带来了对台引智天时地利人和的良好局面。两岸人才交流合作的多项"全国第一"由此诞生——

率先开展在闽的台湾地区居民工程、经济、农业、卫生等四个专业的职称评审；

在闽工作的台湾医生喜获大陆高级职称证书

率先开展海峡两岸职业培训交流合作，对台胞开放178个职业工种鉴定，已有3500多人获职业资格证书；

率先出台取得大陆高校学历的台湾毕业学生在闽就业办法，首次聘用台湾毕业生到事业单位工作；

率先开展台湾居民参加大陆专利代理人资格考试；

率先允许在闽的台湾地区居民参加国家司法考试，首次有通过大陆律考的台湾律师在厦门开设办事处；

……

促进两岸互信互动

闽台之间地缘相近、血缘相亲、文缘相承、商缘相连、法缘相循，文化交流源远流长，政治法律关系渊源深厚。80%以上台湾民众祖籍地在福建。台湾的民间信仰和民俗文化很多传自福建等地区，闽南文化、客家文化、潮汕文化、妈祖文化等在台湾地区有广泛影响。

但这仅能说是一种潜在的优势，要让这种优势真正转变为两岸互信互动，还需要搭建推进两岸人才交流合作的平台。

　　"我觉得台湾和大陆在经济方面有各自的优势，大家需要更多机会坐下来讨论，找到结合点。只有经济、文化和教育各个领域更多沟通接触，两岸关系将来才能走得更近。"参加第二届海峡论坛的台北青年陈彦佑感慨地说。

　　如今，海峡论坛、台交会、"5·18"海交会、"6·18"海峡项目成果交易会等，正成为两岸人才交流的重要平台。从2009年开始连续成功举办三届的海峡论坛，吸引了台湾地区22个县市、台胞近3万人次参与，两岸主办民间机构超过60个，发布实施对台惠民政策70多项，成为迄今两岸民间交流规模最大、台湾基层民众参与最多的盛会和两岸民间交流的重要平台。据统计，2009—2011年，台胞来闽合计465万人次，其中约六分之一从事专业交流。

　　这些互动平台的构建，初步发挥了"搭建一个平台，交流一批人才，洽谈一批项目，拓宽一个领域"的良好效果。两岸人才交流，已经呈现规模扩大、层次提高、领域拓宽、双向互动、互利双赢的良好态势。对象涉及台"中研院"、"工研院"等重要研究、研发机构和170所各类高校，形式从一般的学术研讨、交流讲学拓展到合作办学、合作研究、共建基地、共同申报科研项目，全面促进了闽台产业、科技、教育、文化等方面的有效对接。

厦门鼓浪屿

乡镇党委书记赴台专题培训班课堂

2011 年，福建省委组织部创造性地组织 4 批 100 名乡镇党委书记赴台参加专题培训班，学习台湾农村建设、社会管理和创新等方面先进经验。

培训归来的南平市延平区巨口乡党委书记肖友信深有体会地说："这次培训让我们大开眼界，对我们启发很大。台湾农业注重基础设施建设，科技创新水平高，农民的市场意识强，每个乡、村都有独特的优势、知名品牌的农产品，很多经验和做法也可以在我们这里实施。"

推进区域经济发展

目前，已有 10 万多名台湾经营管理、技术研发高端人才入闽。这批人才集聚已成为区域经济快速融合和发展的强大推力。据统计，福建经济总量，20 世纪 80 年代是台湾的 1/40；90 年代是台湾的 1/14；而现在是台湾的 1/2，这其中，台湾英才功不可没。

中华映管、冠捷电子、东南汽车、友达光电等大型台企集聚了一大批台湾研发和管理人才。厦门火炬科技园、福州软件园等科技产业园区与台湾新竹、台南、台中高科技园区实现对接合作。厦门台湾科技企业育成中心、台湾中小企业创业园、泉州黄塘台商创业基地、绿谷台商高科技产业基地、洛秀台资集中区和台湾学者创业园等成为闽台人才集聚区。漳浦台湾农民创业园已经吸引 300 多位台商落户创业，南安吸引了 18 位台湾博士建立博士后流动站。9 个设区市都成立了台商协会，福清、石狮、海沧等台商密集区还成立了分会，吸收了大部分台商和企业高管参加协会。

为进一步发挥台籍高层次人才作用，福建省设立闽台人才合作奖，省政府每三年评选表彰一批有突出贡献的台湾人才，纳入省优秀人才和"海西院士"管理范畴，并入选省委、省政府重点联系专家。2012年4月公布的福建省首批80名优秀人才名单中，就有5名是台湾同胞。

福建省表彰优秀人才大会

台胞冯成丰毕业于美国西密歇根大学，从事镁合金触变成型技术研究，曾任马来西亚 AB Technology 公司总裁。2011年福建青口科技有限公司引进了冯成丰团队，7名成员均是在镁合金应用领域有着10年以上经验的技术和管理人才，围绕稀土镁合金新材料、镁合金风力发电机、镁合金 LED 路灯等项目进行技术研发，生产具有独立自主产权的新产品。团队发表论文11篇，拥有9项专利，参与过9项研发项目。镁合金产业和汽车工业的结合，使福建省的镁合金产业形成了强大的核心竞争力。

冯成丰团队，是福建省引进的众多高层次团队之一，正是一大批这样的创新团队，初步呈现了"一个人带动一个团队，带来一批项目，带兴一个产业"的整体辐射作用，推动了两岸产业对接。

助推共同家园建设

2012年2月14日，国务院新闻办新闻发布厅，现场气氛空前活跃。

"引进人才中有没有引进行政专才？区管委会的比例是多少，是只让出一个，还是一半一半？"

2012 年 2 月，平潭综合实验区总体发展规划新闻发布会在北京举行

"管委会的编制，要招聘的台湾人才是属于正式的编制还是临时的聘任，有没有期限？"

"条件都非常优越，尤其是年薪都是 20 万—60 万，这相当能吸引台湾的年轻人来，我质疑的是有没有时间表？"

……

福建省委、省政府关于平潭综合实验区"四个一千"人才工程和 2012 年引才计划，在现场一经发布，台湾记者就倍感兴趣，一次又一次提出实施过程中的具体问题。

平潭，位于台湾海峡中北部，是祖国大陆距台湾本岛最近的地区，过去只是福州市的一个县。

2011 年 11 月国务院批准实施《平潭综合实验区总体发展规划》，实行比特区更特殊、更优惠的全岛开放政策，着力把平潭建设成为两岸同胞合作建设、先行先试、科学发展的共同家园。平潭的开放开发上升为国家战略。这不仅为平潭发展带来了千载难逢的机遇，也为各类优秀人才大显身手提供了广阔舞台。

目前，福建省已经按照"引进台湾专才待遇适当高于台湾水平，引进国外人才待遇大体与国外标准持平，引进国内高层次人才待遇适当高于厦门水准"的总体原则，先后制定了《关于进一步支持平潭实验区加强人才队伍建设的若干意见》，以及引进台湾专才、海外人才、国内人才、项目团队等四大类政策，初步形成覆盖全面、相互衔接、有效激励的政策体系。

相关链接

福建省"四个一千"人才工程

"四个一千"人才工程，计划用5年的时间，面向台湾地区引进1000名专才，面向海内外招聘1000名高层次人才，从省内选派1000名年轻干部到平潭工作，培养1000名实验区人才。其中，2012年引进200名台湾地区专才、200名海内外人才和10个团队。

二　人才是科学发展第一资源

三

人才工作要为经济社会发展中心任务服务

　　围绕中心、服务大局是人才工作的根本出发点和落脚点，只有紧紧围绕经济社会发展中心任务培养、吸引、用好人才，人才工作才能有为有位。党的十七大以来，我们按照中央部署，制定国家中长期人才发展规划，实施重大人才工程，大力引进国家发展急需紧缺的海外高层次人才，组织专家学者到地方发展一线为应对国际金融危机、转变经济发展方式开展咨询服务，都是人才工作服务大局的实际行动。我们要始终把服务科学发展作为人才工作的根本任务，紧紧围绕全面建设小康社会、加快推进现代化开展人才工作，以服务经济发展和社会进步的实际成效检验人才工作。

人才项目与经济发展"无缝对接"

延边，汪清。

"两年，仅仅两年，想都不敢想！"说起企业这两年的发展，地球卫士环保新材料股份有限公司董事长宋旭笑逐颜开。这不，2009年企业刚开张，2010年就实现产值15439.35万元，实现利税5043万元。而2011年，企业年产值又猛地飙升到92425.37万元。而这其中重要的一点得益于省里实施的人才引进计划。2009年，吉林省实施高层次创新创业人才引进计划，把卢灿辉教授从四川大学引到了长白山麓。他蹲在企业一干就是3年，围绕石头纸新技术开发高附加值系列产品，而且把学生和国内有关团队也拉了过来。3年里，他为企业

长白山

开发新技术、新产品、新工艺 20 多个，研究成果荣获 2011 年吉林省科技发明奖二等奖，名列省重大科技成果转化项目，使山沟里刚刚起步的小企业成了当地的支柱企业和纳税大户！

在吉林省，让基层干部群众尝到人才工程甜头的，远不止一个汪清县。几年来，吉林省以人才重点工程建设为载体，直接跟进经济建设、直接融入经济建设、直接服务经济建设，省市县三级共谋划实施人才项目 400 多个。人才重点工程对地方经济社会发展的推动和影响，几年间已经遍布吉林大地的城市乡村……

◀ 对接兴企项目：老工业基地焕发青春

几年来，吉林省委省政府着眼全局，连续发力，唱响全面推动国企改革、促进民营经济腾飞、加强新型企业家队伍建设"交响曲"，实施投资拉动、项目带动和创新驱动"三动"战略，先后实施了"人才服务国企改制"、"人才服务民营经济腾飞"、"百名处长服务百户重点企业"、"产业科技创新团队建设"等人才重点工程，共从省市县三

相关链接

吉林省人才工程

2005 年，陆续启动实施一村一名大学生、高层次科技创新人才培养等首批 10 个人才重点项目。

2006 年，出台《吉林省人才项目管理暂行办法》。

2007 年，推出《人才服务新农村建设行动计划》，实施 34 项人才重点工程。

2008 年，启动吉林省新型企业家队伍建设工程、创新人才建设工程、新农村建设人才支持工程、宣传文化优秀人才培养工程、引进高层次创新创业人才计划。

2009 年，启动百名处长服务百户重点企业、千名科技人员服务千户企业、培养引进百名中青年科技创新带头人、百户科技型创新企业培育工程。

2011 年 4 月，启动实施吉林省"双百千万"人才计划。

级党政机关和事业单位选派了近 6000 名干部和专业技术人才，到企业进行为期 1—2 年的服务。

在实施"吉林省校（院）地、校（院）企合作项目"中，一大批科研人员走出"象牙塔"，投身产业实践，推动了企业技术进步和效益提升。

长春工业大学张明耀教授到吉化公司后，经过 3 年奋力攻关，突破了 T300 碳纤维及原丝的关键技术，被中国石油吉林石化公司授予建厂 50 年来首项"外聘人才杰出贡献奖"，该项目荣获吉林省优秀产学研联合项目一等奖（全省仅有 3 项）。他与企业技术人员一道，全力开展百吨级碳纤维及配套原丝的产业化装置开车试验和工艺优化试验，于 2009 年 7 月生产出了合格的碳纤维产品，标志着我国第一个宇航级碳纤维工业生产基地的建成。

在实施产业科技创新团队建设项目中，通化东宝药业股份有限公司副总经理冷春生带领技术团队，致力于研究第三代重组人胰岛素产业化核心技术，使我国成为继美国、丹麦后第三个基因重组人胰岛素工业化生产的国家。2012 年，第三期工程开工，年产重组人胰岛素注射剂 12600 万支，投产后营业收入可达 51 亿元。中国科学院刘兴垣院士很有感慨，"没想到中国最大的生物工程生产基地诞生在这个小山沟里！"

人才服务民营经济腾飞项目的实施，受到了中小企业的欢迎。在许多企业，联络员挂职工作期满后，老板执意挽留，就是不肯放人。辽源市东岳集团董事长赵海林发自肺腑地说："组织部派的好干部，

吉林省人才服务民营经济腾飞项目

2007 年以来，全省陆续从党政机关、事业单位选派了 3000 名志愿者到中小企业服务，重点扶持千户成长型企业。其中，省直部门选派 100 名志愿者，帮扶 100 户重点企业和高新技术企业。在筹建扩建企业、开展政策咨询、开展生产经营、化解债务纠纷、优化企业环境等方面提供"贴身"服务。

我们不是需要一个、五个、十个，给多少我们要多少！"

人才兴业，成就喜人。在人才重点工程的有力推动下，全省工业企业主要经济指标持续、快速增长。目前，全省地区生产总值突破 1 万亿元，规模以上工业增加值和利润分别实现 4531.6 亿元和 1121.3 亿元，分别是 2006 年的 3.2 倍和 5.4 倍——速度与质量同步提高！

对接兴农项目：强化新农村建设人才支撑

作为农业大省、国家商品粮重要生产基地，吉林省积极开展多层次、多渠道、多形式的农村人才培养和开发，先后实施了人才服务农村发展、人才支援农村医疗卫生、人才支援农村教育、人才服务现代农业发展等一批人才重点工程，从城市选派近 1 万名党政干部、技术人才、医生、教师和大学生支援新农村建设，把人才兴业战略的重点不断向农业和农村延伸。

辛立，东丰县东丰镇龙头村的一个普通农民。他经过笔试、面试，走进了吉林广播电视大学，学习农业经济管理专业。他非常珍惜来之不易的学习机会，不仅学

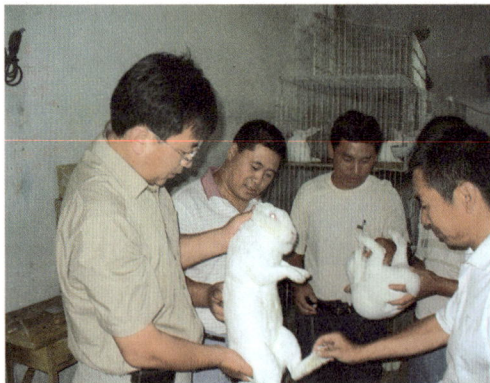

一村一名大学生项目毕业学员积极发展致富项目、传播农业技术

好本专业，还兼学了很多养殖方面的知识。在班主任支持下，他先后筹集资金70多万元，成立了广源牧业有限公司，两年就发展到年出栏5000头肥猪的规模，解决了当地50名富余劳动力的就业。在他的带动下，村民的养殖规模不断扩大，收入逐年增加。在村换届选举中，他高票当选了村党支部书记。

在全省，像辛立这样的一村一名大学生项目受益者比比皆是。

在人才服务现代农业发展项目中，吉林省审计厅外资处原处长王博，主动报名到敦化市江源镇担任科技副镇长。镇党委书记王凤林说："王博给我们带来了新思维，基础建设有了跨越式发展：两年下来，镇里筹集资金215万元，建起水利工程；修'村村通'公路，总长近70公里，占全市的1/3。我们过去真缺少这样的气魄和招法。"

看到不断增收的农副产品，王博（前右二）和人才服务团队的同志们笑逐颜开

谈起医疗队，九台市其塔木镇中心卫生院院长高长标满心感激："农村医疗缺钱、缺设备，但最缺的是人才、是技术。他们来了以后，手术病人每月增加了20例左右，门诊量增加30%—40%，老百姓不

相关链接

吉林省人才服务现代农业发展项目

从省市县乡四级党政机关、事业单位中选派3000名领导干部和专业技术人员深入农村，其中有684名县、乡科技副职在基层"上岗"。项目实施两年里，共帮助争取协调新项目3048个，协调落实各类资金24.4亿元，完善和新建各类新型农村合作组织1072个，培训农民52万人（次），转移农村劳动力32万人，帮扶农村贫困学生8091名。

仅治了病，还节省了一大笔费用。"

2006年实施人才支援农村教育项目以来，吉林省已从县镇以上中小学校选派1000名优秀教师到农村中小学任教，从农村中小学选送2000名教师到县镇以上中小学研修。同时，还选定300所县镇以上优秀中小学对口支援300所农村中小学。吉林大学附属实验中学常年坚持送课下乡，共义务实施农村教师培训数万人次。他们面向全省连续多年举办的"海兰杯"教学公开课，每次设20多个会场，场场爆满……

◀ 对接重点产业："双百千万"续谱华章

在"十二五"规划开局之年，"双百千万"人才计划的启动实施，在吉林省的人才发展史上树起了一座新的里程碑。

2011年4月，吉林省围绕统筹推进"三化"、实施"三动"战略，解决全省产业发展10大计划的人才急需，启动实施了"双百千万"人才计划。从2011年起，用3年时间，通过政策扶持、资金支持和项目推进，集中引进100名高层次创新创业人才、开发100名现代服务业高端人才、支持1000名创新人才开展科技成果转化、打造1000名首席技师、培养10000名兴农带富之星、培养10000名具有专业水平的社会工作人员，同时启动了"千名文化产业拔尖人才开发计划"和"青年人才培养计划"。

菅野和夫是日本顶尖的编码器制造专家，2010年被引进后任长春禹衡光学有限公司总工艺师。他建起新型生产线，把丰田的生产经营方式"移植"进来，大大地提高了生产效率和产品质量。说起公司的发展前景，他胸有成竹："在日本、美国、德国，编码器的竞争对手相当厉害……我很有信心，继续把这块做好，让它成为世界最强！"

2011年度，"双百千万"人才计划首批引进和选拔804名高端人才和适用人才。其中，千名创新人才科技成果转化支持计划，共确定78个项目、275个项目分别列入2011年科技成果转化支持计划、科技型中小企业创新基金支持计划；支持中青年科技创新领军人才及优秀团队计划项目22项、青年科研基金项目134项、大学生科技创业项目16项，共投入扶持资金近亿元。

在千名首席技师打造计划实施中，创造性地采用"以赛代评"模式，首批评选出297名省级首席技师，开创了全国首席技师选拔之先河。

吉林省首席技师职业技能竞赛开幕式现场

三　人才工作要为经济社会发展中心任务服务

煤炭大省的
转身战略

当一些国人对山西制造仍抱以"傻大黑粗"偏见时，山西引进的美国斯坦福大学物理学博士伍永安，成功研制并批量生产出世界最亮的 LED 光源产品，不仅伴随"嫦娥 2 号"九天揽月，还点亮了奥运之光、扮靓了世博场馆、装点了人民大会堂。

在经济欠发达的内陆省份——山西，"某某去沿海了、东南飞了"，曾令许多爱才惜才者扼腕叹息。如今，同样是这片土地，"百余领军人才入晋"、"清华博士来晋挂职"的消息不时出现在各类媒体上。近年来，山西省出现了前所未有的高层次人才回流现象，人才工作在为经济社会发展提供服务和支持的过程中大步前行。

山西太原迎泽大街

"引人""引智"双管齐下
不拘一格延揽人才

近年来，山西通过大型招聘会等方式集中开展招才引智工作，积极拓展人才招聘的空间和模式。从 2004 年开始，每年都在京举办一次大型招才引智活动，"山西进京抢人才"一时成为各大媒体关注的焦点。同时，还远赴上海、香港、美国、欧洲、澳大利亚，举办招才引智推介会，一大批海内外优秀人才被引入山西。

从"引人"到"引智"，是山西人才工作思路的一大飞跃。省委、省政府采取人才柔性流动的方式，先后组织开展了"院士专家山西行"、"海外留学人才项目洽谈会"、"青年博士服务周"等各类专题活动。"不求所有，但求所用，不求独用，但求双赢"，为渴求人才的地方和企业开启了一扇门。以"青年博士服务周"为例，来自中科院、北京大学的 32 名博士，在山西一周时间共为对接单位现场解决了 100 多个技术难题，还在 10 多个项目上达成了合作意向。

2008 年，国际金融危机爆发后，欧美国家的企业和机构减少了科研投入，发展前景黯淡，大批海外高层次人才回国创新创业。

"山西要引进高层次人才，必须拿出更具吸引力的政策。"山西省

相关链接

山西省"百人计划"

海外高层次人才引进计划（简称"百人计划"），从 2009 年开始启动，计划用 5—10 年时间，在国家和省重点创新项目、重点学科和重点实验室、省属企业和商业金融机构、以高新技术开发区为主的各类创新创业基地等，引进并有重点地支持数百名能够突破关键技术、发展高新技术产业、带动新兴学科发展的海外高层次人才回省（来晋）创新创业。"百人计划"实施 3 年来，山西已分四批引进海外高层次人才 106 名，建立了 25 个海外高层次人才创新创业基地。

三　人才工作要为经济社会发展中心任务服务

委瞄准这一契机，制定实施了吸引海外高层次人才来晋创新创业的"百人计划"。省财政设立引进海外高层次人才专项资金，每年拨付5000万元，各用人单位再配套5000万元，对引进的海外人才给予每人工作生活专项补助100万元。

求贤若渴也能转化为一种生产力。国家"千人计划"专家伍永安忆起洽谈回晋工作时的一个细节，依然饱含深情，"那些日子，我天天都能接到山西打来的越洋电话。中美之间有十几个小时的时差，为了不影响我休息，他们都是在半夜拨打电话。"最终，这位国际绿色照明领域的顶尖人才谢绝了沿海地区伸出的橄榄枝，在太行腹地点亮了低碳之光。

14人、39人、57人、106人，一个经济欠发达的内陆省份，硬是凭着这份诚心和韧劲，用不到3年时间提前突破引进百人的工作目标，其中有9人入选国家"千人计划"。

相关链接

山西省人才工程项目
1. 高端创新型人才引进和培养工程
2. 海外高层次人才引进工程
3. 新兴产业领军人才培养和引进工程
4. 优秀企业家培育工程
5. 名师名家培育工程
6. 全民健康卫生人才保障工程
7. 人才继续教育培训工程
8. 高技能人才开发工程
9. 现代农业人才开发工程
10. 贫困地区、革命老区人才支持工程

"海归""本土"兼容并蓄
创新创业成效明显

2011年，两件事发生在山西，一是山西的党委联系专家制度，在实现省委联系千名、市（厅）级党组（党委）联系万名高级专家的基础上，县乡两级党委联系高级专家和优秀人才工作也已全面完成，形成各级党委联系专家工作新格局；二是和顺这个山区小县拿出1000

万元重奖优秀人才，被太行山区老百姓称为"水神"的县水利局常海明，虽然只有高中学历，但凭着30年来找水打井600多眼的骄人业绩而入选。看似毫无关联的两件事，实际上有着相同的背景。那就是为实现山西转型跨越发展吸引人才、培养人才、选拔人才、使用人才，不论是海归、领军人才，还是"土专家"、"农秀才"，都被纳入山西省委人才工作体系。

"百人计划"引进人才在物联网、LED光源、煤洁净等新产品的研发与生产上填补了山西新兴产业的空白，引领了当地新兴产业发展。比如，李玮、吴晓闯主持建设的"地眼工程"，创造了一项物联网应用领域的世界第一，他们所在的企业被列入国家软件基地的骨干企业。张永发创办的中元煤洁净技术公司，研制出"褐煤粉煤大规模

"地眼工程"研发团队

成型——炭化采油"新工艺，延伸了煤化工产业链，促进了山西煤炭深加工。刘闯教授与山西大学科技哲学研究中心实现强强联合，使山西拥有了代表国内科技哲学研究最高水平的国家重点研究基地。

本土人才的业绩同样精彩。彭堃墀、谢克昌、王一德等省内高级专家成为"两院院士"，结束了山西没有院士的历史；太重集团公司女工程师顾翠云，纤手"托起"被誉为"巨无霸"的1200吨桥式起

三　人才工作要为经济社会发展中心任务服务

1200 吨桥式起重机

重机，成为三峡工程电站厂房内唯一的国产设备；万荣县农民王衡破解了地下工程水害防治的多项世界性科学难题，获得国家技术发明奖；同煤集团马脊梁矿电工王雷雨通过自学成才成为技术骨干，为企业节约修理费用1200多万元；太钢集团公司郭晓斌创新工作室创造了转炉炉龄481次历史纪录；连瑞刚创新工作室年创造直接价值300余万元，成为企业的"金凤凰"。截至2011年底，山西已建立27个院士工作站，入站工作院士31名，新增高级专业技术人员3.5万人；全省技能劳动者236万人，其中高级工以上达到61.3万人（含技师和高级技师13.8万人），共有25名技术工人获得"全国技术能手"称号，12名高级技师享受国务院特殊津贴。

正是由于有针对性地开展人才队伍建设，山西不但在量子光学、应用力学、生物化学以及煤的优化转化和清洁利用研究方面保持了国内领先水平，一些长期困扰山西发展的重点难题也得到了有效解决，人才服务经济社会发展的直接效能得到了充分体现。

政策环境日益优化
"乐土效应"逐步显现

政策法治环境是影响和决定人才工作竞争力的根本所在。山西省委、省政府始终把人才工作抓在手上，制定出台了《山西省中长期人才发展规划纲要（2010—2020年）》。省委书记担任人才工作领导小组组长，严格落实"一把手"抓"第一资源"。各市县、高校、企业、开发园区也普遍制定了人才发展规划，建立了人才工作领导机构，设立了人才开发专项基金，保证了人才工作的顺利开展。目前，山西省已初步形成了上下贯通、衔接配套的人才发展规划体系，制定并实施了一系列重大人才政策和人才工程，重点培育和引进能够推动山西主导产业发展转型的人才，"乐土效应"逐步显现。

作为用人主体的企事业单位更是求贤若渴，以创新的工作来弥补客观上的不足。太钢集团大力实施"515"人才战略，培养50名高级管理人才、100名高级技术专家、500名高级技术工人，柔性引进外国专家20余名，形成了以中国工程院院士王一德为首的阶梯型人才队伍，使太钢逐步发展成为全球最大、工艺技术装备水平最高、品种规格最全的不锈钢企业。为了提高企业的国际竞争力，加快产品转型升级，太重集团创立太重（天津）滨海重型机械有限公司，设立太重（天津）滨海技术中心，大量吸引和凝聚高端科技人才。"十二五"末，公司将拥有研发人员700人以上，其中高级工程师150余人，吸引国内外高级人才80余人，海外专家10余人。潞安集团建立了院士工作站，在站人员10人，试行首席技师、首席工程师、首席专家制，为潞安转型发展、跨越发展构筑了坚实的人才基础。

相关链接

山西省人才政策体系
1. 人才投资优先保证政策
2. 产学研合作培养创新人才互动政策
3. 人才创业的扶持政策
4. 高层次急需紧缺人才引进政策
5. 有利于优秀人才脱颖而出的选拔政策
6. 有利于非公有制经济组织、新社会组织人才发展的鼓励政策
7. 有利于人才到农村和边远贫困地区工作的激励政策
8. 人才合理流动的配置政策
9. 有利于科研人员潜心研究的保障政策
10. 对突出贡献人才的表彰奖励政策
11. 促进人才发展的公共服务政策

三 人才工作要为经济社会发展中心任务服务

科学人才观实践读本

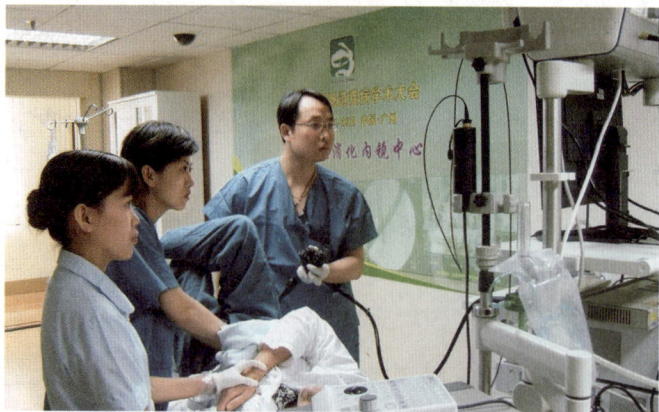

陈星（右一）在进行手术演示

栽下梧桐树，何愁凤不来。山西省当初进京招才引智时，中间起作用的多是"乡土情结"凝结而成的情感纽带。而后来再招人才，非山西籍的人才越来越多。从日本留学归国的上海籍博士陈星引进到山西省人民医院工作后，曾有省外许多大医院许以高薪邀其去工作，但陈星说："山西现在环境很好，山西有我施展才华的舞台。"

科技特派员
——致富路上的领路者

2005 年，湖南省选派首批 40 名农业科技特派员，奔赴湘西大山深处，播撒下了科技致富的"种子"。随着特派员工作的深入开展，在先进科技创业运作模式的影响下，当地群众的思想观念、农业生产方式发生了根本性的改变。

广聚科技人才服务"三农"

一直以来，湖南的科技特派员带着新成果、新技术、新品种、新机具等深入到农村生产第一线，帮助农民走上科技致富之路。

值得一提的是，湖南既注重从高等院校、科研院所、龙头企业等单位选派高技能人才，同时又把农村的"田秀才"、"土专家"组织起来，充实科技特派员队伍，从一定程度上缓解了人才不够用、不适用、不被用的问题。

在常德澧县，只要是葡萄种植户，没人不认识王先荣。"他是我

湖南优质湘莲种植基地

三 人才工作要为经济社会发展中心任务服务

相关链接

湖南省科技特派员制度

科技特派员制度按照政府引导、市场配置、风险共担、利益共享的原则，根据农村基层需求，选派科技人员长期深入农村生产一线，采取技术或资金入股、租赁经营、提供技术支持等形式，通过契约方式与企业、专业大户和农民结成经济利益共同体，积极开展基层创业行动，实现技术、人才与农村经济的对接，最终实现多方共赢。

们的葡萄大王，他送来了葡萄技术，也送来了致富的法宝。"种植户们感激地说。

澧县处于湖南北部的澧阳平原，原来并不栽种葡萄。但就是在这样一块从未栽种过葡萄的土地上，竟诞生了葡萄种植面积达到2.4万亩的"南方吐鲁番"。

1986年10月初，高考落榜的王先荣因为报纸上的一篇报道，开始学习栽种葡萄。经过名师的精心指导、刻苦的专业学习和多年实践经验的积累，他成为一名地地道道的葡萄种植专家，攻克了欧亚种葡萄不能在中国南方地区种植的难关，他也因此走上了致富路。

王先荣的成功实践，带动了澧县葡萄种植业的迅猛发展。但由于种植零散、操作不规范、品牌意识较差等原因，当地其他种植户的"葡萄致富路"走得并不顺畅。

2007年，常德市聘请王先荣为澧县首批科技特派员，专业传授葡萄种植技术。怎样把澧县的葡萄产业做大做强，成为县域经济的支柱产业？王先荣的回答是：必须走规模化、标准化、科学化、产业化的路子，用办合作社的办法，打造利益共同体。

2009年，在有关部门领导和专家的支持指导下，王先荣发起成立了湖南农康葡萄专业合作社。按照"利益共享、风险共担、产权明晰、运行规范"的原则，合作社对社员的葡萄生产实行统一种苗供应、统一生产技术标准、统一物资供应和统一品牌包装营销。现在合作社社员人数达1300多人，葡萄生产基地13076亩，年生产葡萄26000多吨，年创产值2亿多元。

不仅如此，合作社通过办班培训、现场指导等方式为省内外葡萄种植户提供技术服务共2160多场、60多万人次，培养了一大批学科学、懂技术、会生产的新型农村实用人才。

王先荣给葡农传授"蔬果"技术

在合作社的示范带动下，全县已形成小渡口镇、张公庙镇等20多个乡镇的葡萄种植产业带；澧阳镇朱家岗村、白米村等甚至发展成了葡萄生产"专业村"。

从"单兵作战"到"抱团出击"

随着现代农业的发展，针对农民技术需求的变化，湖南科技特派员制度也不断创新。从科技特派员的"单兵作战"到派出单位的"抱团出击"，科技特派员工作实现了"单位增效、农民增收、科技特派员创收、县域经济发展"的多赢局面。

2007年初冬的一个清晨，一个年轻人走进了湘西大山的保靖县。他的名字叫王润龙，是省农科院茶叶研究所的茶叶种植专家。

保靖盛产黄金茶。相传清朝嘉庆皇帝喜饮此茶，"一两黄金换一两茶"，黄金茶故此得名。利用现代科技手段检测，黄金茶的氨基酸含量高出普通绿茶2—3倍，属茶中精品。

"好茶为什么养在深闺无人知？"王润龙经过调研后发现，由于当地茶农不了解先进的茶叶种植技术，黄金茶的产量和品质一直不稳定。

王润龙（左）在黄金茶园指导茶农

"我们有技术，他们有资源，合作开发是强强联手！"王润龙将自己调查的结果反馈给了省农科院茶叶研究所。

省委组织部和湖南农科院经过商定，从茶叶研究所抽调李建权、王润龙和刘文武3人作为科技特派员驻扎保靖县。省茶叶研究所还与湖南湘丰茶业有限公司合资200万元，在保靖县注册"湖南保靖黄金茶有限公司"，由王润龙出任总经理，并在黄金村新建了3000平方米的现代化茶厂、技术创新中心和1000万株的茶苗基地。

同时，省茶研所出台科研管理新办法，提出了科技特派员在同等条件下优先评优、优先晋升职称和职务、优先评奖等激励措施，鼓励更多优秀人才走进基层建功立业。

在科技特派员们的努力下，一项项新技术相继普及，茶叶亩产大幅提高。

"产量真是一个天上、一个地下！"当地的茶农刘开胜高兴地说。科技特派员指导种植的新茶园，一亩地能产春茶25到30公斤，是传统老茶园的10倍。

黄金茶让茶农们着实富了起来。截至2011年，保靖县黄金茶种植面积达 3.6 万亩，茶农户均纯收入突破 8000 元。公司的收益也日渐显现。

2011 年，保靖黄金茶有限公司茶产量 139 吨，产值 5240 万元。当地茶农感激地说："科技是棵摇钱树，谁先掌握谁先富！感谢科技特派员们为我们送来了'黄金'摇钱树！"

▶ 打造产业发展创业链

科技特派员制度不同于过去的科技扶贫、科技下乡，它把各种生产要素植入农村，通过技术服务、项目实施，带动经济发展，为解决"三农"问题探索体制和机制上的突破。

湖南坚持"一手抓研究开发、一手抓成果转化"，鼓励科技特派员在创业过程中，积极将引进、集成、转化外来科技成果和自主研发相结合，促进技术链与产业链"两链"融合，推动科技成果快速转化为现实生产力。

湘莲是湘潭县传统特色产品，至今已有 2000 多年历史，素有"湘莲甲天下，潭莲冠湖湘"的美誉。但由于加工规模小、科技含量低，湘莲品种品质特性易退化等因素，限制了数万莲农致富的梦想，这些莲农日夜盼望科技的力量和科技带头人能为他们打开"致富之门"。

2011 年初，湘潭县正式启动了湘莲产业科技特派员创业链工作。决定依托高等院校、科研院所

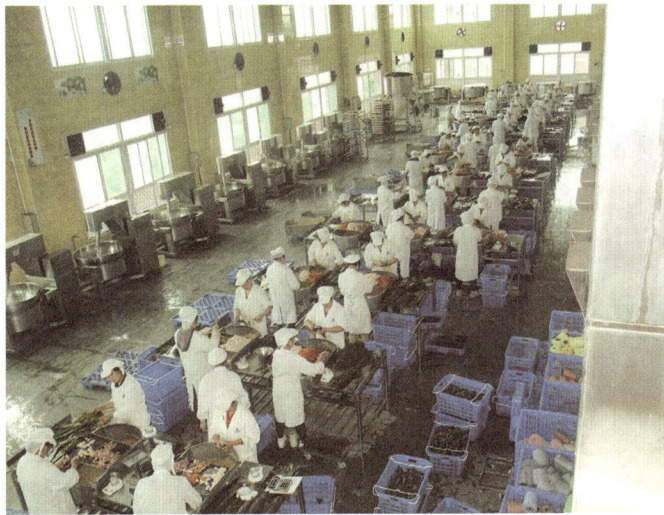

湘莲食品加工车间

雄厚的科研力量，沿着湘莲种植资源的保护、新品种的引进与繁育、湘莲种植、收购、湘莲产业链延伸等 8 个关键节点和瓶颈环节，与龙头企业、专业合作社和莲农依托项目平台建立联合体，研发和应用新产品、新技术，带动莲农增收致富，促进湘莲产业持续健康发展。

纳入湘莲创业链的人才和单位都是"明星级"的高校和企业。科技特派员也由传统的科技指导员，提升为湘莲产业的"五星级管家"，他们不单单是服务某个企业，而是全方位地服务湘莲产业的拓展升级。

"这一举措聚拢了省内顶尖的湘莲人才和湘莲企业，为我们送来了致富的'金钥匙'。"一位莲农如是说。

"财政投入、企业支撑、项目资金支持"三措并举的投入机制，为打造创业链提供了资金保障。2011 年，共争取到各级资金 5000 余万元，助推了湘莲产业的整体提升。

创业链发挥资源整合的优势，推动产业链条不断延伸。湖南宏兴隆公司和湖南农业大学夏延斌教授合作，先后研发了莲蓉月饼、莲藕调制品和莲子汁饮料等系列食品。

湘莲产业创业链打通了湘莲产业上中下游产业瓶颈，促进了规模化发展。通过创业链的示范和带动，湘潭县湘莲产业规模不断壮大、效益不断提升。2011 年，全县湘莲年销售额达 20 亿元，新增财税收入 2000 万元，带动农民增收 5000 万元，人均增收 1000 多元。

自 2008 年全面实施科技特派员制度以来，湖南累计选派科技特派员 14282 人次，现在岗 4097 人，科技特派员创业链 14 个，服务范围涉及 4900 多个村（场）。农业特派员共推广新技术新产品 6384 项，引进新品种 6027 个，形成龙头企业 644 家，驻地农民人均纯收入平均增幅达 14%；医卫特派员共接诊病人 161.1 万人次，实施手术 4.8 万台次，开展专家服务 1.4 万次，开设特色专科 644 个，为病人减负 6600 万元。

皖江城市带的
产业创新团队建设

2011 年 9 月,《华盛顿邮报》环球版显著位置刊登题为《中国努力赢得巴西消费者的认可》(China tries to win over Brazilian consumers)的文章,重点报道了以安徽江淮汽车为代表的中国产品热销巴西市场,获得巴西民众的普遍喜爱和拥趸,正改变着中国制造的形象。

针对中国经济发展成就的报道,《华盛顿邮报》一向较为保守,此次却图文并茂,大篇幅称赞,并不多见。而不为外界了解的是,在报道中重点提到的江淮汽车公司里,就活跃着 3 支"115"产业创新团队,聚集了一批怀揣"造中国优质汽车"梦想的高端人才,瞄准世界前沿技术,为"中国制造"向"中国创造"转变贡献自身的力量。

三　人才工作要为经济社会发展中心任务服务

安徽黄山

"115" 产业创新团队建设工程实施 6 年来，为安徽承接东部产业转移、实现中部地区跨越崛起，发挥了重要的人才支撑作用。

▶ "1 名领军人才"+"5 名科研骨干"

地处中部的安徽，属于后发省份。在国家实施中部崛起战略中，如何找准着力点，实现奋力赶超？以重点产业为引领、以自主创新为驱动力，无疑是现实而有效的路径。而高层次产业创新人才短缺，成为创新推动战略的一个"瓶颈"。

2006 年初，围绕省委、省政府人才强省、建设创新型安徽等重大战略部署，安徽省人才工作领导小组启动实施"115"产业创新团队建设工程，集中开展科技攻关、新产品研发和科技成果转化，以重点产业突破全面提升产业竞争优势。一石激起千层浪，这一新政策旋即引起社会极大关注和热情参与。2007 年年初，首批团队申报吸引 186 个单位竞争，经严格评审，首批 27 个 "115" 产业创新团队最终确立。

每个团队面向国内外选聘 1 名领军人才作为"创新团队带头人"和 5 名科研骨干作为"带头人助理"，这种设置方式既让重点项目匹配了研发团队，又使

相关链接

"115" 产业创新团队

设立过程：围绕安徽"八大产业基地"、"六大基础工程"的关键研发项目或国家重要项目而设立，每个团队面向国内外选聘 1 名领军人才作为"创新团队带头人"、5 名科研骨干作为"带头人助理"。

政策支持：每年为团队带头人和助理分别提供岗位津贴，对创新团队成员申报职称、科研项目、经费等方面给予重点支持。

引才手段：团队所在企业采取"全职聘请"和"柔性引进"相结合方式，吸引高校、企业、科研院所中相关领域优秀人才加盟。

管理措施：省人才办按照"合同管理、年度考核、津贴发放、检查监督"的方式进行管理。

一些创新力量不足而前景很好的项目，在政策支持下得到重新确定、整合推进。

安徽省立医院神经外科主任傅先明，多年潜心研究颅脑手术难题，却因科室整体技术偏弱等原因，未能取得重大突破。2007年，由他主持的"立体定向神经外科技术临床应用研究"项目入选"115"产业创新团队后，医院全力支持，面向全国延揽团队带头人助理，不仅吸引了3名"本土"专家，还有2名留美博士、国外名校教授加入，为技术创新带来先进的国际化思维。团队设立以来，研发水平始终居于全国前列。目前，全国性立体定向神经外科会议几乎均由该团队主持和参与。"'115'工程对我们起到了极大的鼓励和推动作用，让我们工作起来更顺心，研究起来更有劲头。"如今已成为副院长的傅先明感触颇深。

相关链接

"115"产业创新团队建设流程

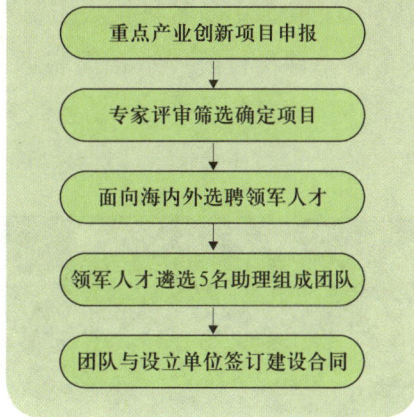

重点产业创新项目申报

专家评审筛选确定项目

面向海内外选聘领军人才

领军人才遴选5名助理组成团队

团队与设立单位签订建设合同

为深化拓展"115"产业创新团队建设，安徽积极推进海外高层次人才引进工作，共评审建立了11个海外高层次人才创新创业基地，其中中国科学技术大学、奇瑞汽车股份有限公司和合肥公共安全技术研究院等入选成为国家级海外高层次人才创新创业基地。

几年来，安徽分四批先后评审设立128个产业创新团队，对达到设立期限的团队及时进行调整补充，始终保持省级层面团队100个的常数。团队所在企业采取"全职聘请"和"柔性引进"相结合的方式，吸引集聚大量优秀人才加盟，逐渐成为各类创新创业人才锻炼成长的"熔炉"。

在共同创业锻炼和"师带徒"的实践中，团队助理及其他优秀人才又逐步成长为某个方面的领军人才，他们通过拓展延伸、科学重组，形成新的创新团队。人才培养链式集聚效应得到放大，形成了一

三　人才工作要为经济社会发展中心任务服务

个个自主创新的人才塔林。奇瑞公司"发动机研发"创新团队围绕研发高性能、低油耗的发动机，通过内部培养、海内外招聘等形式，先后吸引凝聚 520 多名科技人员参与，其中包括来自海外的 40 多名资深专家。省农科院"水稻遗传改良及产业化"创新团队，围绕实现"1+5>6"的目标，带领 12 名研究员、18 名副研究员、13 名博士及18 名硕士参与研发，两年育成了 8 个水稻新品种。

2011 年 7 月，随着一辆瑞麒 G6 驶下生产线，奇瑞已成为国内第一家产量突破 300 万辆的自主品牌乘用车企业

目前，全省"115"产业创新团队集聚的 7000 多名高层次人才中，有 1 名团队带头人当选中国工程院院士，6 名团队带头人入选国家"千人计划"。

◀ 产业创新团队建设的成效

共同的价值取向和目标追求，促成了团队成员的优势互补、信息共享和力量有机衔接，产生了创新智慧的叠加放大效应，一项项创新成果次第问世。

安徽科大讯飞信息科技公司，是中国最大的智能语音技术提供商。公司中的"中文语音产业创新团队"设立以来，已发展到30多人，在中文语音合成、语音识别、口语评测等多项技术上取得了国际领先成果。团队领军人物、公司董事长兼总裁刘庆峰深有感触地说："'115'产业创新团队恰逢其时地为高科技人才提供了追求梦想、展示价值的宽广舞台。"

"115"工程打通了实验室和车间的"隔墙"，实现了产学研深度融合、无缝对接，促进了一大批前沿创新成果向现实生产力的迅速转化。普乐新能源公司"非晶硅太阳能电池技术"研发团队先后申请27项专利，成为全国率先实现硅基薄膜太阳能电池核心设备产业化的光伏企业，2009年成功上市。黄山永新股份公司"软包装材料研发"创新项目设立后，很快在

刘庆峰博士（左一）在 APEC 创新贸易大会上作主题发言

可降解包装材料等技术研究方面取得突破，目前已获得5项专利授权，有10多项科研成果实现了产业化，其中锂离子电池包装膜的投产改变了我国该原料一直依赖高价进口的局面。

淮南矿业集团副总经理袁亮主持申报的"煤矿瓦斯治理与利用技术研究创新团队"入选以来，成功研发了煤层群无煤柱煤与瓦斯共采关键技术，申报了6项专利，处于国际领先水平，取得直接经济效益1.5亿元，并将该技术输出到国内外同行业。他联合日本等有关科研机构，开发出具有我国自主知识产权的煤炭瓦斯安全输送系统，攻克了瓦斯利用的世界性难题。2009年，他成功当选中国工程院院士。

三　人才工作要为经济社会发展中心任务服务

"115"产业创新团队带头人、中国工程院院士袁亮（右五）向世界采矿大会国际组委会介绍瓦斯治理技术

同时，省里还通过设立省创业风险投资引导资金、给予有关税收减免优惠政策等措施，拓宽创新成果产业化渠道。据统计，全省有80%以上的工业企业与高校、科研院所建立了产学研合作关系，80%以上的省级科技攻关项目由产学研联合承担，自主创新由过去高校、科研院所扛大旗逐步转变为以企业为主体、产学研联合创新，电子信息、汽车和装备制造、新能源等市场潜力大、科技含量高、成长性好、带动力强的产业链条正在形成，引领和支撑全省产业结构不断优化升级。近三年，安徽省战略性新兴产业快速增长，总产值年均增速超过40%。

目前，安徽全省各类创新团队取得达到国际、国内领先水平的创新成果有500多项，一大批成果填补了国内空白，实现经济效益150多亿元，50多家企业成为省级以上创新型（试点）企业。2011年，全省高层次人才较上年增长30%，专利授权量较上年增长104%，发明专利授权量较上年增长82.3%。

◢ 推广"项目+创新团队"模式

6年来的扎实推进，"115"工程已成为安徽创新型领军人才队伍建设的一个品牌工程、龙头工程和示范工程，发挥了较好的示范辐射作用。

在"115"工程带动下，"项目+创新团队"的模式正向市县延伸，实现了多点开花。2010年以来，合肥市实施"228"产业创新团队建

"115"工程团队建设情况

重点产业类别	团队数量	集聚人才	创新成果
电子信息	14	790	46
汽车和装备制造	28	1650	60
材料和新材料	31	2100	88
新能源	6	200	26
食品医药	33	2500	65
纺织服装	2	38	4
现代服务业	2	25	2
其他	12	660	30
合计	128	7963	321

设工程，建立了80个市级产业创新团队，集聚1000多位优秀创新人才，申请专利50余项，获得省级科技成果鉴定56项，直接经济效益超过5亿元。目前，安徽全省16个市都相继实施了类似"115"团队建设模式，推进领军人才培养工程，共建立425支创新团队，凝聚了一大批高层次创新人才。

相随而至的是人才观念的更新。"为人才服务就是为大局服务、为高层次人才服务就是增强经济社会发展动力"已成为普遍共识，全省各地各单位不断优化高层次人才的工作、生活和舆论环境，积极营造全社会关注创新、支持创新、参与创新的良好氛围，有力地激发了创新人才的内在动力和创新创业热情。

2010年1月，皖江城市带承接产业转移示范区上升为国家战略后，围绕为承接转移提供有效的才智支撑，安徽省除深入推进示范区内"115"产业创新团队建设外，还延伸实施战略性新兴产业"111"人才聚集工程，计划"十二五"期间培育100个创新团队、1000名高层次领军人才、10000名战略性新兴产业高技能人才，有效提升战略性新兴产业自主创新水平。作为示范区"双核心"城市之一，芜湖

合肥城市新貌

市启动实施以培育 50 个"产业创新团队"、50 名"创新团队带头人"、500 名"创新团队带头人助理"的"555"产业创新团队建设工程，通过建团队、聚人才、兴产业、促创新，加强高层次人才队伍建设。

"含金量"更高的政策陆续跟进。2012 年 4 月，安徽省正式出台《关于建设合芜蚌自主创新综合试验区人才特区的意见》，围绕创新人才发展体制机制，激发团队和领军人才创业激情和创新活力，出台人力资本作价入股、个人所得税优惠、职称评定等 10 项政策措施，实施重点计划引育人才、创新创业环境优化等 6 大工程；大力实施产学研合作培养创新人才政策，组建了合肥光伏光热、现代显示等一批产业技术研究院和新能源汽车、生物医药等 20 多家产业技术创新战略联盟，提高了创新人才培养承载能力。

落后地区跨越式发展的"金钥匙"

在海南岛中西部的广阔土地上，巍巍五指山，潺潺万泉河，秀美的风光吸引了无数慕名而至的游人访客，但过去这里却因为经济落后、生活不便、文化贫乏，长期以来很难留住人才。就在几年前，一个山区县的人民医院，由于仅有的 1 名麻醉师被外地挖走，半年没法开展手术。当地老百姓得了大病只能坐上好几个小时的车到省城去治，耽误了最佳救治时机不说，还增添了一大笔经济负担。

同样在几年前，香蕉枯萎病菌肆虐，叶片下垂、全株枯死、几近绝收。由于没有科技人员的及时指导，几个乡的香蕉种植户们一筹莫

三　人才工作要为经济社会发展中心任务服务

相关链接

海南省中西部概况

海南共有 18 个市县，其中五指山、东方、昌江等 11 个中西部市县土地面积、人口总量分别占全省的 52.6%、38.7%，但在人才发展方面，11 个中西部市县人才总量仅占全省的 24.4%，具有本科以上学历、高级职称的人才分别仅占当地人才总量的 8.5%、1.3%，优秀人才流失、专业人才断层等现象也十分严重。"留住现有人才难、引进急需人才难、本土人才成长难"的"三难"问题是制约当地经济社会发展的最大瓶颈。

展，只能眼睁睁看着投入的本钱和付出的辛劳打了水漂。

还是在几年前，一个民族县的所有乡镇初中加在一起，两年内不但没能成功引进 1 名教师，反而流失了 22 名业务骨干，没有过硬的教育质量成为学生家长们心头最大的痛。

为促进中西部市县的人才发展，破除因人才匮乏造成的中西部市县农业科技、建设规划、教育、医疗卫生等事业发展水平滞后的难题，海南省于 2010 年正式作出实施"中西部市县人才智力扶持行动计划"（简称"行动计划"）的决策部署，每年拿出 1000 多万元财政资金，支持实施行动计划十大人才智力扶持项目。

引导人才柔性服务

海南中西部少数民族和贫困市县多处于边远地区，经济发展水平不高，收入待遇偏低。2010 年前后，部分市县的技术人员月收入仅为 500 元左右，有时还不能保证全额发放，加上远离中心城市，医疗卫生、子女教育、文化生活等方面的条件较差，导致优秀人才流失的现象十分普遍，"东走西走，不如省城海口"的顺口溜在中西部市县广为流传，在一定程度上反映了当地人才的普遍心态。

"水往低处流，人往高处走"。指望一下子就为中西部市县全职引进一大批优秀人才，或是短期内为中西部市县培养出一大批优秀人才，彻底解决当地人才发展瓶颈问题，是十分不现实的。行动计划充分考虑到这一情况，本着尊重规律、因势利导的原则，把项目的落脚点放在了"柔性引智"上，通过额外发放生活补助、申报高一级职称时给予适当倾斜、提任高级职称者必须有1年以上基层工作经验等政策措施，引导在省属单位及海口、三亚等相对发达地区工作的科研人员、教师、医护人员通过兼职挂职、定点服务等方式到中西部市县开展柔性智力服务，服务时间多为1年。自行动计划启动以来，已累计选派科技人员81人、建设规划人才20人、教师164人、医疗卫生人才247人、顶岗支教在校师范生3372人、大学生志愿者2111人，极大地促进了当地农业科技、建设规划、教育、医疗卫生等各项事业的发展。

海口市人民医院医生聂明朝主动申请到乐东县黄流中心卫生院服务，一干就是3年，在利用自身所学医术为患者开展诊疗的同时，还作为挂职副院长协助抓好医院建设，使黄流中心卫生院由一个只有1

科技人员在传授瓜果种植技术

三　人才工作要为经济社会发展中心任务服务

相关链接

**海南中西部人才智力
扶持行动计划项目**

- 科技副乡镇长派遣计划
- 教育人才智力扶持项目
- 卫生人才智力扶持项目
- 建设规划人才智力扶持项目
- 离退休人才智力服务中西部计划
- 紧缺管理人才招录（聘）计划
- "周末流动师资培训学院"项目
- "双五百"人才工程
- 万名中专生培养计划
- 大学生志愿者服务中西部计划

名主治医师、不足50万元技术设备的农村卫生院发展成为拥有160名医护人员、20名高级职称医师、5000多万元先进医疗设备的综合性医院，成为海南首家设在乡镇的二级医院和国家"千家基层医院数字化示范工程"首批20家示范单位之一。让农民在家门口就能享受到优质医疗服务，其建设模式得到了卫生部的肯定。这样的例子，在中西部市县还有很多。

促进本土人才成长

"授人以鱼，不如授人以渔"。挂职服务人员毕竟只是少数，一味依赖外部人才支援，终究不是治本之策。"行动计划"在引导人才柔性服务中西部市县的同时，格外重视对中西部本土人才的培养。

一方面，"行动计划"组织中西部本土人才走出来开阔眼界。首批共安排中西部市县169名教育人才、173名医疗卫生人才、13名建设规划人才到省内发达地区的中学、医院、规划设计院开展为期1年的挂职锻炼。另一方面，"行动计划"还组织人员深入中西部培训当地本土人才。由海南师范大学牵头实施的"周末流动师资培训学院"项目，发挥师范院校的资源优势，组织本校和省内重点中学的教师，利用周末时间送教下乡，深入乡镇农村中小学，通过同课异构、对比教学、交流研讨等形式，提升当地师资力量的业务水平，两年时间累计培训农村教师5453人，为提升农村地区义务教育质量作出了积极

"周末流动师资培训学院"示范教学课堂

贡献。

除了系统的课程培训外，挂职服务人员还特别注重以经济效益说话，通过帮助老百姓发展生产，引导他们掌握和使用新技术。五指山市毛道乡是全国最大的山竹种植基地，但是由于技术原因，山竹挂果率很低，有些根本不挂果，老百姓的种植积极性不高。陈华锋到乡里挂职担任科技副乡长后，不信邪、不畏难，没事就到果林转悠，经过一段时期的钻研，成功克服了山竹催花技术上的难关，使挂果率提高到了80%以上，经济效益一下子就显现了出来。陈华锋没有把这项技术据为己有，而是无偿传授给农民兄弟，带动一大批种植户掌握了先进技术，提高了经济收入。"这样的乡长，多派十个我们也欢迎！"一位种植户道出了乡亲们的心声。

据统计，首期科技副乡（镇）长派遣项目派出科技人员36名，年内共实施科技项目和科研课题73项，建立科技示范基地196个，推广新技术130多项、新品种90多个，组织科技培训7.4万人次，促进农民增收8000多万元，受到了中西部市县的极大欢迎。

鼓励人才长期扎根

少数民族和贫困市县要发展，人才是关键。为了促进当地经济社会发展，中西部 11 个市县不约而同地想到要让优秀人才长期扎根当地，纷纷拿出引才用才的实招来。

地处中部山区的保亭县，经过积极争取，同海口市建立起了中小学教育对口帮扶机制，由海口市每年选派 25 名有教育管理经验的优秀教师到县里挂职担任中小学副校长，提升当地义务教育的质量。"县里一共有 25 所中小学，1 个老师刚好肩负 1 个学校，虽然 1 年要换 1 个人，但我们能保证每年都有人，这对落后的农村义务教育来讲已经是一种长效机制了。县里是下了决心的，我们每个月给挂职副校长发1800 元生活补贴，也给他们安排了具体工作任务，相信他们能给保亭义务教育带来一些改变。"保亭县教育局局长苏盛葵如是说。事实上，苏盛葵也是由省教育系统下派的挂职干部，正是在他的推动下，这个对口帮扶长效机制才由想法变成了现实。

尝到科技副乡镇长甜头的五指山市，还为表现突出的挂职人员建立了破格任用机制。南圣镇科技副镇长严海原先在三亚市南繁科技研究院从事科研工作，挂职期间利用自己所掌握的信息、技术和渠道，帮助农民发展了林下经济、灵芝种植、雨林花卉等多个专业合作社，仅雨林花卉专业合作社一家就给种植农户带来每亩 4 万元的纯收入，突出的业绩得到了当地干部群众的高度认可。为了让优秀人才能够留得下，也为了让农民增收能够常态化，五

五指山市挂职干部向当地农民传授山竹催花技术

教育智力扶持人员与乡镇中学生物教师交流授课技巧

指山市委专门研究，破格任命这位事业单位普通员工为市林业局副局长，让严海全职全身心地留在了五指山。除五指山外，白沙、琼中等多个市县也有意正式调入参与"行动计划"的优秀人才并予以提拔重用。破格任用机制的建立，为优秀人才提供了更为广阔的事业平台，对于鼓励人才参与"行动计划"乃至长期扎根中西部起到了重要的导向作用。

2012年，海南省委、省政府专门设立"少数民族和贫困地区人才贡献奖"，对于长期扎根中西部市县开展工作的优秀人才予以表彰和重奖，鼓励更多的人才为促进少数民族和贫困地区发展奉献汗水和智慧，将中西部市县人才智力扶持行动计划又往前推进了一大步。

三　人才工作要为经济社会发展中心任务服务

四

人才优先发展是科学发展的有效路径

人才优先发展是后发国家实现现代化追赶的成功经验，也是我国东部发达地区率先发展的成功实践。党的十七大以来，我们围绕建设人才强国，加大人才投入和开发力度，大力培养造就创新型科技人才，开发经济社会发展重点领域人才，国家自主创新能力显著增强，有力推动了经济发展方式的转变。胡锦涛总书记在全国人才工作会议上指出，要确立在经济社会发展中人才优先发展的战略布局，做到人才资源优先开发、人才结构优先调整、人才投资优先保证、人才制度优先创新。我们要按照这一要求，把人才优先发展的思想落实到经济社会发展规划、重要政策和工作部署中，以人才优先发展引领和支撑经济社会又好又快发展。

人才引领深圳
创新发展

　　驾车行驶在深圳市深南大道高新区路段，一个个全国乃至世界著名的高新技术企业"走马灯"似的映入眼帘，演绎着一个又一个深圳自主创新的"神话"：在11.5平方公里的园区内，产生了华为、中兴、腾讯、朗科等世界级企业和任正非、侯为贵、马化腾、邓国顺等一大批成功的企业家……

　　2008年，深圳成为国家第一个、也是迄今唯一的创建国家创新型城市试点区。2011年，深圳获得国内专利授权39363件、发明专利授权11826件、PCT国际专利申请7933件，约占全国申请总量的45.4%，连续8年居全国第一，显示出这个城市强劲的创新活力。2012年上半年发布的《2011中国创新城市评价分析》，深圳综合创新

深圳高新区

四　人才优先发展是科学发展的有效路径

指数总排名第二。"人才要素也是很基础的生产力。"这是冯冠平，在深圳从一名清华大学教授成长为国内科技成果转化和风险投资领军人物的体会。

为什么深圳的自主创新能在全国走在前面？深圳自主创新的人才实力从何而来？通过深入剖析发现，深圳自主创新取得显著成绩的背后，正是得益于"人才"这个要素，得益于"引→聚→炼→留"四个环节的人才领先优势。

◀ 抢跑型人才战略吸引四海人才

"30年前，深圳只有两名技术人员：一个拖拉机维修员；一个兽医。"深圳市委组织部负责同志的一句话，折射出这座城市科技人才资源的先天不足。而如今，深圳的研发人才约有30万，研发实力和水平位居全国前列。

深圳靠什么弥补了先天不足？首先靠经济特区和改革创新的金字招牌。

但是，要让"孔雀"持续东南飞，光靠牌子是不行的，关键还要有好的制度。

从特区建成一直到今天，深圳坚持改革创新，突破条条框框，在全国率先推行了一系列开风气之先的"人才新政"，形成了人才引进的"波浪效应"，吸引了大批有抱负、敢创业的人才来到深圳。

20世纪80年代，深圳率先制定了明显高于内地的工资薪酬制度，率先成立市场化运作的人才服务公司，率先实施吸引出国留学生的特

定待遇。

20世纪90年代，率先由政府组团赴海外招聘人才，率先实施干部录用公开竞争考试制度，率先探索"技术入股"等引才新措施。

2000年以来，率先建立网上人才市场，搭建中国国际高新成果交易会、中国国际人才交流大会等国际性人才交流平台，完善科技人员持股经营等知识资本化激励机制，率先开辟面向高层次创新型人才引进的个人申办渠道。

2010年，更进一步出台并大力推行了"孔雀计划"，对高层次人才的引进起到了"磁力"作用，仅一年内就吸引6个核心团队和137名海外高层次人才来深创新创业；此外，从2012年开始，实行应届毕业生无限制引进入户，所有用人单位人才引进无指标限制……

人才集聚产生磁场效应

两年左右时间，5个20多岁的归国留学生到深圳创业，会发展到什么程度？

深圳光启高等理工研究院就是由5个年轻海归人才在2010年年初创建的，如今，他们已拥有超过300人的科研团队，这其中来自哈佛、麻省理工、牛津、剑桥、耶鲁、美国劳伦斯伯克利国家实验室等世界著名高校和科研机构的人才比比皆是，定居深圳的美、英、德、法等外籍全职科研人员就超过40位。一张张不同肤色、青春勃发的脸庞，让人感受着这家年轻研究机构的包容与创新活力。

他们创造的业绩，更是超乎想象：刷新领域研究空白的速度以月来计算，产生国际专利的数量以周来计算，发明专利提交量达到每

四 人才优先发展是科学发展的有效路径

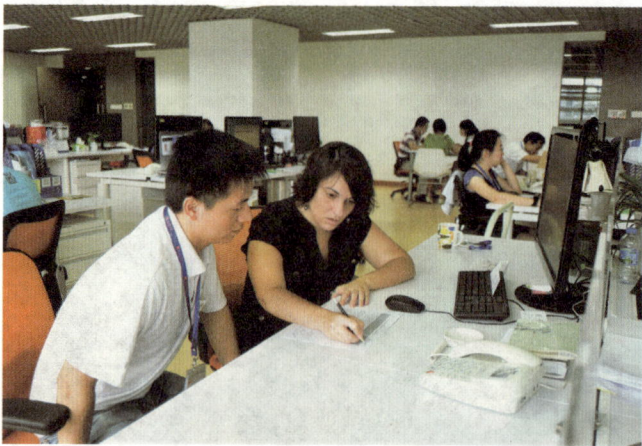
科研人员开展设计交流

周 25 件。他们的成果不是实验数据，不是纸上论文，而是实实在在的产品、辐射能力极强的产业，招投标时常常没有对手。仅一个超材料滤波器，就可为华为这样的大公司每年节约 20 亿元的成本。

新材料产业是深圳重点发展的战略性新兴产业，2009 年，当深圳市得知刘若鹏等 5 个年轻充满朝气的海外人才在新材料方面具有了世界水平的研究成果，从市主要领导到人才、科技等部门，纷纷热情邀请，并给予了倾力支持，同时，将研究院作为探索"民办官助"模式的新型科研机构进行试点。目前，政府给予光启的资助额度达到 1.65 亿元，并给予了 1.2 万平方米、三年免租金的工作场地。

光启只是深圳通过创新资源集聚推动人才集聚和自主创新快速发展的一个缩影。今天，随意走进深圳一个成规模的高新企业，都可以见到类似的博士、海归、国内外知名专家一个屋子潜心研发的场景。

回首 30 年的产业发展转型的历程，深圳的产业结构从"三来一补"的低附加值阶段，过渡到四大支柱产业和新能源、新材料等战略性新兴产业。发展过程中始终牢牢占据高新技术产业唱主角的"微笑曲线"高端。自主创新，既蕴涵着科学发展的自觉，也有来自于产业升级转型的"挤压效应"。

同时，面对传统研究载体严重缺乏的瓶颈，深圳围绕产业发展需要，积极打造源头创新平台，为企业培养人才、助推创新发展。深圳大学城、虚拟大学园、深港产学研基地、国际科技商务平台、创业投资服务广场、孵化器联盟、非公开科技企业柜台交易市场以及深圳光启高等理工研究院、中科院深圳先进技术研究院、华大基因研究院、国家超级计算深圳中心等新型研发创新机构，在深圳的土地上相继应运而生。

这些创新资源的集聚，使深圳的创新人才和创业企业飞速成长，反过来又推动更多的人才和企业快速集聚，形成良性互动发展。

如今，在深圳，人才推动自主创新和产业升级的效应日益凸显。高新技术成为第一支柱产业，电子信息产业保持强劲势头，生物、互联网、新能源三大新兴产业正成为经济发展的新引擎，2011年深圳这三大产业的增速分别达到30%、24.2%和29.3%。深圳高新区更是自主创新"高产田"，15年来成功孵化企业532家，吸引科技研发人员超过18万人，培育硕士以上研究生3万多名。孕育了全球第一个U盘、第一台单芯片高清一体电视、第一种基因治疗药物、第一台医用核磁共振诊断仪、第一张亚洲人基因图谱，诞生了国内第一个即时通信软件……

相关链接

深圳市 2011 年四大支柱产业经济数据

产业	增加值（亿元）	占总体经济总量比重
高新技术产业	3550.00	30.9%
金融产业	1562.43	13.6%
物流产业	1090.00	9.5%
文化产业	771.00	6.7%

市场是创新人才的"炼金炉"

当人们抱怨软盘容量太小，就有了邓国顺的"U盘"；当人们苦恼 ICQ 没有中文，就有了马化腾的 QQ……有人说，深圳企业的创新动力，完全是让市场"逼"出来的。

"是骡子是马，拉出来遛遛"。市场，成为深圳创新人才最好的"锻造台"和"炼金炉"。

15 年前，清华教授冯冠平带领七八个清华人南下深圳，开始了从市场"下游"向科研"上游"递进的"逆向之旅"，在市场寻找科研课题、取得科研资金、检验科研成果。15 年间，深圳清华大学研究院让 150 多项科技成果走上生产线；大族激光将大学实验设备直接搬到市场，配发工程师直接进行市场化改良；中兴把研发骨干人群最大限度地派往一线，直接面对客户，拿回需求后设计新产品……

"深圳自主创新最大的特色是市场机制"。参加广东省自主创新现场会议的代表感叹道，"自主创新的动力不是科研经费，而是市场的生存压力"。

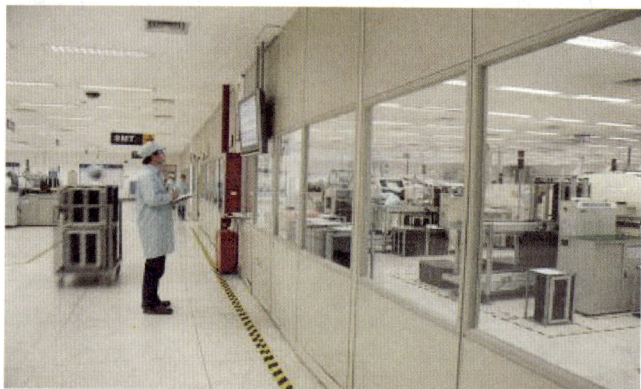
中兴通讯实验室

20 多年前，任正非、侯为贵"孤注一掷"，将"来料加工"攒下的全部"血汗钱"投入研发，开始了华为、中兴求得生存权的"饭碗创新"。今天的华为、中兴已由求得生存权跨越到赢得发展权，成为全球通信制造业不容小觑的"中国双雄"，在 2010 年内地企业发明专利授权量排名中分获冠亚军。当朗科决心填补中国在全球 IT 技术的空白时，不少人认为这是"天方夜谭"。邓国顺迎难而上，靠着深圳市政府资助的"留学人员创业前期费用补贴资金"12 万元和一笔上百万元的投资款，踏上了高科技产业化的艰辛之路，在相继推出世界上第一款闪存盘产品、全球首款 USB3.0 移动硬盘后，朗科一跃成为全球闪存盘及闪存应用领域产品与解决方案的领导者。

相关链接

企业成为自主创新的主导者

市场让深圳的人才和企业找到了着力点和兴奋点，使"90%的创新型企业是本土企业，90%的研发人员集中在企业，90%的科研投入来源于企业，90%的专利产生于企业，90%的研发机构建立在企业，90%以上的重大科技项目发明专利来源于龙头企业。"

来了，就是深圳人

2010 年，在深圳最具影响力的十大观念评选中，"来了，就是深圳人"一举跃入人们视线，也道出了外来参与深圳建设者的最大心声。

虽然这句简单质朴的口号散发着浓厚的草根味道，却代表了深圳作为移民城市的独特包容性格和求贤若渴、服务人才、留住人才在深长期发展的强烈愿望。

维护公平竞争的环境，是大多数创业者最为看重的。

20 世纪 90 年代初，一家知名企业突然说要离开深圳去英国发展，原因是企业有三个技术人员带着技术出走，却囿于法制环境不完善，凭企业自身能力难以及时挽回损失。1995 年，深圳针对困扰创新企业的跳槽人员带走技术秘密的问题，出台了《企业技术秘密保护条例》。

用优质的服务，赢得人才的心。

2006 年 11 月，在美国讲学的徐希平偶然在网上看到新鲜出炉的《深圳生物产业振兴发展规划》，他马上提笔写信与深圳相关部门沟通。"结果让人很意外，没有一家部门不回信的。"一周内，徐希平就得到深圳"热情欢迎、全力支持"的考察邀请。不到两个月，在各方支持下，徐希平团队就落户鹏城，深圳奥萨医药公司正式挂牌，并被纳入深圳重点扶持项目。2008 年，"奥萨"获得国家药监局批准的 I 类新药"依叶"新药证书，成为过去 5 年来唯一一种被批准上市的具有自主知识产权的心血管系统 I 类化学新药。当年 7 月，"国家生物产业基地复方创新药物实验中心"落户"奥萨"。

深圳光启研究院团队核心成员张洋洋坦言，在回国前确实是有一些顾虑的，担心在国内不适合做企业，会遇到很多麻烦，不知道自己能否顺利将自己的理想变为现实。

"到了深圳之后，一天晚上的经历深深打动了我们。"他们找到当时深圳市科工贸信息委的工作人员，讲述自己的项目时，已经做好了可能在国内遭遇"听天书"的误解或者被冷眼相看的思想准备。然而，相关人员不仅完全听得懂，还帮他们通宵准备申请材料。"那天晚上我们加班到两三点，他们也与我们一样工作到两三点。"张洋洋的团队被深圳政府公务员的敬业精神深深打动，之前的忐忑、顾虑烟消云散，更令他们庆幸自己选择了深圳作为创业的起点。

致力于营造安居乐业的人才发展环境，是深圳市委市政府不断健全完善人才政策体系的出发点和落脚点。

近年来，高房价逐渐成为制约人才在深圳长期工作生活的突出问题。2010年年底，深圳市果断出台《关于实施人才安居工程的决定》，启动"十百千万"人才安居工程试点工作，先行解决部分重点企事业单位人才的住房困难问题。目前，已为全市109家企业的15244名人才(其中高层次人才791人，高中初级人才14453人) 发放租房补贴共计1.97亿元；已提供1239套公共租赁房给人才入住。

深圳市高层次人才获赠人才安居住房钥匙

创新创业的
城市名片

许志博士，国家"千人计划"特聘专家，在国外工作十余年，在得知南京一系列人才新政出台之后，他回到家乡，创办了江苏苏美仑智能科技有限公司。

从 2011 年 8 月萌发创业念想，到 2011 年 12 月公司正式注册，许志只用了短短 4 个月时间。他的回归，不仅带来了 6 名海内外专家，同时也带来了他们手中所掌握的 20 项发明专利和 2 项国家"十二五"重大科技专项。现在，他们正摩拳擦掌，准备在南京这片创业热土上闯出一番新天地。

和许志一样，如今，越来越多怀揣创业梦想的科技人才来到南京，为六朝古都的再次腾飞注入全新动力。

南京江宁经济技术开发区

四　人才优先发展是科学发展的有效路径

"1+8"人才新政与"科技九条"

近年来，作为全国唯一的科技体制综合改革试点城市，南京相继推出了一系列人才新政，其中最具影响力的是"1+8"政策体系、"南京科技九条"和"大学生创业七策"。

2011年7月，南京"1+8"科技政策体系正式出台。其中，"1"是总体纲领，即《中共南京市委关于聚焦"四个第一"实施创新驱动战略打造中国人才与创业创新名城的决定》，"8"是与《决定》相配套的八项行动计划，涉及高端人才引进、科技资源转化、人才创业载体、科技创新平台、科技金融发展、知识产权保护等方面，其中核心是"南京321计划"和"科技创业特别社区建设计划"。

相关链接

"南京321计划"

从2011年起，5年内引进领军型科技创业人才3000名、培养科技创业家200名、集聚国家"千人计划"创业人才100名。对领军型科技创业人才入选者，提供100万—200万元启动资金和不少于100平方米的工作场所、不少于100平方米的人才公寓，并享受企业初创、科教特色、金融财税和生活配套等15项扶持政策；对科技创业家入选者，还将给予财政金融、科技研发、人才团队等三项特别支持。

2012年春节假期后第一天，南京市与江苏省科技厅、教育厅联合发布《深化南京国家科技体制综合改革试点城市建设，打造中国人才与创业创新名城的若干政策措施》（简称"南京科技九条"），出台了一系列极具冲击力的举措，在全国引起强烈反响。

风乍起，激活一池春水。人才新政范围之广、理念之新、举措之实，给海内外众多科技人才自主创业注入了一剂强心针。南农大食品学院副教授黄明博士平日里除了教学就是搞科研，但他心中一直留有遗憾。"二十年来，我一直从事食品特别是肉品相关专业的学习研究，但国内频频出现的食品安全问题一直让我很担忧，"他说，"我们这

些一线的科研人员，手中掌握着最先进的技术，却无法直接造福老百姓。所以，我特别想通过创业去解决这些实际问题。""南京科技九条"出台后，黄明成为南京50多所高校、70多万科研人员在岗创业的首批尝鲜者。如今，他的公司已在南京白马国家农业科技园正式落户，一期将打造5000平方米的国内首个传统肉制品现代化加工示范厂，半年就能建成投产，三年内预计销售额达1个亿。

系列新政犹如巨大的"磁场"，不仅吸引本土人才纷纷走出书斋、走向市场，更吸引着众多海外高端人才纷至沓来。国家"千人计划"特聘专家、美国杜克大学生物化学博士章方良，就是其中的佼佼者。"南京在区位、交通、科教和环境等方面一直优势明显，尤其是高校林立，对我们这种人才密集型企业来说，是最有吸引力的。现在，又有这么好的政策，没有理由不来南京。"经过一番考虑和对比之后，章方良把金斯瑞生物科技有限公司总部设在了南京，公司投入9998万美元建设的生物医药研发外包园区即将投入使用。"我深受南京这种创业创新气氛的感染。一个具有浓郁的创业创新氛围的城市，会让创业者感到信心百倍，因为他们不会觉得是一个人在战斗。"这是曾两次荣登全国大学创业富翁榜前十名的徐毅征时常挂在嘴边的一句话。现在，他所创办的邦宁科技正式从南京雨花中小软件企业孵化园毕业，公司员工总数已达400人，年营收突破1.6

相关链接

"南京科技九条"

南京制定出台《深化南京国家科技体制综合改革试点城市建设，打造中国人才与创业创新名城的若干政策措施》（简称"南京科技九条"），规定允许和鼓励高校、科研院所和国有企事业单位科技人员离岗创业、在职创业；允许知识产权等无形资产按至少50%、最多70%的比例折算为技术股份；允许职务发明成果所得收益按至少60%、最多95%的比例归科技人员所有；实施企业股权及分红激励试点，设立股权激励专项资金，对符合股权激励条件的，给予股权认购、代持及股权取得阶段个人所得税代垫。

四　人才优先发展是科学发展的有效路径

亿元。三年来，南京平均每年约有 1000 名大学生自主创业。为鼓励、支持这一年轻创业群体，2012 年"五四"前夕，南京市出台《关于实施万名青年大学生创业计划的意见》（简称"大学生创业七策"），明确从资金、场地、投融资等 7 个方面为青年大学生创业提供扶持，所有"大专以上文化的大学生和海外留学人员"毕业五年内创业都可享受该政策，扶持对象包括所有在宁和来宁创业的大学生。

为创业人才提供无忧服务

政策有了，人才来了，如何加速创业者的步伐，让他们能够创成业、创大业？"去年 4 月，开发区为我们选好并装修好 3 年免租金的 1.3 万平方米新厂房，提供水电气等各种配套服务。随后，公司里世界最先进的研发线设备、中试线等相继投入使用，第一片 OLED 发光器件成功发光。"面对仅用 8 个月就建成的 OLED 照明产业配套设施，南京第壹有机光电总裁王锦山博士感到十分欣喜，"对 OLED 这样高科技产品而言，这种进度是非常快的，前来参观的国内外同行看到我们的进展速度都很感叹。这要归功于南京良好的创业硬环境和软环境，特别是软环境。"

2011 年以来，南京举全市之力不断优化科技创业环境，加快构建公共技术、投融资、信息交流、中介服务和政府服务"五大平台"，

中国（南京）软件谷

从各方面为创业者保驾护航。市和各县区行政服务中心特设服务窗口，实行"一章通关"，为科技创业企业注册、场地租赁、人事关系办理等提供全程速办、零成本服务，打造"无障碍创业"环境；对在特区内创业企业，给予两年经营场地"零租金"待遇，三年孵化期内，按其所缴增值税地方留成部分，予以返还奖励，专项用于企业创新活动……

"省心"，这是来南京创业的凌建群博士最大的感受。对海外工作和生活多年的他来说，要在一个相对"陌生"的环境落地生根，需要适应许多，但来到南京之后，这种担心都化为乌有。"起初，公司连临时办公地点都没有，没几天，园区主动腾出了办公室。为解决供电，园区专门请来了专业人员，为我们的电路单独扩容。"从公司选址、装

相关链接

南京紫金科技创业特别社区

南京在全市范围内规划建设20个片区、共50平方公里的紫金科技创业特别社区，通过充分授权、封闭运行，高标准规划建设接轨国际的孵化器、加速器、中试用房和人才公寓，给予特区特别体制、特别机制、特殊政策、特殊环境，提高科技人才创业和企业孵化的成活率、成功率，大规模、科学化"育苗造林"。计划到2015年，在特区内建成孵化器、加速器和中试用房600万平方米，集聚科技创业企业1万家。

修，到工商注册、行政审批，凌建群都享受到了最大便利，他算了一下，仅创业伊始从政府得到的资助就达到300万元。现在，江苏吉锐生物技术有限公司已获得12项专利，还正以每月新产生2个专利的速度不断创新。

为有效解决"二线城市、一线房价"的问题，南京还启动实施"195工程"，5年内将建设1000套专家公寓、9000套人才公寓、5万套青年创业公寓，形成6万套规模的人才保障房体系，让各类创业人才"拎包即住"、创业无忧。针对海外人才，南京专门设立服务中心，集中简化办理7大类服务，并以"南京蓝卡"为载体，给予非南京户籍

四　人才优先发展是科学发展的有效路径

留学人才居留和出入境、医疗保险、子女教育及购房等 13 项"市民待遇"。

人才与创业名城已显雏形

"凤翱翔于千仞兮，非梧不栖。"在 2011 年下半年首批"南京321 计划"评审中，共有 1500 多名海内外高层次人才申报，最终 315人入选"领军型科技创业人才引进计划"、48 人入选"科技创业家培养计划"、40 人入选"国家'千人计划'创业人才集聚目标"，分别是原定目标的 105%、109% 和 222%。目前，全市共有两院院士 81 名，国家"千人计划"特聘专家 61 名，"长江学者奖励计划"特聘教授、讲座教授 73 名，国家杰出青年基金获得者百余名，国家"973"项目首席科学家 13 名，中科院"百人计划"入选者 14 名，全市科技人才总数近 80 万人，各类人才总量达 170 万人。

在高端人才引领下，科技成果正加速转化为推动发展的现实生产力，并涌现出以东南大学尤肖虎等为代表的"产学研"典型人才。2011 年，南京上市科技型企业达 39 家，新增省级工程技术研究中心23 家、国家级工程技术研究中心 1 家，实现高新技术产业产值 4800亿元。由"政产学研金"合力推进的南京麒麟科技创新园、中国无

线谷、南京生物医药谷、雨花软件谷、液晶谷等新兴产业基地迅猛发展，以雨花软件谷为龙头的南京软件业和服务外包实现产值 1500 亿元，比上年增长 50%以上。

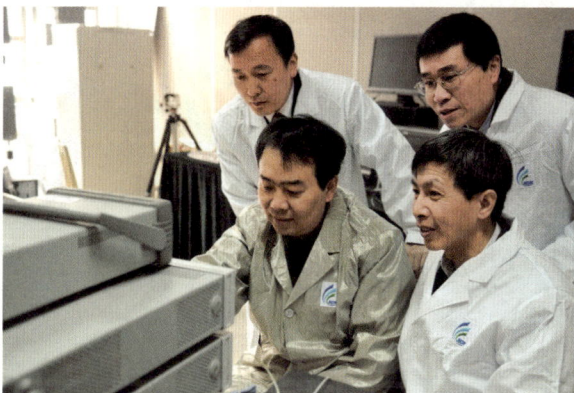

荣获 2011 年度国家技术发明一等奖的东南大学尤肖虎（前左一）及其团队

南京已形成以电子信息、软件和服务外包等产业为支柱，新型显示、智能电网、生物医药、轨道交通等新兴产业为引领，旅游会展、现代物流和文化创意等现代服务业协同发展的产业格局，预计到 2015 年，科技进步对南京经济增长贡献率将达 60%以上。

南京国家高新技术产业开发区

四　人才优先发展是科学发展的有效路径

"四个优先"
推动人才资源开发

　　1999 年 9 月，18 岁的叶诚满怀憧憬来到武汉华中科技大学报到，他有些失望。"关山一带就像个小县城，学校门前到处都是烧烤摊、录像厅和低矮破旧的民房"，这不是他想象中的现代都市，和许多当时的大学生一样，他的理想是毕业后"东南飞"。

　　十多年过去，叶诚现在是武汉一家科技公司的业务骨干，他把家也安在了东湖高新区，正投身于武汉·中国光谷建设事业中。如今的光谷，是国家自主创新示范区，全国第二大智力密集区，聚集着 2100 多家高新企业，600 多家研发机构，繁华程度不让武汉任何地段，是名副其实的城市副中心。

　　光谷巨变，是智力转换为生产力的例证，更是武汉坚持人才优先

武汉东湖

武汉·中国光谷

"武汉·中国光谷"，规划面积518平方公里，位于武汉东湖之滨，是中国第二大智力密集区，是中国第二个"国家自主创新示范区"，是中央首批"海外高层次人才创新创业基地"。

2009年2月，武汉市委、市政府决定在东湖高新区建设"人才特区"，实施"3551光谷人才计划"，力争用3年时间，在光电子信息、生物、新能源与环保、高端装备制造、高技术服务业等五大产业，引进和培养50名左右掌握国际领先技术、引领产业发展的科技领军人才，1000名左右在新兴产业领域内从事科技创新、成果转化的高层次人才。

战略，坚持人才体制机制创新，实施"黄鹤英才计划"，让高层次人才助飞科技创新、经济发展的结果。近三年来，武汉市引进海内外高层次人才3000多名，国家"千人计划"103人，资助高层次人才（团队）项目336个，投入人才创新创业资助资金近4亿元。

人才优先规划绘就发展蓝图

2009年12月，东湖高新区获批国家自主创新示范区。为加快示范区建设，武汉市坚持人才资源优先开发，"人才特区"应运而生。

人才特区之"特"，体现在以特殊的人才政策为突破口，带动人才体制机制的创新，以此吸引大批高端人才来光谷创新创业。有这样一段精辟的论述：光谷，在"谷"不在"光"。"光"是指内容，指产业，"谷"是指环境，指改革创新的体制机制。我们重视"光"，但我们更重视"谷"。

建设国家自主创新示范区，拥有"先行先试"权，而人才政策和制度的创新又放在了优先位置。股权激励、个税返还、人力资本作价出资、知识产权质押贷款等激励机制的创新，为人才发挥才干提供了充分的动力和机遇。2010年，迪源光电、南华高速船、威士达软件等一批股权激励试点企业利润增长50%以上，受激励的核心人才薪

相关链接

"黄鹤英才计划"是武汉市为深入推进"人才强市"战略实施的重大人才工程，重点引进培养具有世界领先水平的创新团队核心成员或领军人才。"黄鹤英才计划"目标是：到 2015 年，引进和培养 100 名左右创新团队核心成员或领军人才，1000 名左右高层次创新创业人才。2011 年，首批"黄鹤英才计划"为 33 位海内外高层次人才及其团队提供 5310 万元资金资助。

酬年增长幅度达 15％以上；迪源光电实施股权激励后，当年公司主营收入增长 131.5％，利润增长了 18.8 倍。

"人才特区"体制机制的破冰，吸引了一批批海内外高层次人才纷纷加盟。美国印第安纳大学教授张发明团队，开展氨基酸中间体、多肽类药物研发，已获得 2 个国家新药生产批复，将打开数十亿元的庞大市场。武汉凌云光电引进的美籍华人徐冰博士、武汉大学引进的周怀北教授、华工科技引进的首席科学家徐进林博士等一批海归精英，正逐步成为引领武汉高新技术产业发展的骨干力量。

2010 年 7 月，武汉市全面推广"人才特区"经验，在全市实施"黄鹤英才计划"，计划到 2015 年，引进和培养 100 名左右具有世界一流水平的产业领军人才、1000 名左右具有国内领先水平的高层次创新创业人才，让武汉人才优先战略从试点突破走向纵深发展。

人才优先引进激发"森林效应"

"引进一个领军人才，带来一个团队；办起一个企业，兴起一个产业"。相对于项目招商，引进领军人才在武汉已经产生了一种集聚裂变效应，形成了以高端人才为引领、各类人才共生共荣、互促互进的生态圈。

2010 年 5 月，中科院院士、美国微生物科学院院士、著名微生物学家邓子新落户武汉，担任武汉生物研究院首任院长。不到 2 年时间，研究院吸引了包括田波、卓银禧、赵进东、陈焕春、朱英国、周宏灏等院士的 14 个海内外团队入驻。入驻团队的首席科学家绝大部分有杰出青年、创新群体、"973"首席、"千人计划"、国家和省部级科技奖获得者等头衔。

一棵树如果孤零零地生长于荒郊野外，即便能够成活也会长得缓慢低矮；如果生长于森林中，则枝枝争抢水露，棵棵竞取阳光，以至参天耸立，郁郁葱葱。管理专家们将这种现象称之为"森林效应"。

锐科激光创办人闫大鹏博士对此深有体会。2007 年年底，长期在美国知名企业从事光纤激光器研发的闫大鹏回国创业，与华工科技合资成立锐科激光。短短 3 年，锐科激光成为国内第一、全球第三的光纤激光器供应商，而今，华工科技已经产生了"闫大鹏效应"。紧随其后，徐进林、肖黎明、王佐、周志强等多位具有国际一流水平的核心人才相继加盟华工科技，闫大鹏、徐进林等还先后成

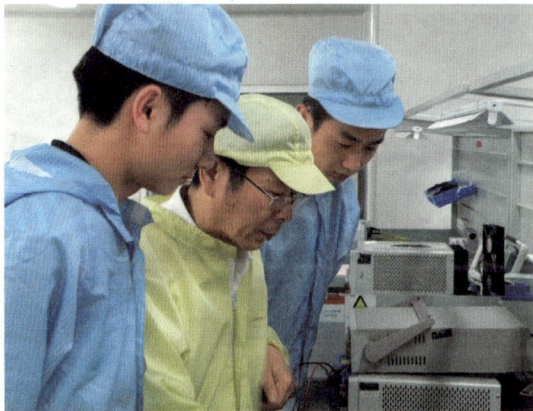

闫大鹏（中）正在进行大功率光纤激光器的元器件及激光器研究

功入选国家"千人计划"。工作之外，闫大鹏还兼任华中科技大学教授、博士生导师，利用锐科高端的实验设备，带领学生进入最前沿的研究，带出一批具有世界水平的人才。

人才优先服务保障事业扎根

高层次人才能否在一个地方扎下根来，关键在于能否成就事业，实现价值。武汉市的人才引进，不是单纯从用人单位工作需要出发，

而是倾力打造承接海外高层次人才创新创业的载体平台。三年来，富士康、中芯国际、EDS、半导体照明等重大项目开工建设，武汉市设立"产业创新岗位"，一批海外高层次人才成为重点领衔者。几年来，一批高效率的创业孵化载体相继建立，留学生创业园、光谷创业街、洪山创意大道、大学科技园、南湖农业园创业中心、华中软件园等创业孵化载体，成为海外高层次人才带项目回国创业的主要平台。当前，在中组部和国侨办的关心支持下，武汉市重点规划建设武汉未来科技城和中华科技产业园，努力把武汉打造成为海外高层次人才创新创业之城。

武汉未来科技城

　　武汉是内陆城市，对人才并无先天吸引力。但武汉牢牢抓住了对待高层次人才的基本准则——"诚"。全市上下形成共识："引进高层次人才，绝不能摆'大武汉'的架子，要谦恭，要真心实意，不仅要三顾，还要四顾、五顾，直到'精诚所至，金石为开'"。

　　世界级光电子产业领军人才王肇中教授在法国顶尖实验室从事纳米及光电方面的研究近 30 年，具有丰富的"量子"技术前沿研究经验以及"纳米"加工工艺平台建设、运行经验。从 2011 年 5 月起，东湖高新管委会不断通过电话、邮件等形式与王教授沟通，积极争取

引进。为了让教授及家人解除后顾之忧，先期办理了落户，安排了优质住房，甚至为了让王教授居家与法国公寓无异，在春节期间，用一天时间为他的新家装上了地暖。2011年10月，王肇中教授正式与华工科技集团签约，承诺每年有10个月在武汉工作。他在给地方领导的信中写道："你们了解了一个长期在海外生活游子的爱国报国之心，为我的回国服务计划作了精心设计，仔细安排。我愿已定，我决心投入武汉光电技术和纳米技术的发展宏图中。""我要把最先进的理念带回来，把我的科研团队带回来，我在国外漂泊了30多年，希望能在湖北武汉扎根！"

生活上，武汉市更注意提供从"人才满意"到"太太满意"的人性化服务，建设国际医院，实施人才宜居工程，发放"人才居住证"、"优诊卡"，提供子女入学"点读服务"，设立人才出入境便捷通道，创办英文报刊，出版《生活指南》等书籍，从各方面彰显对人才的关怀与爱护。

相关链接

武汉"一证五配套"服务制度

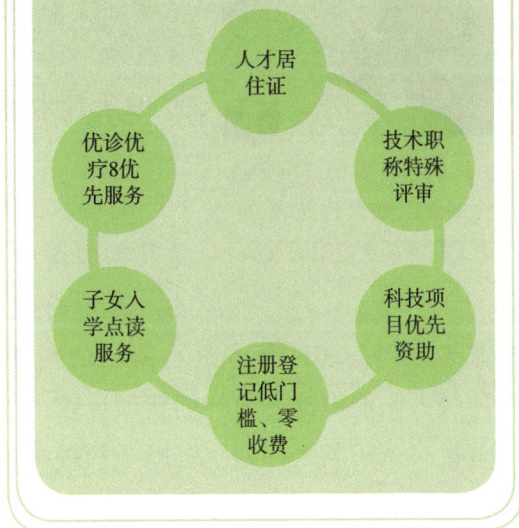

- 人才居住证
- 技术职称特殊评审
- 科技项目优先资助
- 注册登记低门槛、零收费
- 子女入学点读服务
- 优诊优疗8优先服务

人才优先发展助推产业振兴

所谓胶囊内窥镜，是把胶囊包裹的微型摄像头，通过口服的形式，使其能够在人体消化道里面拍摄照片，实时地把照片传送出来，供医生诊断参考。该项技术将检测范围从目前的胃扩展至整个消化道，推动了我国医学内镜的革命性发展。2009年，该技术开发者

四 人才优先发展是科学发展的有效路径

肖国华，带领团队刚刚入驻东湖高新区，就获得了东湖高新区首批"3551人才计划"最高额度——500万元的资助，最终成功自主研发"可定位可控制巡航胶囊内窥镜系统"，被医学界称为21世纪内镜发展的方向。

事实证明，投入高层次人才产生的创造力是惊人的。东湖高新区"3551人才计划"，每年投入不少于1.5亿元用于引进海内外高层次人才。三年来，在高层次人才的带动下，东湖高新区专利申请量以年均50%以上的速度增长，2011年达到7198件。全球首台71英寸激光电视、国内首台屏幕多点触控系统技术等在国内外有重大影响的10大技术成果均来自东湖国家自主创新示范区。

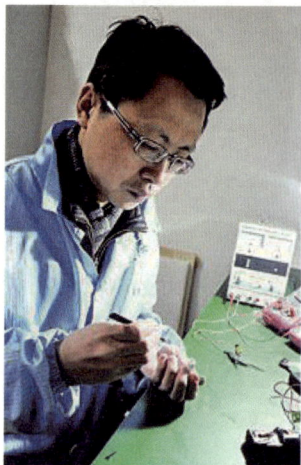

肖国华开发的"可定位可控制巡航胶囊内镜系统"推动了我国医学内镜的发展

高层次人才发展带动了武汉产业调整，尤其在关键技术和核心产品上，高层次人才以其特有优势，正引领战略性新兴产业的高速发展。2011年5月，荷兰归国博士李洪波只身来到武汉，他在薄膜太阳能电池方面的创新项目获得了市政府600万元的资助，成为首批"黄鹤英才计划"资助金额最高的人才。李洪波博士创办的武汉经开新能源正致力于提高硅基薄膜太阳能电池组件的转化效率研发，他说："回国事业平台更大，选择武汉是因为这里惜才爱才，自己愿意为这个目标而努力，力争用3年实现光伏发电成本的市场化，并让武汉经开新能源成为国内规模最大、技术能力最强的薄膜光伏企业之一。"

2010年武汉光电子产业总收入突破千亿元，成为全市四大千亿元产业之一；2011年武汉生物产业总收入由2009年的133亿元提升到303亿元，成为又一个高新技术产业增长点。"十一五"以来，武汉市高新技术产业产值年均增长26.2%。

一座江南古城的
"突围"之路

浙江省湖州市地处长三角中央腹地，南邻杭州，东靠上海，北与江苏省苏州、无锡两市隔太湖相望。自古"苏湖熟，天下足"，"一部书画史，半部在湖州"……但近二三十年的发展，湖州似乎在诸多"重量级"大城市的团团包围之中，逐渐被人们所淡忘。

赶超发展靠什么？后发优势在哪里？湖州给出的答案是：把人才优先发展作为战略突破口，集中优势资源，以良好环境吸引人才、以人才引领产业发展。

南太湖

相关链接

中国湖笔文化的诞生地

湖州位于太湖南岸，是一座有着2300多年历史的江南名城，是中国湖笔文化的诞生地，丝绸文化和茶文化的发祥地之一。新中国成立以来，湖州籍的"两院"院士（学部委员）共有27名。"两弹一星"的23位功勋科学家中，钱三强、赵九章、屠守锷就是湖州人。

凭借着这条路子，湖州在沪、宁、杭等大城市中间打响了"突围战"。在短短几年时间内，引进海外高层次领军人才及项目84个、特聘专家74人、两院院士8人以及紧缺急需人才1588人……八方英才源源不断地到来，为湖州的转型发展、跨越发展注入了强大动力。2009—2011年间，全市新培育国家重点扶持高新技术企业160余家，高新技术产业产值年平均增幅达到30.5%，重点战略性新兴产业更是呈现加速发展态势，增长幅度处在浙江省前列。

"六个优先"构筑人才发展格局

2008年12月10日上午，湖州市南太湖科创中心彩旗飘扬、热闹非凡，36名高层次人才欣喜地从市领导手中接过钥匙……投资1.2亿元的两幢"拎包入住"式人才公寓正式投入使用。此后3年，这样的人才公寓在湖州各县（区）实现了全覆盖。

4年时间，湖州市建设人才专项房12万平方米，投入资金4亿元，占同期财政支出近1%。对此，市委、市政府领导有一个普遍的共识："地方财力再紧张，也要优先考虑人才工作，舍得花钱把优秀人才留下来。"

为加快打造区域人才高地，湖州市把人才发展作为优先战略实施，坚持"六个优先"——人才发展优先规划、人才资源优先开发、人才结构优先调整、人才投入优先保证、人才制度优先创新、人才服务优先保障。2004 年，湖州市委、市政府出台了《关于大力实施人才强市战略的决定》、《2004—2007 年湖州市人才队伍建设规划》等；2010 年，又陆续出台了市及各县（区）中长期人才发展规划等。人才优先逐步成为全市各级领导干部的共识。

龟鳖养殖专家徐海圣，是湖州市吴兴区东林镇镇长助理，也是浙江大学农学院的一名教授。2007 年，他来到湖州挂职，与当地龟鳖养殖企业开展研究合作。此后，他不仅建起了龟鳖生态养殖示范园区，还带出了 50 多名"土专家"，个个都成为龟鳖养殖的技术指导员。

这一喜人成果，得益于湖州市与浙江大学开展的市校人才合作开发。2006 年 5 月，湖州市与浙江大学签订长期全面战略合作协议，共建社会主义新农村实验示范区。6 年时间里，浙江大学先后选派 52 名高层次专家到湖州挂职，1000 多名硕博研究生到湖州开展实习见习。合作范围也由起初的农业逐步延伸到多领域、全方位，共建了浙江大学现代农业科技创新中心等 9 大人才科技创新服务平台和 10 个市级主导产业联盟，为湖州市引进培养各类人才 10 万多名。对此，时任中央

第三届浙江省（湖州）—— 中科院政产学研合作大会暨签约仪式
中国·湖州

四　人才优先发展是科学发展的有效路径

相关链接

湖州市"南太湖精英计划"

"南太湖精英计划"是湖州市于2008年4月启动实施的海外引才专项工程，计划5年内选拔100名左右"带项目、带技术、带资金"的领军人才，培育100个左右的优秀创业团队。入选的领军人才及其团队可获得100万—300万元创业启动资金，并在投融资、税收奖励、人才引进、生活保障等方面享受全方位政策扶持。截至2011年年底，已引进海外创业型领军人才及其团队84个，有3人入选国家"千人计划"、10人入选浙江省"千人计划"。

党校副校长王伟光表示："市校合作开辟了新农村建设人才开发的'湖州模式'，也为湖州加快各类人才培养争取了时间。"

为加快产业转型发展，湖州市高度重视招才引智工作。2012年4月，湖州经济技术开发区领导专门召集7个招商分局开会，分析一季度招才引智情况。"地方发展需要招商引资，更要招才引智。"一位从事招商工作二十多年的老同志道出了肺腑之言。

2008年4月，湖州市在浙江省率先实施了第一个海外引才计划——"南太湖精英计划"。专门成立了由市委副书记任组长，常务副市长和组织部长担任副组长的"南太湖精英计划"领导小组，安排财政专项资金2亿元。在目前已引进的人才项目中，有国内单笔投资额度最大的海外引才项目——浙江特瑞思药业股份有限公司，总投资66.5亿元、首期注册1.75亿元研发生产单克隆抗体药物。此外，还积极实施"南太湖特聘专家计划"、"南太湖紧缺急需人才引进计划"、"365创新团队培养拓展工程"等，多渠道引进高层次科技创新型人才，有力支撑重点产业的发展。

创新考核树起人才优先导向

2011 年 2 月 25 日上午，湖州市经信委领导班子 8 名成员悉数围坐在会议室里，专题研究企业人才工作。会上，24 项年度企业人才工作任务一一分解落实到每位班子成员。而这样的人才工作专题研究会议仅 2011 年就开了 4 次。一位副主任坦言："过去总感觉经信委主要是抓工业项目，连续多年的人才工作考核逐渐让我们体会到，发展工业离不开人才支撑，抓项目更要抓人才。"

人才工作目标责任制考核，湖州是全国最早实行的地区之一。2004 年，湖州在全国率先取消了对县（区）的 GDP 指标考核，取而代之的是科技教育、党建人才等 15 个方面。从这一年开始，每年都要给各县（区）和相关市直单位下达人才工作目标责任制指标任务，年终进行实地考核。2011 年，又制定下发了《关于进一步完善人才工作目标责任制考核工作的意见》，提出了"重要部门重点考核"的思路，在 17 个列入考核的市级部门中，对经信、科技等 7 个部门进行重点考核。县（区）又将乡镇（街道）和较大规模企业列入考核对象。一些县（区）还制定出台了《规模以上企业人才工作考核奖励办法》，将规模以上企业的人才工作与优惠政策享受实行"捆绑式"考核，以此推动用人单位主体作用的发挥。

相关链接

重点部门重点考核
重点企业捆绑考核

市委人才工作领导小组
├─ 部门
│   ├─ 重点考核部门
│   └─ 一般考核部门
└─ 县（区）
    ├─ 乡镇（街道）
    └─ 企业

四　人才优先发展是科学发展的有效路径

　　浙江超威电源有限公司是一家专业从事动力型、储能型蓄电池研发和制造的全国行业龙头企业。2008年，企业高层次人才仅10人，而到2011年，企业已有50多位高层次人才。就在这一年，企业交出了一份亮丽的成绩单：营业收入突破百亿大关。说起政府对企业人才工作的考核，公司董事长周明明颇有感触："刚开始给我们企业人才工作考核排名，大家还有抵触情绪，担心得分低，脸面过不去。现在看来，考核给了我们动力，人才为公司带来了希望。"

　　创新考核让人才优先发展的理念得到迅速普及，做好人才工作日渐成为广大企业的自觉行为。"十一五"期间，湖州市人才资源总量以年均11.8%的速度增长，其中企业高层次、高技能人才占比5年间提升12个百分点。

服务"软"实力铸就人才发展"硬"环境

　　"考察过全国那么多城市，我感觉最专业的人才工作者就在湖州。"留美博士吴幼玲回想到湖州创业的历程，感慨地说，"我稍加介绍，这里的人才部门立刻就判断出我的研究项目有多重要，然后就竭尽全力把我留了下来。他们的专业和高效让我印象深刻"。

　　2010年，卫生部领导到湖州考察，听闻此事后大加肯定，称赞

湖州经济技术开发区（国家级）

湖州经济技术开发区"独具慧眼和魄力"。

为提高人才工作专业化水平，湖州市坚持人才工作力量优先加强。2009 年起，市委组织部每年选派从事人才工作的干部到经济发展、项目建设的一线挂职锻炼，还通过公开选调，将熟悉经济、科技工作的同志充实到人才工作队伍。

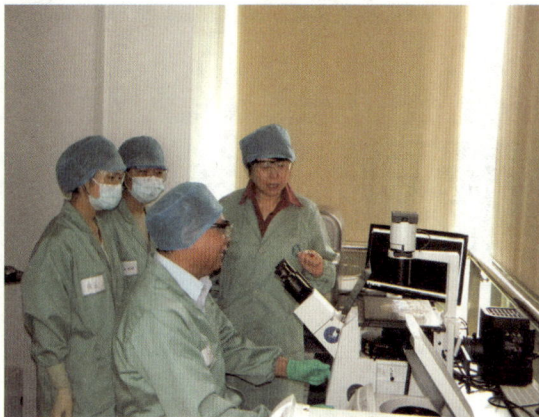

吴幼玲（右一）带领团队从事治疗性单克隆抗体生物药品研发

"80后""海归"齐洋谈起自己的创业经历，感慨万千。2010 年 5 月，这位年仅 26 岁的吉林小伙只身来到湖州，从人生地不熟到团队骨干成员出走，创业不到半年时间便面对第一次生死关。"当初之所以选择留在了湖州，既被当地优厚政策所吸引，更被专业的服务、优良的环境所打动，"齐洋深有感触地说。在政府、园区的关心帮助下，企业重新组建团队，2011 年步入正轨，订单络绎不绝，当年销售收入就达到 1000 多万元。2012 年春节刚过，齐洋又得到喜报——入选第七批国家"千人计划"，成为全国最年轻的"千人计划"创业人才。

为了优化人才创业环境，湖州市委组织部建立了部委分片联系高层次人才工作制度，每年召开高层次人才和企业家座谈会，听取人才工作意见建议。相关部门还专门组织开展高层次人才创业服务活动，积极提供丰富便利的科技金融服务产品，"太湖之星"信托债权基金、科技企业集合贷款、知识产权质押……拓宽人才创业融资渠道。各创业园区更是竭尽全力提供全过程、"保姆式"服务，让入驻企业从工商注册开始就"零出门、无障碍"。

燕赵大地的
区域人才合作

　　2012 年 4 月 25 日，石家庄生物医药院士研发楼在以岭药业奠基。这个 2013 年即将投入运行的院士工作站"含金量"颇高：高通量筛选机、核磁共振等高端实验设备一应俱全，领军人物为中国工程院院士吴以岭……但更为引人注目的是，除了吴以岭，还将有 10 多位来自京津的院士通过智力或项目引进，以不同形式参与工作站建设。有业内专家认为，这一由京津冀三地"院士群"掌舵的工作站，将成为石家庄市乃至河北省生物医药产业发展的创新智库和发展引擎。

　　京津地区汇集了全国三分之二的院士，集聚了大量的人才。河北内环京津、外环渤海，如何将区位优势转化为人才聚集优势、经济发展优势，最大限度地用好京津人才智力，是河北一直着力探索破解的重大课题。

　　近水楼台如何成为得才先机？从高端入手，"不求所在，但求所

河北金山岭长城

相关链接

河北省院士联谊会

2000年8月成立，由驻河北境内院士、河北籍院士、与河北有学术、技术协作关系的院士自愿组成的群众性、咨询性、非盈利性的科技社团组织，主要吸引中国科学院、中国工程院院士来河北开展科技咨询、服务、协作、交流活动，为河北经济建设、社会发展和科技进步贡献力量。院士联谊会成立以来，会员已发展到259位院士，对促进河北科学发展发挥了积极作用。

用；不求所有，但求所为"。2000年，河北省成立院士联谊会，以这种不拘一格的柔性引才引智方式，吸引京津乃至全国各类院士参与河北建设。

统计显示，通过院士联谊会，已有涵盖"两院"所有学部的259位院士正直接或间接服务河北发展，其中每年在河北工作3个月以上的院士已达60多位。

这场被称为"发端于制高点"的区域人才合作，正深刻影响着京津冀区域人才合作的进程，为区域内人才共享开辟出崭新路径。

◀ 为柔性引才设刚性制度

绿树婆娑、海风宜人，盛夏的北戴河每两年都会迎来一次群贤毕至的"两院"院士盛会。2012年会议已是第七次河北省院士联谊会。

柔性引才、刚性支持。为使院士联谊会取得实实在在的成效，河北省不断出台配套政策。2000年，院士联谊会成立伊始，河北省委、省政府就出台专门文件，对院士参与河北建设，在资源利用、效益分

相关链接

河北省出台系列引进院士智力政策文件

2000 年:《关于认真做好中国科学院院士、中国工程院院士智力引进工作的意见》;

2009 年:《河北省院士特殊贡献奖实施办法》、《关于在设区市和相关企事业单位设立"院士工作站"的通知》;

2010 年:《关于提高在冀院士相关待遇的通知》、《关于加强"院士工作站"管理工作有关问题的通知》。

配、劳务报酬、奖励措施等方面明确优惠政策。2009 年修订《河北省院士特殊贡献奖实施办法》。2010 年,河北再出新措,大幅提高在冀院士待遇。

2009 年,为进一步加强院士智力引进工作的组织领导,河北省委组织部、省科技厅决定,在全省 11 个市科技局和 19 个联络院士 3 名以上的省直部门、企事业单位建立院士工作站。院士联谊会和院士工作站分别建立健全了会议制度、省市定期沟通制度和信息交流、资源共享等制度,为院士联谊活动的深入开展提供了组织保障。发展到目前,全省各类企事业单位设立院士工作站 60 家,与院士及其团队建立合作关系的企业达到 96 家。院士联谊会,已成为"话情谊时议合作,共休憩间谋发展"的大舞台。

邱大洪院士在曹妃甸工业区发展和首钢搬迁工程中,经过长期勘察,理论、数值模拟和物理模型试验,对首钢搬迁工程进行了深入研究和论证,推动了工程顺利实施。王国栋院士帮助唐山钢铁有限责任公司确立了"以热代冷"产品的研究方向,实现了"以热代冷"产品在汽车行业应用零的突破,其中 3500mm 中厚板辊式淬火机具有完全自主知识产权,打破了几十年来的国外垄断。截至 2012 年,许多"身

未在河北"的院士，通过院士联谊会，成为河北各个领域建设与发展的破冰者和领军人。其中，获院士特殊贡献奖的就有47位。

《科技日报》在一篇报道中写道："每两年一次的会员大会，每次都有近百名院士到会，除中国科学院、中国工程院召开的院士大会外，已成为全国地方性最大规模的院士盛会。"

河北省院士工作站

由政府推动，以企事业单位创新需求为导向，以"两院"院士及其团队为核心，依托省内研发机构，联合进行科学技术研究的高层次科技创新平台。分为行业管理部门"院士工作站"和企事业单位"院士工作站"两类。主要承担协调、组织本地区本单位院士联谊活动，承办院士联谊会秘书处委托事项，参与院士联谊会会员大会的会务组织等工作。

为深入合作建长效平台

河北省院士联谊会每两年召开一次，但会后院士会不会有"走亲戚"、"串门"似的交往呢？如何将"一事一议"变为长久大计？院士又将如何为河北的科技、经济和社会发展献计出力呢？

通过项目合作引进院士智力。每次院士联谊会上都要举办科技合作会议。一端是业内科技泰斗，一边是遭遇技术"瓶颈"的企业院校，项目对接将双方"联姻"。保定天鹅化纤集团带着困扰全行业的难题找到了季国标院士，双方合作的"年产3000吨溶剂法纤维素短纤维技术改造项目"此后成为新纤维领域唯一的国家级火炬计划项目；石家庄铁道大学怀着"天路梦想"与王梦恕等5位院士对接，他们共同完成的国家重点工程——青藏铁路昆仑山隧道等重大科技工程，获2008年国家科技进步特等奖。截至2012年，河北省有关单位与院士签订合作研发项目共200多个。

通过学科建设引进院士智力。生物学科是河北师范大学的传统优

王国栋（中）等 5 位院士及专家到河北普阳钢铁考察

势学科，为进一步培强培优，在许智宏、翟中和、杨福愉等院士多年帮助指导下，细胞生物学学科被教育部批准为国家重点学科。燕山大学在庞国芳、胡正寰等多位院士指导帮助下，机构设计及理论、机械制造及其自动化等 5 个学科被评为国家重点学科。

通过人才培养引进院士智力。多年来，在河北大学活跃着一支院士导师团，印象初、孙玉等 7 名院士与 20 多名青年教师结成帮扶对子，按照"定方向、定目标、定人员"的方式进行传、帮、带，让青年教师受到了特殊的"催化增长"。2008 年以来，先后有 100 多位院士与河北高校建立了长期合作关系。

通过研发平台引进院士智力。在院士的指导帮助和积极协调下，燕山大学建成了"亚稳材料制备技术与科学"国家重点实验室；河北农林科学院建成了"国家大豆改良中心河北分中心"等一批科技研发平台。截至目前，河北省已建成国家级重点实验室 6 个，国家级工程技术研究中心 4 个。

通过决策咨询引进院士智力。近年来，河北省在组织制定规划计划、重大科技项目、科技工程的评估与论证以及评审、评奖、评先等过程中，都注重邀请院士参与。刘昌明等 3 位院士被聘为"河北省决策咨询委员会"委员，参与河北省重大决策。在曹妃甸建设工程中，20 多位院士给予了有力指导和技术支撑，确保了项目建设的科学顺利推进。

为区域共享辟绿色通道

随着京津冀一体化进程加快和环渤海地区加速崛起，河北省将区域人才合作作为更加重要、更加有力的措施，在积极引进院士级高端智力的同时，采取更为主动、更为灵活、更为开放的举措，不断深化拓展合作空间，创新优化发展环境，健全工作机制聚集人才。

如何将区域人才合作推向深层次、宽领域？河北省将京津冀区域人才合作列为省"十二五"规划和中长期人才发展规划的重要内容，明确提出区域人才合作的主要措施和目标要求。同时出台专门文件，提出了一系列配套政策措施。2008 年、2012 年河北省分别与北京市、天津市签署了一揽子合作文本，为区域人才合作奠定了坚实基础。

如何让高层次人才在河北干成事、干大事？河北省明确提出在环首都 14 个县（市、区）各规划建设一个高层次人才创业园区，对京津引进人才从项目扶持、企业培育、产业推进等方面提供配套服务。被授予联合国国际示范项目的廊坊科技谷，规划建设 3.3 平方公里，计划投资 100 亿元，引来中国工程院热物理研究所中试基地等多个高科技项目入驻，众多以"海归"为代表的高层次人才纷纷在这里落户。

如何让高层次人才在河北安好家、留得住？河北省决定在环首都 14 个县（市、区）分别建设一个"人才家园"，为高层次人才来冀创业提供住房和生活配套，由当地政府统一配租使用，灵活运营。

"十二五"期间总量将达到 15 万套。截至 2011 年年底，已有 51007 套开工建设。

而要更进一步用好京津人才"富矿"，则有赖于打通三地间人才流动屏障，向京津冀人才一体化迈出实质性步伐。2011 年 4 月，京津冀区域人才合作推进工程正式启动实施，区域人才合作的工作机制初步建立，诸多区域间人才合作的重点难点问题，在这项工程中得以毫不回避地磋商、解决：三方互设"人才工作站"，实行专家与职称资格互认；实现京津冀三地企业职工基本养老保险关系转移接续；建立京津冀人才工作联席会议制度，为开展实质性合作提供保证。

河北廊坊燕郊

五 树立人人皆可成才的社会理念

人人皆可成才，体现了马克思主义的人民群众是历史创造者的唯物史观，彰显了科学发展观以人为本的核心理念。中国早有"不拘一格降人才"的民族理念。毛泽东同志、邓小平同志、江泽民同志多次强调，杰出人才是来自人民的，在广泛的群众基础上，才能不断涌现出杰出人才。胡锦涛总书记在全国人才工作会议上提出，要把每个人的潜能和价值都充分发挥出来，努力使每个人都成为对祖国、对人民、对民族的有用之才。党的十七大以来，我们进一步强调要以实践和贡献作为评价人才的主要依据，不唯学历、不唯职称、不唯资历、不唯身份，得到了全社会广泛认同。知识型工人巨晓林、学习型农民工王钦峰等一大批工人、农民成长成才的经历，是对人人皆可成才这一科学理念的生动诠释。我们要不拘一格选才、育才、用才，让每个人都有成才的机会，让每个有志成才的人都有发展的空间，让每个为国家和人民作出贡献的人都能得到社会尊重。

知识型新型工人

　　2010 年 5 月，一位普通农民工撰写的国内首部电气化铁路接触网工技能操作教科书——《接触网施工经验和方法》，印发到数千名电气化铁路接触网工手中，成为一线工人爱不释手、通俗实用的"操作宝典"。它的作者巨晓林，坚守"农民工也要懂技术"的信念，25年如一日刻苦学习、勤奋工作，创新施工方法 84 项，创造经济效益1000 多万元，成为掌握世界一流高速电气化铁路接触网施工操作技能的高级技师，实现了从一名农民工到"知识型"新型工人的跨越。

巨晓林在京沪高铁施工中进行接触网平直度技术检测

巨晓林用忠诚和勤奋，谱写出一名普通农民工成长为享誉全国的知识型新型工人、农民工楷模的精彩华章。《求是》杂志发表了重要评论《人人都可以成才》，《人民日报》发表了文章《人人皆可成才》，新华社、中央电视台、《工人日报》、《科技日报》、《农民日报》等几十家媒体深度报道了巨晓林走过的成才之路。

跨入实现梦想的"添翼之路"

我国第一条电气化铁路——宝成线，恰好驶过巨晓林的家乡，当一名"给火车插翅膀"的铁路建设者，成了他年少时的梦想。1987年3月，24岁的巨晓林走出陕西省岐山县黄土高坡，来到北同蒲电气化铁路施工工地，如愿以偿地当了一名修建接触网的农民合同工。看到杆塔林立，线条纵横交错的电气化铁路壮景，面对复杂的接触网施工技术，他既兴奋又有点发懵。国家加快电气化铁路发展的宏伟蓝图，中铁电气化局从修建第一条电气化铁路开始的艰难创业历程，师傅们言传身教的报国胸怀和精湛技艺，激发了他的人生抱负。他暗下决心，农民工也要懂技术，一定要把接触网这门技术学到手。白天他在施工中跟着师傅学，晚上放下饭碗又攒着师傅问这问那。营地熄灯后，他悄悄地打着手电筒把学到的知识记在笔记本上。《机械制图》、《电力铁道供电》、《接触网》、《铁路电气化工程施工技术规范》、《铁路电气化工程施工质量标准》等30多部专业书籍，堆在了他的床头，不管工地转移到哪儿，这些书都跟着他，一有机会，就如饥似渴地汲取知识的营养。25年来，他记下了70多本26万字的笔记，熟练掌握了工

相关链接

接触网

接触网是在电气化铁道中，沿钢轨上空"之"字形架设的、供受电弓取流的高压输电线，即沿铁路线上空架设的向电力机车供电的特殊形式的输电线路，由接触悬挂、支持装置、定位装置、支柱与基础几部分组成。

接触网恒张力架线车在京沪高铁大胜关长江特大桥上架设导线

程测量、机械制图、接触网软横跨计算预配与安装、接触网导线架设与调整等全套技术，能够解决设计时速 380 公里高速电气化铁路接触网施工安装中的各种复杂问题，成为出类拔萃的能工巧匠。巨晓林说："我最大的梦想是修建更多的电气化铁路，让人们出行更舒适便捷。"把个人的理想抱负融入祖国的电气化铁路事业，这正是巨晓林自强不息、奋发进取的不竭动力。

踏上施展才华的创新之路

高中毕业的巨晓林，在做乡电影放映员时，就因一手快速换胶片的绝活而闻名十里八乡。成为接触网工后，爱琢磨创新的巨晓林，第一次用自己的小发明解决了回流线架设中挂滑轮费工费时的施工难题，工班长周文瑞当众奖给他一根冰棍。从此他小本不离身，遇到施工难题就记下来，非要琢磨出解决的窍门才肯罢休。1998 年，在首次引进德国技术修建的哈大铁路电气化改造工程中，他大胆革新软横跨安装工艺，解决了下部固定绳临时固定的难题，一小时安装四组软横跨，提高工效两倍以上，就连德国技术督导季马教授都竖起大拇指，

五　树立人人皆可成才的社会理念

巨晓林向工友讲解技术问题

对着巨晓林说："OK，中国工人了不起！"在参加建设大秦线、京沪线、哈大线、京沪高铁等14条国家重点电气化铁路工程实践中，他参与50多项接触网工艺技术革新，解决了多种操作技术难题，为完善接触网工艺技术，提升工程质量，推进工程进度作出了突出贡献。

经过20余年的探索积累后，巨晓林萌生了编写一部工具书，把自己的知识和技能毫无保留地奉献给钟爱的铁路电气化事业和周边工友的想法。公司奖给他一台电脑，为他专门配备了科研助手、技术资料书柜，拨付了技术革新专项经费。历时3年，他用图文并茂的方式，全方位总结整理了自己的施工操作经验、工艺诀窍，终于写出10万字的《接触网施工经验和方法》书稿。公司组织有关专家对巨晓林的书稿进行了科学论证和精心修改，并付梓成书，成为国内第一本电气化铁路接触网工实做技能培训教材。巨晓林深切感受到："知识就是力量，技能就是本领，岗位就是舞台，努力就有希望！"

攀登时代创业的砥砺之路

2011年6月30日下午3时，巨晓林作为建设者代表，与温家宝总理同乘京沪高铁首发列车。他把能参与建设世界一流的京沪高铁，视为一生的荣耀。

从常速铁路到高速铁路，是工程技术质的飞跃。巨晓林渴望参加攀登技术高峰的历练和应对挑战。2010年3月，他跟随作业队来到京沪高铁牵引供电系统工程常州工地，随即赴北京工业大学参加了"高铁技术骨干培训班"五十多天的强化培训，掌握了高速铁路接触

网施工的技术质量标准和作业指导书的工艺操作指南。

巨晓林和他的工友们作出了"挑战新时速、砥砺再奋进"的庄严承诺，在京沪高铁牵引供电系统施工中经历了精细化技术技能的升级，以及脱胎换骨般的高铁质量责任意识的提升。京沪高铁沿线各作业队普遍成立了"巨晓林业校"，他担当了培训指导现场员工的"工人导师"，并继续在工程实践中开展技术创新，研究革新了 H 型钢柱脚扣防脱落方法，探索发展了导线精调一次到位工艺工法。2011 年 3 月 1 日，巨晓林发布的"提高京沪高铁数据测量一次合格率"革新成果，获得全国工程建设 QC 成果发布会一等奖。在巨晓林和他的万余名工友手中，无愧于世界一流称号的京沪高铁牵引供电系统工程

巨晓林在京沪高铁首发列车上

顺利建成并投入运营，在世界高速电气化铁路发展史上筑起一座新的丰碑。

融入孕育新型劳动者的一方沃土

"家乡是我家，企业也是我家！"在对农民工实行同劳动、同学习、同管理、同生活、同待遇的"五同化"管理的中国中铁，农民工得到的不仅是一个就业岗位，更是一份事业、"一家人"的温暖和一方成才的沃土。巨晓林在这个"家"里连年荣获"先进生产者"称号，近年来，又陆续获得北京市劳动模范、北京市知识型职工先进个人、北京市优秀共产党员、铁道部"火车头奖章"、中央企业优秀共产党员、全国五一劳动奖章等荣誉称号。2011 年，他荣获"中华技能大奖"，

施工现场开展"学习晓林见行动，哈大客专立新功"活动

并获得政府特殊津贴。2012年1月，他成为国家人力资源和社会保障部、财政部首批命名的"巨晓林国家级技能大师工作室（接触网专业）"核心成员。

作为一个农民工，他最感荣幸的是被推选为出席段级、公司级、中铁电气化局集团级、中国铁路工程总公司级职代会和党代会代表。2012年，他又当选北京市第十一次党代会代表。

巨晓林成才于这方沃土，又将自己融入育才的土壤。他在日记中写道："徒弟都是宝，建设少不了，今天我教他，明天他领跑。"多年来，他毫无保留地将自己的技术诀窍和技能经验传授给工友和徒弟，被一批批后来走上技术、管理岗位的大学生敬为"技术导师"。他带出的一百多位徒弟遍布在20多个工程项目部，有21人成了工长、7人成了工程队长、6人成了"能工巧匠"、5人走上了项目总工或项目经理领导岗位，他们成为巨晓林心中的骄傲。

如今，"巨晓林业校"遍布中国中铁数百个工程工地，180万农民工在业校培训、导师带徒、技能鉴定、技术比武等活动中迅速成长，1.5万多人被提拔到生产管理和技术岗位；技能高超，具有真才实学、一技之长的农民工，包括巨晓林本人，被评定为金牌员工、首席员工；960多名技能素质优秀的农民工被转聘为公司在册员工；2万多名农民工在国家重点工程中被授予经济技术创新标兵、建设功臣等荣誉称号。

农民工出身的机电工程师

一名只有初中学历的农民工，却成为一个国家级高新技术企业的技术骨干，并被众多硕士、博士尊称为"老师"和"工程师"，他就是年仅 36 岁的王钦峰。

他参与设计研发成功国内首台轮胎模专用电火花机床，改写了国内轮胎模具手工加工的历史；由他设计的"防弧电路"破解了国内电火花机床烧结难题，使当时还处于起步阶段的豪迈公司产品市场占有率一举达到 90% 以上；由他设计的"电火花取丝锥机床"，填补了国

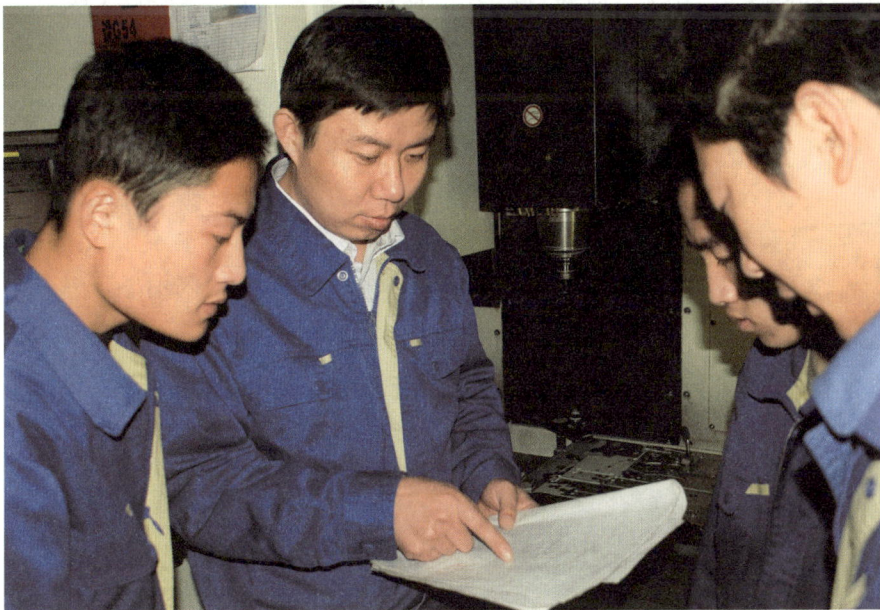

王钦峰（左二）在车间现场与工友们一起讨论技术问题

五 树立人人皆可成才的社会理念

内空白，为柴油机行业解决了一个大难题……

一个普普通通的农村孩子，一个并没有接受过相关专业培训的初中毕业生，何以能够走进高端技术领域，并在这一领域内勇攀一座又一座高峰，成为一名机电工程师？面对这个问题，王钦峰轻轻吐出两个字：执著。

◀ 输在了起跑线，但要赢在终点线

1992年8月，初中毕业的王钦峰，没有接到重点高中的录取通知书，面对并不富裕的家庭和学习成绩优异的妹妹，性格倔强的他毅然放弃了继续求学的想法，走进了原呼家庄镇配件厂，当起了一名学徒工。

当时的汽配厂并不是很景气，担心厂子解体而失去工作的王钦峰就想，要是有一门手艺，即使这里不行，去别的地方照样不愁找活干。于是，他就潜心研究车工技艺。3年后，当这个汽配厂改制为豪迈公司时，王钦峰已是一名非常出色的车工。然而春节前的一次同学聚会却改变了他的生活轨迹。看着昔日同窗好友一个个步入大学校门，成为了十里八乡关注的"小名人"，王钦峰被触动了，他暗下决心，"我输在了起跑线上，但我要赢在终点线上。"于是，他跑到当时高密市最大的书店买来了《机械制图》、《机械加工工艺学》等十几本书，开始自学机械制图。

一个初中生，一下子接触大学的课程，难度可想而知。这时，他想到了原来上学时经常做习题集的办法，就专门跑到潍坊买了3本有关机械专业方面的习题集，一页一页

王钦峰（左二）在辅导年轻技工

地做了下去。从开始的不会到逐渐入门，再到入迷，最后发展到痴迷的程度，王钦峰在做题的快乐中渐渐爱上了看似枯燥的机械专业。

就这样自学了一年多，3本习题集都做完了。但是对还是错？王钦峰并不清楚。于是，他找到了机械专业本科毕业的公司董事长张恭运。"真是你做的吗？"张恭运惊讶了，看完这位初中生完成的大学生都难以完成的习题集，他郑重地说道："小伙子，好样的！坚持下去，总有一天你会让人刮目相看的。"

受到肯定与鼓励的王钦峰学习的积极性更高了：他拿出一个多月的工资买来了录音机，每遇到专家讲课和师傅现场指导，他都要录下来，回去再一遍遍地消化；他成了机床师傅们的"小尾巴"，业余时间跟着师傅们学习机床操作技能，从车床到铣床、磨床、刨床，从机械制图到电子技术，从车间工人到研发部主管……

王钦峰的师傅于海洋说："小青年们平时喜欢喝个酒、打个牌，休闲娱乐一下，可小王从来不参加。大家都觉得他有点怪、不合群，直到一项项革新成果出来才恍然大悟：原来他把所有业余时间都用在了读书学习和发明创造上了。"

◀ 心有多大，舞台就有多大

王钦峰的目标就是要做一个既懂理论又懂实践的工程师，在技术创新领域成为一把好手。

1996年8月，豪迈公司接到了一批柴油机配件的订单，时间紧，任务重，而当时公司的机床设备每人每天只能加工10个配件。王钦峰研究发现，正常加工条件下，一个工序下来要换二至三次刀具，换刀具的过程很浪费时间。王钦峰精心研究，改进了刀具样式，同时在刀具磨削方面进行控制，使每天配件加工量达到52个，一个月完成配件加工1400余件，合格率达99.9%。

1997年，青岛一家客户主动找到豪迈公司，签订了一份轮胎模专用电火花机床生产合同。当时唯一可作参考的，是客户提供的一份机床总装图，要组织生产必须设计出专业工艺图纸。那时的豪迈公司

相关链接

轮胎模专用电火花机床

属于电火花（或叫电加工）范围的机床有很多，如电火花成型机床、电火花线切割机床等，这些机床大都是通用型的，有三个直线轴，能上下、前后、左右运动。而轮胎模专用电火花机床则是专门用于加工轮胎模具的电火花机床，它有两个直线轴（上下、前后）和一个回转轴（轮胎模具是圆的，需要转动着进行加工）。在硬件和软件上，这种专用机床是服务于轮胎模具加工的，所以叫轮胎模专用电火花机床。

刚刚起步，公司没有一个人有类似的设计经验。公司领导经过考虑，决定将这项任务交给爱钻研、能吃苦的王钦峰。

"这是我终生难忘的时刻，也是我人生和事业的转折点。"每当提起这件事，王钦峰都感慨万千，"那时正是酷暑，家里又没有空调，我坐在桌前，挥汗如雨，冥思苦想。早晨六点起床，夜里两三点收工，平均每天只睡三四个小时，连吃饭都不出房间。心里只有一个想法，就是剥几层皮，也一定要把图纸搞出来。"

七天七夜连轴转，王钦峰完成了近200张设计草图。有了图纸，就相当于掌握了机器制作的金钥匙。王钦峰又马不停蹄投入到机床制作和测试当中，经过100多个日夜，1997年12月，第一台轮胎模专用电火花机床研发成功，填补了国内空白，获得了国家专利，一举改变国内轮胎模具手工加工的历史。公司奖给王钦峰一台价值7000元的电脑。当时，连公司领导都还没有用上电脑，工友们因此编了一段顺口溜贴到宣传栏上：学历不高人颖聪，多项攻关都成功；公司尚无电脑用，先买电脑奖钦峰。

在挑战自我中提升，在战胜自我中超越

王钦峰说："在豪迈公司 17 年，我换了 13 个工作岗位。虽然并不都是自己喜欢的，但我都把它当成一次学习提高的机会，勇于尝试、勇于创新，反而取得了意想不到的成绩。"

1997 年年底，豪迈公司生产的电火花机床产品投入市场后，时常出现主振电源不稳定、电极损耗较大等问题。为此，王钦峰又把精力投入到机床革新改造上，但经历了数百次试验都没有成功。这时，有人劝他："全国那么多专家都解决不了这个问题，你一个农民工就别操这份闲心了。"不甘心就此放弃，于是，他到书店买书，白天照着书本修改图纸，夜间到车间反复试验。就这样，在半年多的时间里，王钦峰废寝忘食、日思夜想，经历了一次次失败，终于研制成功电火花防弧电路，在全国同行业中率先解决了机床烧结问题，成为我国电火花行业一大革新成果。随后，公司根据他的提议，设计研发了具有全国领先水平的第一代电器柜，并获国家专利。

2000 年，公司决定研发活络模具。王钦峰再一次披挂上阵，负责轮胎模专用三坐标测量仪的设计制造。整整一年半的时间，他几乎没吃过一顿安生饭，没睡过一个囫囵觉，直至研制成功。

2002 年，主导设计完成了轮胎模具专用三坐标测量仪。

2004 年，独立设计完成了"电火花取断丝锥机床"，解决了发动机行业丝孔加工的难题。

2005 年，因豪迈公司与国际接轨急需带出一批技术操作高手，王钦峰受命担任车间主管，毫无经验的他拿出了虚心学习的劲头，碰到难

王钦峰研制成功轮胎模具三坐标测量仪

题就向别人请教，并购买一些管理方面的书籍，抓紧补充知识，短时间内便适应了管理岗位。一年后，王钦峰又调岗担任品保科科长，负责产品质量，针对企业质量监督不严、产品返修率较高等问题，他制定了产品工艺路线单和专检、终检等措施，并亲自推行、跟踪、监督、检查。经过他的不懈努力，公司产品质量显著提升，在客户中的美誉度大大提高。

豪迈公司电火花车间

"由于取得了杰出成绩，在公司里，王钦峰的身份也经历了3次转变：'小王'、'王师傅'和'王工程师'。"张恭运感慨地说。

在豪迈公司，王钦峰也因突出的贡献获得公司的股权奖励，成为公司十大股东之一。

"每一个荣誉、每一项奖励、每一次关爱，都是一个新的起点。这是社会和公司对我的支持和鼓励，我愿意让自己的成长与公司的发展脉搏永远同步。"面对自己人生和事业的提升，王钦峰非常淡然，又踌躇满志。

泥瓦匠和他的"赵氏塔基"

  2012年2月14日,2011年度国家科学技术奖励大会在北京人民大会堂隆重举行。拥有自主知识产权和完整技术体系并实现产业化的"赵氏塔基"——塔桅式机械设备预制混凝土基础项目,荣获国家科技进步二等奖。这一发明使塔机基础变成了由预制构件组合的、可移动和可重复使用的新式基座,改变了传统工艺,破解了世界性难题。

  "赵氏塔基"实现了"七最",即占地面积最小、混凝土构件总重

量最轻、地基利用率最大、装卸速度最快、通用性最强、成本最低、经济效益最大。如果在建筑业、陆基风电、移动通信、石油等行业推广后，预计每年可节约水泥218万吨、钢材36.7万吨、砂石料1200万吨，消除混凝土垃圾810万立方米，节省资金67.7亿元，4年材料节约量相当于一个三峡工程的总用量。

出人意料的是，这项高端技术的发明人赵正义出身于农民工。"我从一个农村泥瓦匠走到今天，靠的就是不懈的坚持与执著的追求。"

相关链接

"赵氏塔基"

塔基即塔吊的基础，传统塔基是通过现场浇铸混凝土固定上面的塔吊。"赵氏塔基"可组合、分解、搬运、重复使用，具有通用性，以非混凝土材料实现基础重力功能的构造。就像孩子玩的积木，整块混凝土基础被分割成十几个不同部件，用的时候可拼装到一起。

"人能我能是学习，我能人不能是创新"

1962年7月，赵正义初中毕业后回乡务农，1976年6月进入所在乡镇的建筑队成为一名农民工，从此，这位只有初中文化的普通农民工，一步步走上了从瓦工、班组长、质检员、施工队长，到企业经理的成才之路。

赵正义干过6年的瓦工，学徒时白天在班上认真操作，晚上回家在小院中给自己开"小灶"。他用300块砖，砌了拆，拆了砌，一个晚上要按清水墙的质量标准反复砌数遍，在实践中摸索技巧和规律。

3 年后，他一跃成为业界远近闻名的"砌砖圣手"。6 年间，他创造了砌砖总量 240 万块无返工、100 天日均砌筑清水墙 2200 块砖和砌筑六层楼房的 6 个大角垂直偏差平均仅 6 毫米（国家标准为 20 毫米）这三项纪录。

"老赵这个人有一股子敢干硬干的犟劲。自信自强、刻苦学习、勇于创新，可以说是他获得成功的三大法宝"，同事王兴玲如此评价，"在每个不同的工作岗位上，老赵总是从学习他人的知识技能入手，努力把本职工作做到最好，不断有小发明、小创造"。

赵正义在实验过程中记录下每一项数据

"别人能做到的我能做到，那是'学习'；别人做不到的我也能做到，那是'创新'。创新是人生价值的最好体现！"赵正义说，"干上建筑这一行，我就一直在想：木工祖师鲁班给我们留下了刨子、锯子，我干一辈子建筑能给后人留下点什么？"因此，赵正义非常注重工作经验的积累和技术成果的创新创造。1982 年，他还是一名瓦工时，就创造了室内抹灰护角制作的新工具和新工艺；1991 年，发明了外墙抹灰单排脚手架；1996 年，又发明了防渗漏预制楼板现浇板施工新法……这些新工艺和新技法，目前仍被建筑界广泛应用。

从 1982 年到 2001 年近二十年间，赵正义参与指挥了 30 多项、总面积达 18.9 万平方米的各类工业与民用建筑工程的施工，荣获了北京市及昌平区"优质工程"、"安全文明工地"等 16 个奖项。在担任北京九鼎同方技术发展有限公司经理的 8 年间，因技术创新带动企业效益大增，注册资本从 115 万元增至 1150 万元。2002 年，他获得北京市首批乡镇建筑业高级工程师职称。

五 树立人人皆可成才的社会理念

"专注学习、不下棋不打牌的老赵"

从 1980 年 10 月起，赵正义就自费订阅《建筑工人》杂志并购买专业书籍。虽然他衣服破了补、补了破，也舍不得买新的，但花几百元购书却毫不犹豫。曾经与他一起工作过的、北京劲旅建筑有限公司项目经理路全满说："老赵每天坚持读书两个小时以上，彻底放弃了象棋、扑克等娱乐活动"。读书时，《现代汉语词典》不离左右，首先从字词入手，三十多年来，他反复翻阅过的《现代汉语词典》第一版至第五版都磨损严重。

他加速积累知识的另一途径是实践和自学充电。在当瓦工的阶段，就已经掌握了理论力学、结构力学、材料力学和房屋建筑学的基本知识，后来虽然岗位几经变化，但他对学习从未有丝毫放松，尤其对混凝土结构设计、施工等方面的知识，花费了大量心血，熟读了从中专到本科的相关专业教材。他还将自己在工作中积累的经验做了认真总结，从 1982 年起先后在《建筑工人》、《建筑机械化》杂志上发表了《用水量液位控制计量系统》、《大型预构件质量控制》等多篇论文。

赵正义非常重视参加专业技术培训，1982 年至今，他共参加各种学习班、培训班、研讨班 40 余次。培训中，他总是课上课下提问最多的学生，并同许多专家建立了亦师亦友的关系。1983 年，赵正义参加了北京市建委举办的质量员培训班，授课老师个个都是行家里手，为了能更好地学习，家住昌平区远郊的赵正义起早贪黑、风雨无阻，听课时总是坚持坐到第一排，认真做好每一次笔记，他以满分的成绩夺得全班第一。2006 年，60 岁的赵正义自费考取了中央党校

赵正义十数年如一日从事研究和设计工作

在职研究生，攻读科学技术哲学专业，进一步提升创新能力，他的毕业论文受到答辩委员会的高度评价。

"农民工一样能解决世界性技术难题"

1997 年，在一次市场调研中，赵正义发现建筑工地上各厂家生产的塔机虽然型号、性能千差万别，但塔基采用的全都是整体现浇混凝土。一项工程施工完成后，塔机转移，轻则 30 吨、重则 170 吨的混凝土基础却被留在地下，成为不可重复利用的混凝土垃圾，既是巨大浪费，更对环境造成污染。

赵正义仔细算过一笔账，整体现浇混凝土塔基的平均使用寿命不足半年，而已知的混凝土寿命在 100 年以上，资源利用率不足 1%。他向 50 多个国内塔机厂家技术部门咨询，有没有改变这种传统塔基的可能，得到的回答是：这是世界性的技术难题，连发明这种塔机的外国人都解决不了。在考察一家大型塔机厂时，他主动与该厂总工程师探讨起能否改变传统塔基的问题。当得知他是一家乡镇企业的经理、文化水平不高时，这位总工程师用带有奚落的口吻说："固定式塔机基础承受变相变量的复合力作用、结构力学、材料力学都是大学本科的必修课。塔机基础涉及土力学地基基础、塔式起重机、混凝土结构、钢结构等多个学科，光是这四大学科的基础知识就够硕士水平了。我们这些搞了几十年技术的专业人员都没敢想，你还妄生变革传统塔基的念头。"这顿奚落，把赵正义激怒了，他脸涨得通红，"噌"地站起来，二话没说抬腿就走，临走时对那位总工程师说："我不敢和您一样看不起自己！"从此，赵正义就真的和这道"世界性难题"较上劲儿了。

为了解决这个问题，时年已经 51 岁的赵正义开始潜心研究新型塔基。为了筹措资金，他用自己的住房作抵押向人借钱，经受常人难以忍受的艰苦环境投身于科研中，演算、设计的图纸草稿重达 4 吨，总体设计方案变更了 40 次，分部构造设计变更了上千次，手工计算数据超过 300 万个，先后报废了 4 台复印机，用坏了 7 个计算器。

　　经过 10 年的不懈努力，他终于设计出一套由 17 块预制构件组成的塔机基座方案，并在实际操作中一炮打响，从此一种新型塔基——"赵氏塔基"正式问世，破解了自塔基诞生八九十年来一直存在的资源浪费、环境污染等世界性难题。

　　迄今为止，"赵氏塔基"拥有 102 项专利权，其中，发明专利 49 项，广泛运用于周期移动或固定使用的建筑塔机、无线信号传输塔架、钻井机、采油机、陆地雷达等多种塔桅式机械设备。2004 年 3 月，经专家论证，"赵氏塔基"列为北京市建委的"四新"技术成果之一；2004 年 7 月，被认定为建设部的科技成果推广项目。目前该技术已经推广到国内 54 个地区，美

赵正义指导员工进行数据测算

国、日本、韩国、印度等国家都提出了技术转让的要求。

　　中国塔机技术领域奠基人刘佩衡教授认为："'赵氏塔基'使中国人在塔机技术领域首次超越西方"。中国科学院、中国工程院院士，中国信息产业奠基人罗沛霖表示："以极简单的方法利用现有材料解决重大技术难题是技术创新的最高境界。赵正义正是用人们认为再普通不过的传统材料，通过空间结构的重新组合，使这些材料在新的结构形式下被赋予了新的性能，从而彻底破解了困扰业界几十年的一道技术难题。"

　　"我只想给我们中国的农民工、给我们中国普通的建筑工人争口气，证明我们能成。中外科学家以为解决不了的问题，不见得我们中国农民工就解决不了"，赵正义如此理解取得的成绩。"一个人不管你从事什么行业，也不管你什么学历，只要你努力去做，总有你能改变的东西。这是我理解的'人才'的含义。"

六 人才发展以用为本

　　科学发展以人为本，人才发展以用为本。人才作为一种特殊的资源，其价值完全在于使用。作为个体的人才越用越聪明，作为整体的人才越用会越增多。党的十七大以来，我们把用好用活人才作为人才工作的核心环节，在使用中培养，为使用而引进，以使用来激励，充分调动了各类人才的积极性和创造性。贯彻落实科学人才观，要继续把用好用活人才作为人才工作的永恒主题，着力解决人才不适用、不够用、不能充分使用的问题，让各类人才各得其所、用当其时、才尽其用。

没有天花板的
创造空间

这是一组让人羡慕的数字：2009 年以来共引进国家"千人计划"专家 28 名、国家"青年千人计划"专家 38 名、中科院"百人计划"专家 67 名、教授 82 名、副教授 205 名；目前拥有两院院士、"千人计划"、"青年千人计划"、长江学者、国家杰出青年、中科院"百人计划"学者共 273 名，占专任教师的 23% 以上；拥有国家自然科学基金委创新研究群体 10 个、中科院和教育部创新团队 13 个……

近年来，随着国家"千人计划"的强力推进，中国科学技术大学在高端人才引进、稳定和使用工作方面取得了卓有成效的进展。

中国科大校园

相关链接

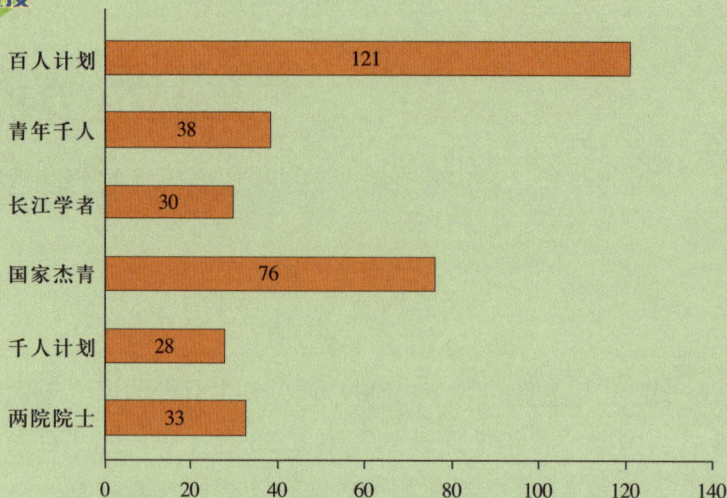

中国科大高端人才结构图

答应的事情都兑现

2010 年 5 月加盟中国科大的国家"千人计划"专家秦宏教授，原来在美国普林斯顿大学等离子体物理国家实验室担任主任研究员，在核聚变研究领域颇有建树。随着国内核聚变研究的黄金期即将到来，秦宏很想回来为国家做点事情。

"国内核聚变领域中实力最强的高校和科研机构是中国科大和中科院等离子体研究所，都在合肥，所以我选择科大。"秦宏说："科大的待遇、条件未必最好，但校领导很真诚，只要答应的事情，件件都落实到位。"

中国科大在引进人才进校前，就以书面形式对职称、待遇等作出约定。为了给引进人才提供良好的生活条件，中国科大在教工住宅小区预留了 300 多套住房，以确保引进的教授都能分配到 140—200 平方米的住房。最近，学校又开始新建 300 套大户型住房，以满足引进

人才安居工程——科大花园

人才之需。

　　不仅如此，学校还考虑到引进人才的住房装修需要一定时间的情况，专门准备了设施齐全的三居室专家公寓，让他们一进校即可入住。少数引进人才没有时间和精力来搞装修，学校还会专门提供装修菜单，开展上门服务，帮助教授将住宅装修好。

　　学校更重视为科学家们提供工作上的便捷服务，帮助他们从繁琐的事务性工作中解脱出来，集中精力投入到学术工作中去。学校专门成立了行政服务中心，将直接为教职工服务的经常性事项集中起来，实行限时办结、首办负责、全权代理等制度，提供"一站式"服务。

　　中国科大信息科学技术学院院长、国家"千人计划"专家李卫平教授对此深有感触，他说："我更看重的是科大服务意识很强，有什么不如意的地方，教授们提出来了，学校都愿意尽快改进，答应的事都能兑现。"

　　近年来，中国科大引进人才的到位率一直保持在较高水准。前七批引进的 26 位国家"千人计划"专家中已有 20 人签署合同并到岗工作，比例达 77%；首批入选的 16 位国家"青年千人计划"专家已有 14 人到岗工作，占总数的87.5%；第二批入选的 21 名"青年千人计划"专家中已有 14 位来校报到……

六　人才发展以用为本

让创新思维自由开花结果

2012年2月23日，《自然》杂志发表潘建伟、陈宇翱等人研究成果，在世界上首次成功实现拓扑量子纠错；4月5日，《科学》杂志发表张铁龙教授等人研究成果，首次在金星的诱发磁层中发现磁场重联现象；4月30日，《美国科学院院刊》发表温联星教授等人研究成果，首次证明地球内核边缘存在形状不规则现象；5月12日，《现代物理评论》发表潘建伟等撰写的题为《多光子纠缠和干涉度量学》的长篇综述论文，这是中国科学家在该期刊上以中国为第一单位发表的第一篇实验综述论文……

近年来，中国科大基础原创性成果不断涌现，引起科技界广泛关注。据不完全统计，2009年以来，仅国家"千人计划"、"青年千人计划"入选者带领学术团队已相继在《自然》、《科学》、《自然·光子学》、《自然·物理学》、《美国科学院院刊》、《物理评论快报》、《美国化学学会会刊》等国际重要学术刊物上发表高水平论文200余篇。

中国科大分管人事师资工作的副校长窦贤康说："以人为本，首先要落实在满足人才学术发展的实际需求上，确保他们做事有平台、发展有方向。"

对于引进人才，学校不仅为他们提供一定数量的科研启动经费，还及时安排实验和办公用房，配备学术助手和学术梯队。学校引进人才的科研启动经费在200万—1000万元之间，额度不等，并非整齐划一，而是根据到岗工作的实际需要而定。先是由到岗者就拟开展的学术研究内容及所需资源提出报告，再由所在学院对报告进行评估和审定，然后由校科技处、人才办、资产与后勤管理部等部门围绕到岗者的学术需求进行逐个讨论，最终确定满足实际需求的全方位支持条件。

不仅如此，近年来，中国科大还斥资数亿元建设了物理、化学、生命科学、工程科学、信息科学等实验教学中心，集中购置了一批在相关领域内急需、通用，而一般科研课题又无力购买的大中型仪器设备，并组建技术支撑服务队伍，使得全校师生都能在公共科研平台上

相关链接

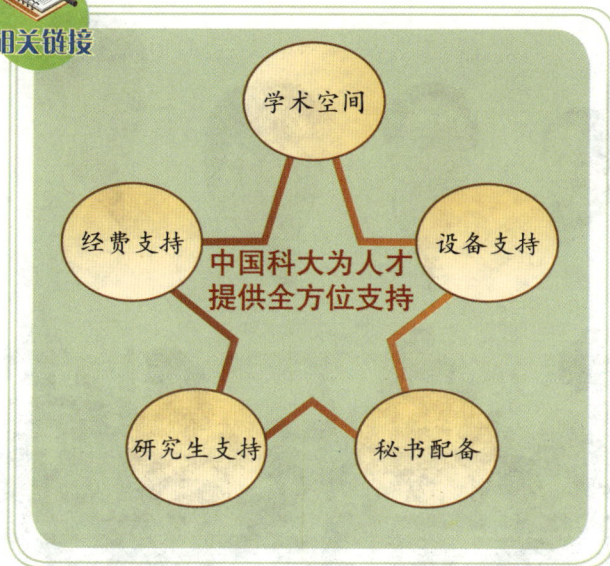

学术空间

经费支持　中国科大为人才
提供全方位支持　设备支持

研究生支持　秘书配备

实现自己的学术思想。这使得引进人才能够在进校后的较短的时间里拥有高水平、专业化、全开放的实验条件和支撑保障。

与此同时，中国科大对教师实行"分类管理"，对处于"战略岗位"的各类专家

教授，不提发表论文数等硬性考核指标，而以"阶段考核"代替"年度考核"，以"同行交流"代替"述职考评"。基本做法是三年一个周期，让教授们在同等层次、同类型专家之间进行一次学术报告和成果交流。这样做既符合学术人才的成长规律，也能激励科学家的创造热情，为他们长期的学术积累与发展创造宽松的环境。

能跳多高就让他跳多高

作为首批国家"千人计划"专家入选者，微尺度国家实验室量子物理和量子信息研究部主任潘建伟教授到岗工作后，仅在《自然》、《自然·光子学》、《自然·物理学》、《物理评论快报》上发表的学术论文就有 21 篇。由潘建伟团队承建的全球首个城域量子通信试验示范网以及与新华社共建的金融信息量子通信验证网，也已经建成开通。他本人也于 2011 年当选为中国科学院院士。

这些年里，为了掌握国际上最先进的量子纠缠技术和量子存储技术，在中国科大和国家实验室的支持下，潘建伟不断融合不同学科背景的年轻人加盟自己的实验室，还将国内实验室一批有潜力的学生送

潘建伟教授（中）及其团队在量子物理、量子信息领域取得重大研究成果

到国外一流学术机构读博士或从事博士后研究。近年来他们悉数回国，使团队实力空前壮大。如今，这支骨干成员多在 30 多岁的队伍中，仅国家"千人计划"、中科院"百人计划"、国家杰出青年科学基金获得者就有十多人。

在引进人才同时，中国科大还狠抓校内存量学术队伍的培养和提高，每年拿出 500 万元，选送 20—25 名青年教师到世界一流大学和团队进修。数学系杨周旺副教授在本校读完博士之后，去韩国首尔大学进行了一年的博士后研究，然后回国继续任教，最近又被派到美国佐治亚理工学院系统与工程系进行研修。尽管杨周旺所在的"运筹学"课程组目前教师紧缺，但学校还是为他"开绿灯"。

计算机学院田野副教授对此深有感触："以前是别人出钱，所以常常挑不到适合的方向与导师，现在选择面变宽了，可以在全世界范围内找导师！"目前，他已前往美国纽约大学理工学院计算机系，与他"心仪多年"的一位教授展开合作。

学校为到岗工作的学者专家提供更广阔的舞台和空间，根据学科发展需要，安排他们承担院系、实验室、学术委员会等方面的管理和组织工作，让他们在更大的空间里为学校学科建设、人才队伍建设等方面发挥更大的作用。

赵政国是首批国家"千人计划"入选者，到岗 3 年来不仅在科研方面取得一系列重要进展，还积极推动"核探测器技术与核电子学"这一重要基础学科的发展，于 2011 年与中科院高能物理所共同组建了核探测技术与核电子学国家重点实验室。目前，该实验室已成为国内该领域专业技术人员最多、最集中、整体实力最强的科研队伍。

"人尽其才、才尽其用，是我们的最高追求。"中国科大校长、中科院院士侯建国说："学校的任务是，给无论是引进还是本土成长的年轻人搭建一个没有天花板的创造空间，让他们能跳多高就跳多高，让他们保持学术上的热情和野心。"

微尺度物质科学国家实验室

不拘一格
用人才

　　提前毕业，破格推荐，教授级研究员。

　　这是中南大学给一位 22 岁学生的奖励，只因他破解了一道困扰国际数理逻辑界十几年的难题——"西塔潘猜想"。

　　此举在社会上引起强烈反响，就连获奖者刘路本人也"有点惊讶"。

　　其实，刘路没有必要惊讶，中南大学向来唯才是举。年轻农民邹捷中、硫酸厂工人李慰萱、青年学者王丹玲……从 1980 年到 2010 年，已经有十几名优秀青年"邂逅"了学校的"破格"待遇。

中南大学校园

刘路攻克西塔潘猜想难题

西塔潘猜想是反推数学领域关于拉姆齐二染色定理证明强度的猜想，由英国数理逻辑学家西塔潘于 20 世纪 90 年代提出。十多年来，该猜想引起了一大批数理逻辑领域国际知名学者的高度关注，并为之付出巨大努力，一直未能取得成功。2010 年 10 月，刘路（左）彻底解决了 Seetapun 猜想。

"我们就想通过这件事向社会证明，中南大学是一所开放的、不拘一格用人才的高校。学校愿意为优秀人才提供事业发展的平台和必要的保障，使其在最富创造力的时间里，从事所喜爱的科学研究，努力创新、创业，实现梦想和理想。"中南大学校长、中国工程院院士张尧学解释说。

为青年教师提供"阶梯"

何勇是中南大学"土生土长"的人才，从数学专业转到自动化领域，从硕士、博士到国家"杰青"，他成功实现了跨越式发展。"是学校为我提供了这么好的条件，引导我找到适合自己的研究方向，否则很难想象自己会走到这一步。"何勇说。

中南大学专门为中青年人才设计了一个"五年阶梯式"成长链。首先，向他们提供"第一桶金"，随后放到教学、科研一线锻炼，与此同时，出台不同层级的人才工程和人才计划，对各层次、各年龄段的人才予以滚动式培养，最终形成了一条"流水线"。

目前中南大学已有 5 位自我培育的升华学者成长为长江学者，5 位长江学者讲座教授先后入选国家"千人计划"。国家自然科学基金申报中，"升华"系列青年人才也成为主力军。近三年来，共有 107

人成功申报，获批经费 4581 万元。高水平论文发表，"升华"系列青年人才成为排头兵。"升华育英"计划的入选者宫凤强博士发表的一篇论文入选 2011 年"中国百篇最具影响力国内学术论文"。"升华猎英"计划入选者、湘雅二医院吴仁荣博士，获得国家自然科学基金 1 项，发表 SCI 论文 11 篇，总影响因子 90，他引次数 194 次，为 2008 年中国百篇最具影响国际学术论文奖作者之一。近年来学校发表的高水平论文数量和被引用次数持续上升，其中材料学科发表论文数位居全球材料科学研究机构和大学排名第 10 位，中青年人才不断发表高水平论文是直接动因。

在新一轮的改革中，学校更是提出，要彻底把青年教师解放出来，第一个聘期内，学校不要求他们给本科生上课，也不对其进行年度考核，让他们把充沛的精力投入到科研中去。只要有重大的项目和科研经费，讲师也可以带博士，不受职称限制。这让一些年轻教师摩拳擦掌，很是期待。

◀ 为海外学者开辟"乐土"

2008 年，学校通过国家"千人计划"全职引进原加州大学圣地亚哥分校终身教授张灼华，并聘请其担任医学遗传学国家重点实验室主任。

张灼华教授（前右二）及其科研团队

为了给张教授创造良好的工作条件，学校为其提供 2900 平方米的公房扩建实验室，拨出 1300 万元用于高标准动物实验房建设。此外，张灼华教授在"三接轨"、"三配套"的"人才特区"政策支持下，吸纳了来自麻省理工、

相关链接

中南大学"人才特区"制度

三接轨

招聘、专家组面试招聘形式：全球

协议年薪制薪酬待遇：试行

年度跟踪、聘期考核聘用方式：合同聘用、

三配套

人才梯队配套

科研条件配套

管理机制配套

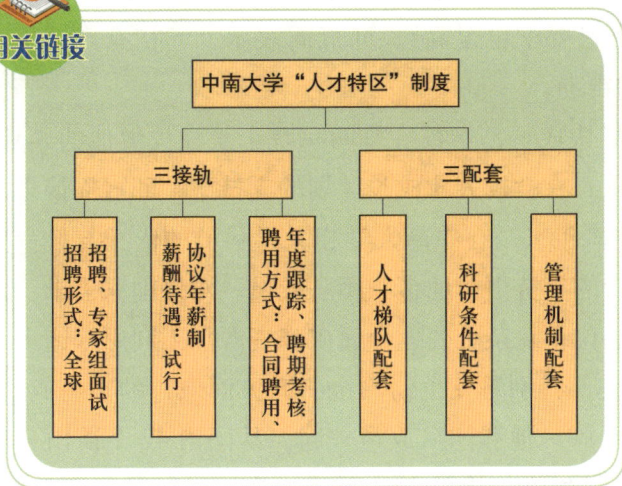

加州大学等知名院校的 4 名优秀人才加盟，形成了医学遗传学国际化拔尖人才团队，在基础研究和基因治疗方面阔步向前。三年来，该团队成员获聘"973"首席科学家 2 项，承担"863"项目子课题 8 项，获批 18 项国家自然科学基金，总计进校科研经费近亿元。

为突破航空发动机这一我国航空工业发展的瓶颈，学校借助国家"千人计划"引进了赵继成等 3 位专家。赵继成教授是美国"材料基因组计划"材料设计方面的领军人物之一。早在美国提出将实施"材料基因组计划"的前半个月，赵继成经师昌绪、徐匡迪推荐，在全国香山科学会议上作主旨演讲，提出了在中国实施材料基因工程计划的设想。他不仅自己回国工作，还将美国通用公司高级科学家江亮博士、乔治亚理工大学计算材料学知名专家李默教授引荐回国，组成学术团队，成为致力于开展我国材料基因工程研究的中南大学"金属材料基因工程"创新引智基地建设的主力军。

"现在很多在国外留学的人都想回国，最看重的就是工作条件和发展空间，中南大学很显然抓住了我们的心思。"从牛津大学博士毕业后来到中南大学的纪效波说。

◀ 创新人才的"开发区"

邱冠周院士是我国自行培养的第一位矿物加工博士，国家科技进步一等奖获得者。

1988 年，博士毕业才一年的邱冠周，就被破格提拔为正教授。"当然有压力，对自己要求也很高"。邱冠周表示，起初有点"不适应"，多亏了学校的帮助。

为指导邱冠周尽快成长，学校安排两院院士王淀佐做他的导师，并为他组建科研团队。在学校人才成长计划的支持下，邱冠周博士的成长"一路绿灯"。多年来，在中南大学相关学科群的依托与教育部重点实验室等大平台的支持下，他带领团队成员，对接国家需求，开展校企合作，在低品位、复杂难处理金属矿产资源加工利用等诸多领域的研究中取得突破，特别是在生物冶金研究方面取得的杰出成就，是当之无愧的学界头牌。他和团队成员一起，从国内 42 个矿山分离获得 1000 多株浸矿微生物，构建了我国第一个浸矿微生物资源库，为生物冶金技术的开发与应用奠定了菌种基础，并创立了低品位硫化矿生物浸出新方法。这一新的方法应用于低品位硫化铜矿的处理，将浸出率从 28% 提高到 75%。如今，邱冠周教授不仅自己成长为中国工程院院士，其培养和汇聚的一批学科带头人和青年学术骨干，也有 3 人成为"长江学者"。

在中南这片土地上，像邱冠周一样成长起来的院士还有古德生、钟掘、刘业翔、夏家辉、金展鹏、周宏灏……他们依托学校成长为大师，如今更犹如学校人才金字塔顶端的璀璨明星，带动和凝聚中南大学人才群，在科技创新中一路播种、一路收获。

邱冠周院士（左四）及其团队开展国际合作项目

◀ ### 创业精英的"助推器"

　　说起自己创办的湖南博云新材料股份有限公司，中国工程院院士黄伯云教授便十分自豪。

　　公司自 2001 年成立以来，从事摩擦制动材料和被誉为"黑色的金子"的炭／炭复合材料的研究、开发与生产，已经形成了具有完全自主知识产权的产品系列。其生产的多种机型航空刹车副不仅打破了美、英、法等国家的垄断，改变我国受制于人的局面，并广泛应用于军、民用飞机上，部分产品还出口东南亚和俄罗斯等国家。

　　而作为创始人的黄伯云以及他的团队也在创新创业中不断提升。从最开始烧制出一堆自己都看不懂的黑团团，到迎来技术上的重大突破，一举荣获 2004 年度国家技术发明一等奖，结束了该奖项连续 6 年空缺的历史。团队人员屡战屡败，屡败屡战，用生命燃烧"炭／炭"，在历练中前进。如今，该团队拥有 3 位材料领域的国家"千人计划"创新人才，培养了 3 位长江学者特聘教授、1 位长江学者讲座教授，2 位国家杰出青年基金的获得者，3 位德国洪堡学者，形成了

黄伯云院士（中）与团队成员交流

以院士领衔，国家"千人计划"创新人才为核心，"长江"、"杰青"为骨干的高水平材料研发创新团队。

对于黄伯云来说，这支人才队伍之所以能在创新创业中崛起，得益于中南大学的人才政策和相关制度。博云新材是黄伯云依托中南大学粉末冶金工程研究中心，将中南大学粉末冶金研究所整体改制而创立起来的。在公司的运营中，学校灵活的人事政策提供了很多支持。中南大学2003年就制定出台管理办法，鼓励科技人员

相关链接

国家自然科学基金委杰出青年计划

为促进青年科学技术人才的成长，并鼓励海外学者回国工作，加速培养、造就一批进入世界科技前沿的跨世纪优秀学术带头人，国家特设立国家杰出青年科学基金，并由科学基金委员会负责组织实施，进行日常管理。国家杰出青年科学基金支持在基础研究方面已取得突出成绩的青年学者自主选择研究方向开展创新研究，促进青年科学技术人才的成长，吸引海外人才，培养造就一批进入世界科技前沿的优秀学术带头人。

充分发挥学科优势，推动产学研合作一体化，将人才资源直接置身于教育、科技、经济一体化发展的环境中，从而焕发出持久的科技创新激情，促进人才资源的优化配置和创造潜能的发挥。

相似的故事也发生在山河智能有限公司董事长何清华的身上。在学校"从实战场上打造精英人才"的战略影响下，何清华教授开始创业，十几年下来，不仅自己由一名普通教师成长为中南大学机械电子工程学科带头人、长沙市企业信息化专家组组长、中国人工智能学会智能机器人委员会的常务理事以及国家"863"计划重大项目总负责人，还打造了一家资产总额超过27亿元的上市企业。

建设"顶天立地"的农业科技国家队

2010年5月23日，一则消息引起了世界农业科研界的关注：中国科学家李家洋研究员和钱前研究员等组成的科研团队，成功克隆了一个可帮助水稻增产的关键基因OsSPL14，这种基因产生变异后可使水稻分蘖数减少，穗粒数和千粒重增加，同时茎秆变得粗壮，增加了抗倒伏能力。根据研究，OsSPL14突变后的基因导入常规水稻品种后，可使其产量增加10%以上。而其中的钱前博士，就是中国农业科学院一级岗位杰出人才。

近年来，中国农科院以国家科技发展战略为出发点，以服务"三农"为落脚点，大力实施"人才强院"战略，采取多种举措引进和培育高端农业科研人才，打造"高端科技人才基地"，造就了一支"顶

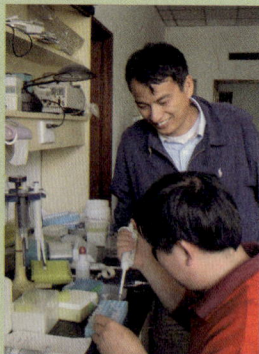

相关链接

"顶天立地"的农业科技创新人才队伍

"顶天",就是要着眼长远,超前部署农业前沿技术和基础研究,力争在世界农业科技前沿领域占有重要位置。"立地",就是要坚持产业需求导向,从农民的实际需要出发,在农业发展的重大关键技术和共性技术上取得突破。

钱前博士指导科研人员做实验

天立地"的农业科技创新人才队伍,为我国发展现代农业、保障国家粮食安全和提高农业国际竞争力作出了贡献。

◀ 奏响人才队伍建设"三部曲"

2002 年初,中国农科院自筹资金 2 亿多元,实施"杰出人才工程"。仅用 4 年,就从国内外招聘到杰出科技人才 167 人。其中,从美、日、澳等国引进 37 人,从国内其他单位引进 24 人,院内选拔 106 人,打造了一支学科专业优势明显、人才梯队结构布局合理的高层次农业科技人才队伍。经过近 10 年的培养锻炼,这批优秀人才已逐渐成长为我国农业科技创新的一支中坚力量。

为进一步发挥引进人才的整体效应,解决重大科技问题,加强联合与协作,2007 年,中国农科院启动实施科技创新团队建设工程。遵循农业科研自身发展规律,提出了"学科引领、资源优化、重点突出、整体带动"的建设原则,形成一批以学科领军人物为核心,以科研骨干为主体,专业人才和科研辅助人员相配套,优势互补、团结协作的紧密型创新研究群体。经过 2 年多的动员酝酿、整合论证,遴选产生了 13 个院级优秀科技创新团队和 90 个院级重点科技创新团队,人才资源初步得到整合，整体效应逐步呈现。

2008 年年底，中国农科院被确定为国家首批"海外高层次人才创新创业基地"，作为农业领域首个国家级人才基地，中国农科院抓住这个契机，以基地为依托，实施"海外高层次人才引进工程"，延揽国际顶尖科学家。截至目前，已招聘到入选国家"千人计划"的 5 位外籍专家和 60 余位优秀海外留学回国人才。

相关链接

中国农科院首批优秀科技创新团队
水稻优质、抗逆分子设计育种创新团队
作物种质资源保护与创新团队
水稻遗传育种创新团队
棉花育种新技术研究与新品种选育创新团队
油菜遗传改良创新团队
粮棉作物重大害虫监测预警与控制技术创新团队
作物分子生物学创新团队
动物流感研究创新团队
口蹄疫研究创新团队
家畜基因资源与种质创新团队
植物营养与肥料研究创新团队
蔬菜遗传育种研究创新团队
农业政策分析创新团队

"一体两翼"保证"三个留人"

为了积极推进"人才强院"战略，中国农科院提出了以学科建设为主体，以制度、资金为保障的"一体两翼"的工作思路，切实做到以事业留人，以感情留人，以待遇留人。

以学科重组为切入点，为杰出人才搭建施展才华的舞台。中国农科院结合国际前沿发展趋势和新时期我国农业农村经济发展的需要，提出调整学科发展方向、拓宽学科发展领域的基本思路，规划确定了作物科学、畜牧兽医科学、农业微生物科学等9大学科领域和41个一级学科、173个二级学科的基本框架。9大学科领域以及一、二级学科的设置，突出加强基础学科建设和科技创新工作，体现了学科的交叉、渗透与融合，形成了面向现代农业，结构合理、重点突出的学科体系，也为吸引更多的优秀科技人才奠定了坚实的基础。

以完善的规章制度，为杰出人才创造良好成长氛围。中国农科院连续出台了《杰出人才招聘实施办法》、《杰出人才管理实施细则》、《优秀科技创新团队管理办法》等一系列规章制度和工作规范。按照"竞争上岗、合同管理、明确目标、严格考核、滚动管理"的新型机制，从有利于杰出人才个人成长，有利于学术队伍建设和科技创新的角度，通过加大人、财、物的投入力度，改革分配制度，引入激励竞争机制等，建立可行的人才评估评价体系，实行弹性考核评价机制，为杰出人才营造有利于科技创新的环境。

以优厚工作条件和生活待遇，为杰出人才全身心投入科技创新解除后顾之忧。中国农科院从长远发展战略高度出发，完全依靠自己的力量，自2002年起，为各级岗位的杰出人才提供较为优厚的工作条件和生活待遇。为一级岗位杰出人才提供250万元的仪器设备费、150万元科研启动费、100平方米住房或50万元的安家费、10万元的年薪；为二级岗位杰出人才提供140万元的科研启动费、80平方米的住房或40万元的安家费、8万元的年薪；三级岗位杰出人才以研究所为主，落实不少于6万元的年薪待遇。

据统计，中国农科院为杰出人才投入仪器设备购置费累计达1.3亿元，科研启动经费1.06亿元；同时院、所共同为杰出人才在科研项目争取、科研助手配备、实验室安排、研究生招生等方面给予大力支持，并协助其解决子女上学、配偶工作等方面的难题，尽可能地解决他们的后顾之忧，使杰出人才有更多的精力和时间投入到科研工作中。

◀ 让人才有用武之地

中国农科院在实施"人才强院"战略过程中，始终坚持"以用为本"，围绕用好用活人才，在会用、重用上下工夫，鼓励和支持广大

科学家面向国家战略需求，大力开展自主创新，造就出一批杰出科技英才，涌现出一批重大科技成果。他们中，3 人已当选中国工程院院士，10 人获国家杰出青年科学基金资助，9 人获中国青年科技奖，34 人入选国家级百千万人才，3 人获中华农业英才奖，20 余人次获国家级科技奖励，1 个团队荣获全国专业技术人才先进集体称号。

时至今日，人们每每想起 2004 年初那场席卷全球的 H5 亚型高致病性禽流感，依然心有余悸。就在当时，中国农科院哈尔滨兽医研究所年仅 35 岁的女科学家陈化兰和她的团队勇敢地站了出来，成为了这场战役的狙击手。

早在 1984 年，中国农科院的科学家们就敏锐地意识到禽流感病毒的危害，开始了漫长艰辛的禽流感研究之路。1994 年陈化兰加入禽流感研究团队，1999 年她赴国际顶尖的美国 CDC 流感实验室进行博士后研究，学习国际上先进的分子生物学技术。2002 年，陈化兰放弃了优越待遇，毅然回到祖国，和同事们一起开始向 H5N1 禽流感疫苗冲击。陈化兰带领团队成员废寝忘食，经过无数次的实验，终于研制出多种禽流感疫苗，为我国防控禽流感疫情提供了极为关键的技

陈化兰博士（右二）与学生共同开展科研攻关

六 人才发展以用为本

黎志康博士（左一）与团队成员在试验田察看水稻长势

术保障，同时也提高了我国乃至世界防控禽流感疫情的能力，为国家挽回损失数百亿元。如今，陈化兰已成为我国农业科技工作者的优秀代表。

"用 3 年时间，帮助非洲和亚洲地区 2000 万贫穷稻农增产 20％以上。"1998 年，留美博士黎志康在美国首次提出"全球水稻分子育种计划"时，被认为"理想太大"。10 年后，比尔·盖茨看中了他的"大理想"，这个 IT 巨人裹着棉大衣来到中国，冻红了鼻子，在冰冷的中国农作物种质保存中心参观，耐心地听黎志康讲解他的计划，最终决定拨给黎志康所在的中国农科院 1842 万美元的专项科研经费。2003年，作为中国农科院引进的人才，黎志康带领他实验室的团队一同归国。"能一个团队整体引进，这种情况，并不多见。"中国农科院作物科学研究所的有关负责人说。"只有回到祖国的怀抱，才能真正实现自己的理想。"黎志康庆幸自己及时回到国内，用他的话说是"有了用武之地"，"回来后，可以发挥自己的能力，通过努力，将原先的设想付诸实施"。

七 人才投资是效益最大的投资

　　世界各国的研究都证明，包括教育投资在内的人才投资是发展效益最大的投资。温家宝总理在全国人才工作会议上强调，人才投入是赢得未来的战略性投入，是效益最大的投入，在这方面要舍得花钱。党的十七大以来，各地区各部门对人才投入的积极性越来越高，北京、上海、广东、江苏、浙江等地率先尝到了加大人才投入的甜头，这些年财政投入成倍增长，中西部地区一些城市也纷纷加大人才投入力度。人才投入"一本万利"的鲜活事例层出不穷。我们要进一步树立人才资本是高效资本、人才投入效益最大的理念，在加大政府投入的同时，鼓励和引导社会、用人单位、个人投资人才资源开发，建立起多元化的人才发展投入机制。

"土小"民营企业到
知名高科技公司的跨越

2010 年 6 月 30 日，历时 8 年攻关，成功将自主研发的氯碱离子膜应用于万吨氯碱装置，标志着我国成为继美国、日本之后，全球第三个拥有氯碱离子膜核心技术和生产能力的国家，结束了中国氯碱行业长期受制于人的历史。

东岳新型环保制冷剂、塑料王聚四氟乙烯，规模和市场占有率居全球第一，20 年走过了国外同行企业 50 年走的路。

拥有国家级企业技术中心、博士后工作站、"泰山学者"岗位，先后承担了国家重点火炬计划、"863"计划和"十一五"、"十二五"科技支撑计划等重大科技项目，2011 年贡献税收达 19.62 亿元……

让人出乎意料的是，创造出这一系列骄人业绩的，是成立仅有 25 年、一位退伍军人带领 38 名庄稼汉、靠别人淘汰的两个小转炉起家、地处山东省桓台县的一家民营企业——山东东岳集团。

山东东岳集团

不求所有　但求所用

　　一个从夹缝中成长起来的乡镇企业，技术力量薄弱、高技术人才缺乏是制约企业发展的一块短板。因此，东岳集团针对地处乡镇，与大城市相比聚集人才不占先机的实际，提出了"不求所有，但求所用"的人才理念，按照产业定位和发展方向，积极主动地与高校和科研机构联合，建立"产学研"合作关系，借智发展。

　　1999年初，在全球关注臭氧层保护的大环境下，《人民日报》刊载了清华大学朱明善教授在制冷剂替代品研制方面取得重大突破的信息。在随后的一年中，东岳集团董事长张建宏往返北京30余次，最终赢得专家信赖，双方正式开始合作。

　　不到一年的时间，东岳清华绿色制冷剂系列产品研制成功，成为我国唯一自行研制开发，并被美国、西欧等国家环境保护署认定可以推广的氟利昂替代品。2001年，东岳清华绿色制冷剂系列产品获国家技术发明奖，获得国际统一编号。在此后的几年时间里，东岳新型环保制冷剂迅速发展，规模、技术、市场占有率均达全球第一。

　　2001年，东岳集团整合北京、上海、西安等十几所高等院校、科研院所有机氟研究行业的30多名顶尖专家，整合国内外最先进的技术，仅用了11个月时间，成功上马了3000吨PTFE装置，两年内又扩大到万吨规模，有6项技术填补国内空白，达到世界领先水平，结束了中国含氟高分子材料主要依靠进口和低档次小规模生产的历史。目前东岳PTFE装置规模、技术水平和市

相关链接

PTFE

　　含氟高分子材料聚四氟乙烯（PTFE）号称"塑料王"，广泛应用于航空航天、电子、机械、化工、设备制造等领域。几十年来，我国该产品的质量、工艺水平一直与发达国家有很大差距，高档产品长期依赖进口，价格高昂。

场占有率均为全球第一。

"没有高端人才，我们便把公司的研究所建到高校和科研院所，整合多少人才便拥有多少人才。"东岳建立了人才档案，全国有机氟行业前100位权威专家都在他们的人才库中，并与东岳保持着联系。

东岳先后与中国科技大学、北京化工大学、华东理工大学、山东大学等二十多所国内高校和科研机构进行了密切合作，并与欧盟第六框架协议，俄罗斯、加拿大、法国等国的国家科学院，荷兰能源研究所以及奔驰、巴拉德、3M、通用汽车等著名企业的研发机构建立了合作关系，在氟硅材料研发方面打破了一系列国外垄断，取得了大量自主创新成果。

一位深入到东岳调研的人才专家说："你们可别以为张建宏手下的兵将只有在东岳那么多，他事实上使用和调动着数以百计的高精尖人才，他们虽然编制不在东岳，人不一定在东岳，却是东岳科技创新的重要力量。"

特殊人才特殊政策

"人才的需要就是东岳的政策。"面对企业需要的人才，东岳从不设限。"一人一议、一事一策，只要是创新需要，你要我就给。"作出突出贡献的，企业给予重奖、重用。

2002年，从上海交通大学引进的张永明教授，被集团聘任为东岳研究院首席科学家，全权负责离子膜项目。公司为张永明配备了生活助理、科研助理、专职司机，并把其母亲和姐姐一家都接到桓台安家落户，真正让他心无旁骛地投入研究。最让张永明感到惊喜的，是东岳给他的见面礼："研究院人才'三定'大权都交给了我——用什么人、给什么岗位、拿什么薪酬，这种支持力度很难遇见。"两年后，为了提升公司的科研条件，配合离子膜攻关，东岳投资1亿元，为张永明的科研团队建起了国内一流的研究院。

全氟离子膜成功下线

2009年9月22日，张永明率领他的团队历时8年攻关，国产氯碱工业用大面积全氟离子膜在东岳成功下线；短短2年间，国产离子膜就在上海氯碱、鲁北化工、江苏苏华等大型氯碱企业得到应用，装置运行平稳，综合性能媲美国外同类产品，从此结束了受制于人的历史。该成果获2011年度国家技术发明二等奖，张永明领衔的含氟功能膜材料创新团队获"山东省优秀创新团队"荣誉称号，公司一次性奖励张永明和他的团队100万元，淄博市奖励50万元。

对于创新型人才，既要给予物质报酬，实现其第一需要，更要提供事业平台，实现他们的人生价值追求。

33岁的牛晓刚，年轻中透着一份精干、沉稳。而就在6年前，他就与日本人谈成了目前全球最大的CDM（温室气体减排国际合作）项目。CDM项目每年减排1000万吨二氧化碳，相当于在地球上种植了吸碳能力最强的毛竹54亿棵，是一项造福人类的大型环保工程。

"是项目成就了我，从来没有想到自己这么年轻就能走到这一

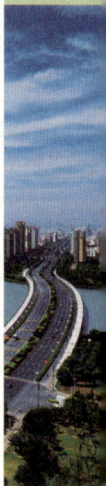

步。"毕业 12 年，如今已经是集团战略投资部经理的牛晓刚说："自己的努力固然重要，但更重要的是东岳的人才机制，给了我们这些人一个实现自身价值的平台和机会。"

近年来，东岳先后从北京大学、清华大学、中科院等院校引进 72 名高层次人才，其中博士后 3 名、博士 11 名、硕士 15 名，有 10 名博士和 15 名硕士在东岳安家落户。目前，东岳研究院中层以上技术负责人平均年龄仅 35 岁，一大批年轻创新型人才担纲领衔技术研发，成为集团自主创新的生力军。公司通过"量值定薪"和股权、期权、提成加奖励等分配方式进行激励分配，使公司近年引进的科技人才 40% 以上成为了"科技富翁"。

有多大才能就给多大舞台

东岳集团一直坚持用业绩证明自己，用能力赢得尊重，用作为赢得地位，用品德赢得信任的理念。公司"赛马"而不"相马"，不背高学历、高职称和原工作经历的包袱，根据实际能力和为企业创造的价值确定报酬，职位能上能下，进口和出口同时打开，极大地激发了人才的活力和创造力。

含氟功能膜材料创新团队

东岳集团重奖企业人才

　　赵素芳是东岳 1995 年招聘的第一个大学生。她做事有闯劲有韧劲，爱想办法。为了拓展国际贸易，东岳于 1997 年成立进出口公司，聘用年仅 24 岁的她担任经理。如今，公司外贸销售额已经增长到 30 个亿，进出口额每年以超过 50% 的速度递增。如今的她已经成为淄博引导大学生投身民营企业的一面旗帜，是他们心中的"营销明星"。

　　2004 年，清华大学博士生王鑫来到东岳，承担绿色制冷剂研发工作，七年间，他让东岳的绿色制冷剂品种由原来的 4 个发展到 9 个，此外，还有 20 余种储备产品。2011 年，他带头研发的东岳系列节能环保制冷剂系列产品，获得国家技术发明优秀奖，获得国际统一编号，实现年销售收入 8 亿元。他也由一名初出茅庐的博士生成长为东岳化工有限公司总经理助理、总工程师。

　　东岳创建的"以效益体现价值、用财富回报才智"的人才机制，让创造价值的人在东岳实现人生价值，让创造财富的人在东岳成为财富的拥有者。东岳专门设立"董事长总裁特别奖"、"优秀专家奖"、"研发创新奖"、"市场开拓重大贡献奖"等多项奖励，每年都要拿出上千万元对有突出贡献的科技人员进行重奖。

　　目前，东岳正投资 10 亿元筹建国家功能膜材料工程中心和人才交流中心，投资 100 亿元拉长产业链条，为打造千亿元氟硅产业园区奠定坚实基础。

人才开发要舍得花钱

《2011 年江苏省人才发展统计公报》发布的数据显示，2011 年，江苏省人力资本投资达 6590 亿元，占 GDP 的 13.6%；全社会 R&D 投入 1070 亿元，占 GDP 的 2.2%；省级财政性人才发展专项资金 15 亿元，占省级一般预算收入的 4.06%。

苏州高新技术产业开发区

七 人才投资是效益最大的投资

坚持人才优先发展、优先投入，是江苏基于对省情和发展阶段的清醒认识作出的战略抉择。经过改革开放 30 多年的发展，江苏正处在由全面实现小康向基本实现现代化迈进的新阶段，经济增长的传统动力正逐步衰减，面临的资源环境约束日益严峻，科技进步与创新日益成为经济发展的主导力量，经济发展迫切需要由物质资本投入向人力资本投入转变。

早在 2003 年，江苏省委、省政府就鲜明提出，解放思想、解放人才、解放科技生产力，并确立人才资源是第一资源，人才投入是最有效投入的理念。现在，抓经济工作先抓人才工作，抓要素投入先抓人才投入，已经成为全省上下的普遍共识。2010 年，江苏制定出台《江苏省中长期人才发展规划纲要（2010—2020 年)》，提出各级财政设立人才发展专项资金，纳入财政预算；不低于本级财政一般预算收入的 3%，用于人才引进、培养、使用、奖励等。坚持每年考核，定期发布，确保人才投入落实到位。预计到 2015 年，全省人力资本投资占 GDP 比例将达到 15%，在全国率先建成人才强省。

大力度投入促进人才智力资源集聚

2007 年，江苏实施"高层次创新创业人才引进计划"（简称"双

相关链接

江苏省"双创计划"

江苏省财政对引进的每位海内外高层次人才，一次性给予 50 万或 100 万元的资金支持。2010 年，"双创计划"开始由引进个人向引进创新团队提升，坚持人才资金带动省重大科技成果转化、优势学科建设、现代服务业引导资金等产业资金，对引进的创新团队给予政策集成支持。每个团队三年内将获得 300 万—800 万元人才经费资助、1000 万—3000 万元项目经费资助。对属于世界一流水平的创新团队，采取特事特办、一事一议的方式，给予特别支持。

创计划")。5 年来，江苏招才引智收获累累硕果。截至 2011 年年底，"双创计划"斥资近 20 亿元，资助引进 38 个具有世界领先水平的创新团队、1318 名创新创业领军人才，其中一个团队由诺贝尔化学奖得主阿龙·切哈诺沃领衔。

在"双创计划"示范带动下，全省 82 个县（市、区）分别出台引才计划，其中无锡"530 计划"、苏州"姑苏人才计划"、南京"321 计划"等已经成为海内外知名的人才品牌。全省近五年来斥资 60 亿元，资助 6724 名高层次人才创新创业，有 246 人入选国家"千人计划"，其中创业类 123 人，占全国总数的 28.2%，居全国第一。

为什么这么多的海归高端人才选择在江苏创新创业？许多创新创业者形象地说，我们是一粒种子，我们需要合适的土壤，而江苏就是人才创新创业的沃土。

近年来，江苏依托丰富的科教资源，不惜重金打造产业园、孵化器等人才集聚载体，面向全球集聚高端人才，发展高端产业。目前，全省建成苏州工业园、无锡高新区、泰州医药城等一批高科技产业园区；建设留学生创业园、大学科技园、软件园等各类科技孵化器 349 家，面积 1945 万平方米，位居全国第一。

在江苏，各类人才都能找到适合自己干事创业的平台。

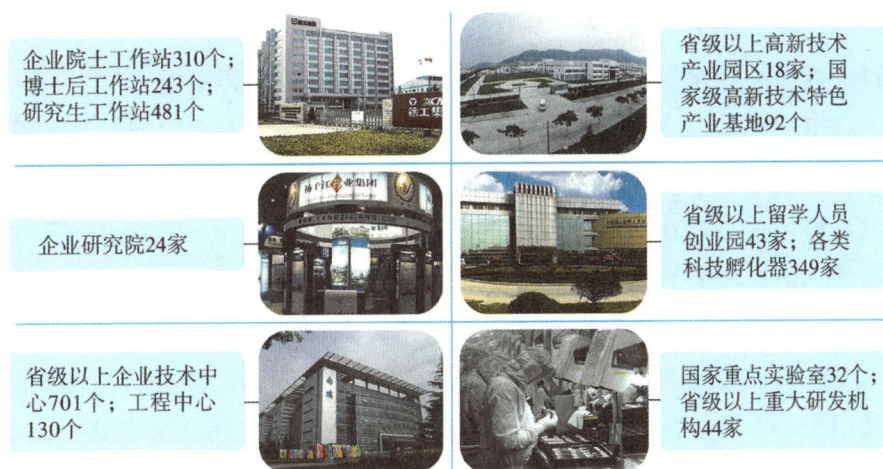

企业院士工作站310个；博士后工作站243个；研究生工作站481个

省级以上高新技术产业园区18家；国家级高新技术特色产业基地92个

企业研究院24家

省级以上留学人员创业园43家；各类科技孵化器349家

省级以上企业技术中心701个；工程中心130个

国家重点实验室32个；省级以上重大研发机构44家

七 人才投资是效益最大的投资

人才投资夯实未来发展基础

近年来，江苏坚持大力度投入教育事业，推动义务教育均衡发展、职业教育加快发展、高等教育优化发展、继续教育持续发展。2011 年，财政性教育经费支出 1025 亿元。全省基本普及高中阶段教育，高等教育毛入学率达到 45%，远高于全国平均水平。拥有高校126 所，普通高等教育在校大学生 179.38 万人，均居全国首位。

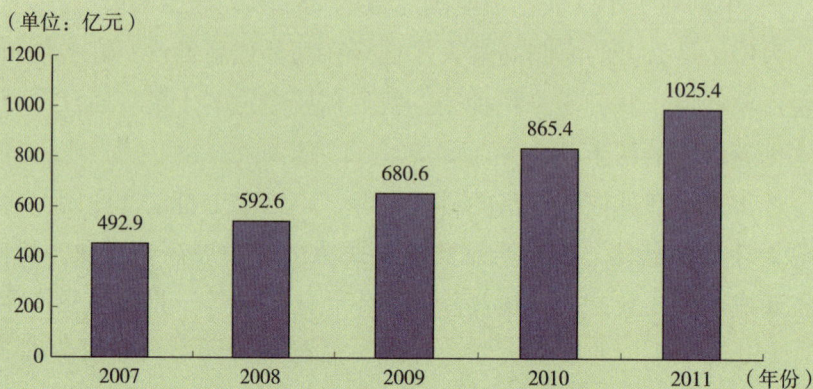

（单位：亿元）

年份	支出（亿元）
2007	492.9
2008	592.6
2009	680.6
2010	865.4
2011	1025.4

江苏省财政教育支出情况

经济社会发展不仅需要浩浩荡荡的人才大军，更需要引领科技创新的"将帅之才"。江苏坚持依托重点人才工程、重大项目、重点学科，以提高专业水平和创新能力为核心，大力培养领军型人才。

"333 工程"，是江苏瞄准培养中青年科技领军人才实施的品牌工程。该工程于 1997 年开始启动，计划在 5 年内重点培养 30 名能进入世界科技前沿并在国际上具有较高知名度的杰出专家；培养 300 名国内学术、技术界具有重大影响的高级专家；培养 3000 名省内各学科、各行业成就突出、具有一定声望的学术技术带头人。

目前，"333 工程"已实施 4 期，共选拔培养对象 13400 多人，其中 15 人当选"两院"院士。立足科研项目实践培养人才，是"333 工程"的重要抓手。同时，资助力度不断加大，其中第一层次培养对象每月享受 1 万元津贴补助，可获省级项目资助最高金额 100 万元。

一大批诸如缪昌文、尤肖虎、刘怀平等中青年科技领军人才，在"333工程"的培养下脱颖而出。

缪昌文教授长期从事土木工程材料理

闵乃本院士（左二）指导科研工作

论研究与工程技术应用研究，经过多年艰苦奋战，多个项目的产品被运用到大亚湾核电站、苏通斜拉桥等重大项目，缪昌文2011年当选为中国工程院院士。东南大学尤肖虎教授带领科研团队刻苦攻关20年，完成了4G项目攻关，荣获2011年国家技术发明一等奖。盐城科行集团董事长刘怀平研发出具有国际先进水平的烟气脱硝成套技术装备，确立了江苏盐城市在全国环保产业的领先地位。

高校是育才的主阵地，企业是用才的主战场。为强化高校和企业引才育才的主体地位，江苏制定出台《关于加快推进高等学校人才强校工作的意见》和《关于加快推进人才强企工作的意见》，要求高校按总支出5%左右，鼓励企业按不低于销售额0.6%的标准，设立人才发展资金，用于人才引进、培养、使用和奖励。

政府3%，高校5%，企业0.6%，这些数字化的硬要求，使得江苏对人才的优先投入，从纸上文章变成"真金白银"，推动着人才强省、人才强市、人才强县、人才强企、人才强校的深入实施。

▶ 多元投入促进人才优势转化

随着高层次人才的纷至沓来，江苏探索形成"人才＋项目＋科技金融"的创业支持模式，构建政府引导、企业为主体、社会和个人作为补充的多元化人才投入机制。从 2004 年开始，江苏设立专项资金，支持重大科技成果转化项目，平均每个项目资助 1000 万元。截至 2011 年年底，已资助项目 839 个，资助资金总额达 83.69 亿元。

2011 年 7 月，国家"千人计划"创投中心在苏州沙湖成立，这是国内首家服务于国家"千人计划"的综合性投融资平台，为海归人才创业提供专业配套服务。沙湖"千人计划"创投中心只是江苏发展风投的一个缩影。江苏在实践中认识到，人才的科技成果只有转化为现实生产力，才能把人才优势转化为产业优势、发展优势。在人才创业过程中，政府的创业引导基金和社会风险投资的培育，一定意义上起着决定性的作用。

2010 年，江苏设立 10 亿元新兴产业创业投资引导资金，带动地方设立引导基金，通过阶段参股、跟进投资、投资保障和风险补助等方式，吸引境内外投资机构在省内开展创业投资业务。全省已发展风投机构 249 家，资本规模 386 亿元，位居全国第一，成功培育出一大批成长型科技型企业和一批知名上市公司。

企业是创新的主体。企业重视研发投入，也是对人才的培养和激励。江苏通过实施税收减免、贴息等优惠政策，引导企业加大研发投入力度。2011 年，江苏企业研发投入 800 亿元，全社会研发投入突

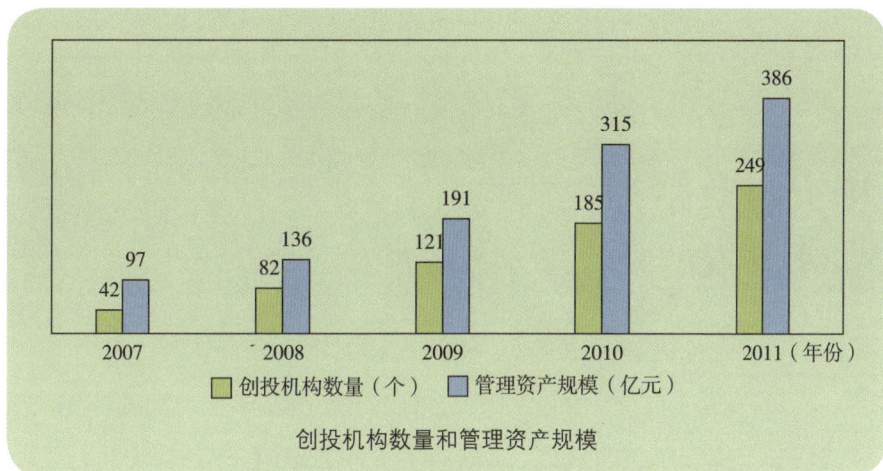

创投机构数量（个） 管理资产规模（亿元）

创投机构数量和管理资产规模

破千亿元大关，占 GDP 的比重同步提高到 2.2%，位居全国前列。

　　人才投资是效益最大的投资，江苏收获了完美答卷。2011 年，江苏省专利申请量、专利授权量、企业专利申请量、企业专利授权量以及发明专利申请量等 5 项专利指标强劲增长，继续保持全国第一，发明专利授权量首次突破 1 万件，位列全国第三。高新技术产业产值 3.8 万亿元。科技进步贡献率达 55.2%，区域自主创新能力连续 3 年位居全国第一。

七　人才投资是效益最大的投资

中央财政给力
人才开发

　　"与其给我创业的扶持政策和资金，不如给我一支专业的科技指导团队。"背靠这支心中无限敬重的"团队"，一位"80后"新型职业农民、湖北武汉东湖区蒿口村的王松，在生他养他的大地上，用智慧、激情和汗水，打造了2200多栋温室大棚，棚内瓜果飘香、生机盎然的长势，传递着丰收的信息。2011年以来，近200户农民加入到他的农民专业合作社，2011年户均收入达10万元。

　　王松敬重的"团队"，是指帮助他、指导他的技术专家们，因为他参加了农村实用人才培养工程，这是一项国家人才建设工作的重要内容，也是中央财政投入人才建设的重要部分。

近些年来,"谁来种地"、"如何种好地"的问题日益凸显,关乎民生大计。2009年,财政部、农业部等部门联合实施农村劳动力培训阳光工程,面向农业产前、产中、产后服务和农村社会管理领域的从业人员开展职业技能培训。3年来,中央财政每年投入培训补助经费11亿元,培训300万人。很多参训学员成为像王松一样的创业大户和创业领军人物。

包括农村实用人才培养在内的人才发展规划提出的12项重大人才工程,是国家层面的顶层设计。从规划实施伊始,财政部按照政府主导、加大投入、优化结构、整合资源的原则,将12项重大人才工程作为财政投入的重中之重,予以切实保障。经测算,不包括已有渠道解决的部分,10年间,中央财政将新增投入1066亿元。

举国力投入人才建设工程,尽管时日还不长,其效益已然显现。

科学家的蓝图

2011年度两院新增院士中,最年轻的一位叫潘建伟。

2000年,潘建伟入选中国科学院"百人计划",回到母校中国科技大学工作。中科院以多种方式给予了重点支持,支持资金5年累计约1.5亿元。

面对量子信息研究飞速发展,无论是研究水平还是人才储备,当时国内的基础都很薄弱,潘建伟与他的同学杨涛教授一道组织科研队伍,开展实验室建设。2004年,潘建伟团队在国际上首次实现五光子纠缠和终端开放的量子态隐形传输,《自然》杂志发表了这一成果,并入选欧洲物理学会和美国物理学会评选出的年度国际物理学重大进展。表明他们在量子纠缠方面的工作已经成功跃居国际领先水平。2008年,潘建伟团队成为国际上首次把安全量子通信距离突破到超过百公里量级的3个团队之一,国际上报道安全的实用化量子通信网络实验研究的2个团队之一,也是国内唯一领衔开展星地量子通信实验研究的科研团队。

潘建伟只是我国引进海外杰出人才的优秀代表之一。大量的人才回国工作后，积极承担国家和地方的重大科技项目，带领团队进行技术攻关，在突破关键技术、发展高新产业、带动新兴学科、推动教育科技创新等方面都发挥着重要的作用。一批标志性的创新成果问世，一批制约产业发展的重大关键技术被攻克。

"千人计划"、"长江学者"……造就着更多的潘建伟一样的科学家。

大学生村官的人生起点

2008 年 7 月 30 日，告别四年的大学生活，高金磊来到了地处大别山腹地的湖北省英山县温泉镇百丈河村做了一名村官，开启了人生的新起点。

从大学生到村官，之间的距离是那样长，高金磊的挫折、艰难自不必说，在他破解每一道难题的同时，也在书写着一个个感人的故事。山火燃烧的危险时刻，他会带领党员冲到最前面保护山林；烈日当头，他能够一个夏天都在通组公路上监督工程质量；他会在电脑技术、养殖、普通话培训班上，不厌其烦地给村民讲授自编的课件……

高金磊和村两委一班人，带领党员群众艰苦创业，制定了乡村发展五年规划，一步一个脚印使地处大别山腹地的百丈河村成为湖北省新农村建设示范村，黄冈市十大秀美山村。百丈河万头养猪场从无到有，由弱到强，成为市级重点龙头企业；百丈河田桂花绣品有限公司应运而生，一期

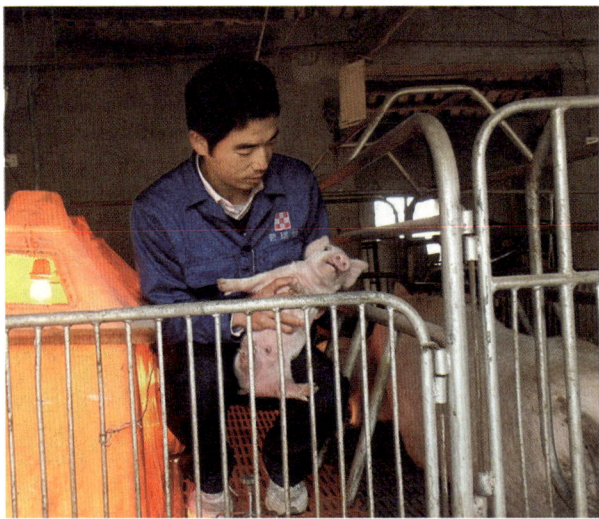

高金磊在养猪场检查幼猪生长情况

投资吸纳两百人就业，成为另一个村级集体经济增长点。自来水厂、茶叶节水喷灌系统、大型沼气工程、文化绿色长廊、电教中心等一系列民生工程，使百丈河村成为远近闻名的小桥流水人家、山清水秀的靓丽新村。高金磊在锻炼成长的同时，也与群众结下深厚的感情。

如优秀大学生村官高金磊一样，在祖国的广阔农村，有千千万万个大学生村官，在国家政策的有力支持鼓励下，将学到的知识反哺大地田野，建造着社会主义新农村。

相关链接

大学生"村官"补助标准

中央层面统一选聘高校毕业生到村任职开始于2008年，由中央组织部牵头实施。大学生"村官"任职期间，比照本地乡镇从高校毕业生中新录用公务员试用期满后工资收入水平，享受一定的工作、生活补助以及中央财政安排的一次性安置费2000元。所需资金由中央和地方财政共同承担。2011年，考虑物价上涨、农民收入提高、大学生"村官"下乡不易等因素，中央财政对东、中、西部的补助标准，由年人均0.5万元、1万元、1.5万元提高到0.8万元、1.5万元、2万元。

会计人才的领军之路

张农是新疆百花村股份有限公司党委委员、财务总监。2007年，百花村所有贷款全部逾期，上市以来第二次濒临退市。巨大的压力下，唯有重组才能够快速改观。临危受命的张农，就成为重组的主要执行者。

对于资本运营，以前的张农并不擅长。不过，在财政部高级会计人才培训课堂上，他跟着数位名师，学习了资本重组的全新理念和方法，研究剖析了数个重组案例；在讨论环节，他将工作中的困扰与领军班的同学们一起交流，一整套百花村重组思路逐渐形成。在长达2

年多的时间里，张农通过合理运用以物抵债、还本免息、修改债务条件等相关政策，用尽可能低的成本解决了所有的银行逾期债务，令百花村重获银行信任，为公司开展新的融资活动奠定了坚实的基础。百花村成功地从一家以服务业为主的濒临退市的上市公司成长为一家以能源和煤化工为主业的优质上市公司，无论是资产规模还是经济效益都获得了大幅提高。

曾有一组数据显示了中国会计事业的尴尬：我国会计从业人员已经超过1000万人，尚不足我国人口总数的0.8%，而其中的高级会计师不足4万人；会计人才市场状况更为严峻，中低端会计人才膨胀，而高端人才增长步履维艰。

中国加入世贸组织已进入后过渡期，市场对高端会计人才的需求必将呈现爆炸式增长，脆弱的高端会计人才现状与即将急剧增长的需求关系怎样解决？2005年9月1日，财政部正式启动全国会计领军（后备）人才培养工程。12月，首期企业类高级会计人才培训班正式开班，为领军会计人才培养开辟出一条新路。

7年时间，领军班已由当初56人的小班级成长为800多人的大

高级会计人才培训班课堂

集体。接受过培训的学员 60％以上自身事业都得到了发展，更重要的是会计领军学员通过学以致用，提升了各自所在单位的管理水平。

政策同样是杠杆

除了资金支持，近年来，财政部还出台了一系列优惠政策，对人才引进、人才创业、技术发展，都发挥了不可或缺的作用。

仅举几例人才引进和人才工作的税收优惠政策：对拥有核心自主知识产权，产品属于《国家重点支持的高新技术领域》范围，并且符合高新技术企业认定管理办法的国家需要重点扶持的高新技术企业，减按 15％的税率征收企业所得税；一个纳税年度内，居民企业技术转让所得不超过 500 万元的部分，免征企业所得税；超过 500 万元的部分，减半征收企业所得税；创业投资企业采取股权投资方式投资于未上市的中小高新技术企业 2 年以上的，可以按照其投资额的 70％在股权持有满 2 年的当年抵扣该创业投资企业的应纳税所得额；当年不足抵扣的，可以在以后纳税年度结转抵扣……计税工资标准统一，使得内资企业引进人才放开了手脚；创业投资企业获得所得税优惠，对高新技术产业起到极大推动作用；完善税收政策吸引外国专家来华工作……更多的人才引进、企业发展的信息，证明着国家政策的直接效应。

除了税收政策，鼓励和支持企事业单位加大职工教育培训投入、引导社会力量加大人才发展投入、优化人才的城乡区域布局、利用国际组织资源等政策，都起到积极作用。

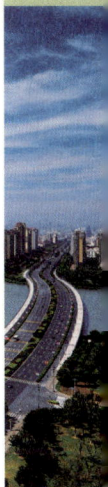

八 高端引领是人才队伍建设的战略重点

实践证明，高端人才对事业发展具有关键支撑作用，对人才队伍建设具有引领带动作用。有了钱学森，才有我国航天事业今天的发展和人才济济的喜人局面；有了李四光，我国才摘掉了贫油的帽子；有了王选，我国印刷出版业才告别铅与火、迎来光与电；有了袁隆平，才有我国杂交水稻的高产稳产。高层次领军人才的作用是一般人才不可替代的。在加快建设创新型国家的今天，我国人才队伍规模越来越大，但高层次人才特别是领军人才仍然紧缺。现实决定我们必须坚持高端引领、整体开发的方针，以高层次人才和高技能人才为重点，加强人才队伍建设，大力培养世界级的科学家和科技领军人才，具有国际化视野、精通国际化规则的国际化人才，具有全球战略眼光、市场开发意识、管理创新能力和社会责任感的优秀企业家，技艺精湛、掌握绝技绝活的高技能人才。

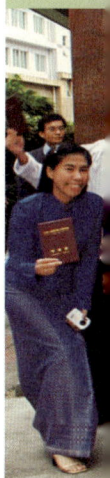

老工业基地的人才之春

　　在长春市人民大街的最南端，一所德国国际学校格外醒目，下课铃响，一群天真活泼的德国儿童正在操场游戏玩耍。路过的人不时询问"这是什么学校？""哪来的这么多外国孩子？"也有一些知情人感慨道"长春的德国专家越来越多了"，"看来奥迪车又要更新换代了"。要知道，几年前长春还没有这样的学校，为满足快速增长的国外专家子女就学需求，长春市建立了第一所国际化学校。如今的长春，美国国际学校、德国国际学校、国际幼儿园正在悄然兴起；高新技术企业、产业技术园区如雨后春笋般蓬勃发展。

　　是什么让这里发生了这么大的变化？ 2012 年召开的长春市十二次党代会给出了答案："打造人才长春，强化高端引领，构筑长春振兴发展新支点。"

长春文化广场

聚焦产业人才

——产业人才高地打造高端人才集聚平台

作为东北老工业基地核心城市之一，长春市有着雄厚的产业基础和科技优势，无数优秀人才创造了新中国的第一辆汽车、第一部电影、第一部动画、第一辆轨道客车、第一辆磁悬浮列车（实验）、第一台激光器……

20世纪末，随着国企改革不断推进，长春产业人才外流现象严重，产业一线人才占全市人才比例一度从56%降低到40%以下。为有效遏制产业人才流失，推动人才向产业一线流动，2008年，长春市重新规划人才战略，在汽车、高铁等产业建设全国领先的一级产业人才高地，依托产业优势打造人才优势；以人才大开发助推产业快发展。目前，全市已分三级建设了15个产业人才高地，聘请19位院士专家为高地首席科学家，集聚国内外产业优秀人才近10万人，与18所大学、19个科研机构和58家重点实验室联合建立了产业人才联盟，160多位专家教授进站工作，对接合作海外项目56个，联合开发出拥有自主知识产权的新产品530多种，授权发明专利占发明专利的比重达到23.7%，在副省级城市中位居前列。

这是一个现代版的"萧何月下追韩信"的故事。东北师大理想集团总裁钟绍春是长春人，留学回国准备创业。当市领导闻讯后辗转千里在深圳找到这位当时还没有名气的留学生时，他的眼睛湿润了，当

长春产业人才高地建设模型

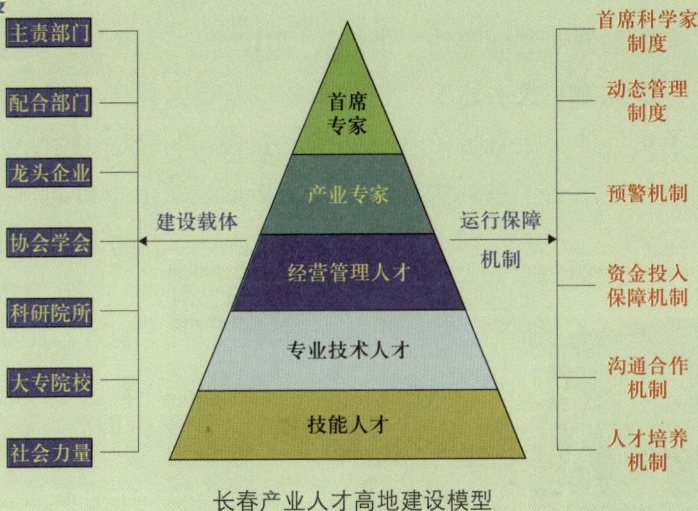

即决定同机返回家乡，并创办了东北师大理想软件集团。如今，公司已经成长为全国同行业佼佼者，正在筹备创业板上市，被国家教育部确定为数字化学习支撑技术工程研究中心，研发的 11 大系列 690 多个品种的教育软件产品，已推广到全国 48900 多所中小学校，对我国基础教育和职业教育信息化起到了引领和促进作用。

人才政策突破

——人才特区构筑人才战略制度体系

　　针对产业一线高端人才少、科技成果本地转化率低、体制机制壁垒严重等瓶颈问题，长春市委、市政府深刻地认识到，要实现人才大开发、大汇聚，必须通过更加灵活的机制来突破政策局限，实现新发展、新跨越。2010 年全国人才工作会议将机制创新作为人才发展主要指导方针之一，长春市结合实际，大胆先行先试，率先建设东北地区首家人才特区。

市委、市政府制定出台 12 条支持政策，在智力成果作价出资入股、职务科技成果转化奖励等方面进行大幅度突破，用政策这把"刀"，来切割创业利润这块"蛋糕"。2012 年，又出台了 26 条补充意见，在科技金融、技术研发、创业服务以及子女就学、护照签证等方面，给予更具体、更直接的政策支持。教育、科技、卫生、公安等部门也相继制定出台了系列优惠政策，初步形成了上下贯通、横向互补的人才政策体系。

2011 年 9 月 15 日，长春市召开"人才特区"揭牌暨命名大会，向社会发布"人才特区"系列优惠政策

政策创新为各类高层次人才在长春创业发展送去了温暖。长春禹衡光学有限公司引进的日本专家菅野和夫感叹道，"来长春之前，心里还有顾虑，来了之后有两个没想到，一个是人才政策好，能想到的都帮着办到了，二是对引进人才关怀备至，我们心里比较踏实，我准备把夫人也接到长春，还要把日本的同事介绍过来"。

现今的长春，能走上"星光大道"的不是电影明星，而是创新创业英才。2012 年 3 月 19 日，长春市命名首批入选"长白慧谷"引才计划的 14 名英才，先期给予 945 万元启动经费。

◀ 实施"双千计划"

——打造青年科技人才创新创业"磁极"

2011 年 7 月 19 日，市政府 1609 会议室里人头攒动，市人才工作领导小组成员单位正在签订"双千计划"目标责任书，准备用 5 年时间，开发培养 1000 名优秀青年科技英才，重点引进 1000 名青年创新创业人才。回顾这几年的人才工作，一位领导小组成员感慨地说："从产业人才高地，到人才特区和'双千计划'，都是围绕中心服务大局，逐步创新探索，节奏感强，眼光长远，抓住青年科技人才也就抓住了城市发展的未来。"

引才的关键是"引心"，事业才是拴心留人的根本。在强化政策突破、分工协作的同时，长春市更加注重创业平台建设，与中科院、中关村合作，投巨资建设百万平方米孵化加速园和 50 万平方米新兴产业示范园，打造东北最大创新集群和自主创新示范区；规划建设长春未来科技城，探索开展人才、科技与资本的对接实践，设立了 10 亿元的"科技成果转化基金"和 3 亿元的青年科技人才创投资金，完善科技与金融结合的投融资体系；成立了海外人才服务中心、中国留学人员之家和创业服务团队，启动第一家英文人才服务网站，为各类高层次人才提供创业辅导、项目申报、交流培训等 9 大类 27 项专业化服务。

赵柏松是美国辛辛那提大学博士，长春市"双千计划"首批入选

长春高新区新兴产业示范园

Philipp. Salveter，长春博泽汽车部件有限公司项目专家，由他领衔的项目组攻克 6 项技术难题，打破了国外技术封锁，提升了我国整车配套产品的质量

人才，他主持的细胞组织生物工程技术应用项目，一期获得资助科研经费 200 万元，短短几个月就引进海外专家团队成员 10 余人。他说："我们从国外回来，一方面是看重长春的产业基础和人才优势；另一方面是'双千计划'从政策和平台两个方面给我们营造良好创业环境，这是海外同事、同学愿意随我来到长春的根本原因。"

梧桐成林，凤凰飞来。"双千计划"实施不到一年的时间，在海内外各类人才中引起较大反响，有近万人次前来对接洽谈和政策咨询，1260 人达成引进协议，其中有 17 人入选吉林省"两创人才"计划、5 名外国专家入选长春荣誉专家、36 人入选海外人才"百人工程"、79 人申报"长白慧谷"英才计划、100 人入选长春优秀人才计划。

◀ 彰显战略成效

——高端突破成为长春市人才工作品牌

高端突破不仅是理念创新，更是执著追求，成为长春市人才工作的一张靓丽名片。《人民日报》、《大公报》、《科技日报》、《中国日报》、《光明日报》以及《今日中国》等众多媒体都曾对长春市人才的高端突破进行宣传、报道和解读。

攻克一批关键技术壁垒，推动产业走向国际前沿。长春一汽四环发动机制造有限公司总工程师韩龙信，先后研制和组织研发了具有自主知识产权的 CA4D28CRZ 型（欧Ⅲ型）高压共轨柴油机和多系列汽油、天然气、双燃料发动机，广销国内外，出口额达 40 多亿元。

长春鸿达高新技术集团有限公司董事长王欣，组织研发了全国第一套人口信息系统，开创了人口信息计算机管理之先河。他带领团队开发的指纹卡、锁和指纹保险柜等产品被列为"国家火炬计划项目"和"国家重点新产品"，多次获得国际创新大奖，在国际指纹识别领域产生了重要影响。

坚持自主科技创新，助推新兴产业发展集群。金磊是在美国获得博士论文"克莱文奖"的第一位外国留学生。由他研发的注射用重组人生长激素和重组人粒细胞集落刺激因子注射液获得卫生部新药证书、生产文号及国家发明专利证书。现在，他创建的金赛药业公司销售收入已突破亿元，成为国内同行业中成长性最好的生物医药企业。伴随长春市人才政策和创业环境的不断优化，涌现出院士召唤儿子回乡创业、教授引导学生到长春发展等感人事例。郭孔辉院士是中国汽车技术专家，中国汽车界首名院士，把在外地工作的儿子召回长春，创建长春孔辉汽车科技有限公司（长春 KHAT）。目前，公司规模不断壮大，已经在宁波、柳州和广州设立三家全资子公司。

像这样的例子，在长春数不胜数。截至 2011 年年底，长春市新建各类创业园、大学科技园、产业园区 21 个，实施高端人才开发和外国智力引进项目 206 个，共有 8100 多名科技人才走进企业、走进车间，推动了一大批新技术、新成果转化应用和落地生根，形成生物医药、光电信息、新能源和创意设计四大产业集群，为长春经济发展注入了新鲜活力。

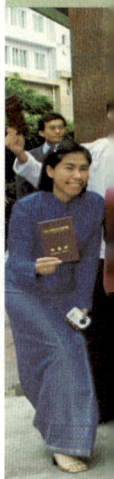

八　高端引领是人才队伍建设的战略重点

面向全球选聘
"两江学者"

　　2012 年 5 月 10 日，西南大学党委副书记徐晓黎率队前往日本，迎接决定来渝加盟家蚕基因组生物学国家重点实验室的日本著名蚕学家、日本家蚕基因组计划负责人及核心成员三田和英。

　　值得一提的是，三田博士带领的日方团队，之前一直是中国蚕学研究团队的强大竞争对手。那么是什么原因，促使双方"化敌为友"、携手合作？

重庆朝天门

答案源于 2010 年重庆启动的"两江学者"计划。这个计划旨在延揽全球顶尖学术精英，为重庆"人才强市"战略写下浓墨重彩的一笔。

家蚕基因组生物学国家重点实验室主任夏庆友，便是首批 16 名"两江学者"特聘教授之一。在该计划推动下，实验室已成为全世界蚕学领域基础研究和应用研究一流机构，先后承担国家"973"、"863"、国家自然科学基金及国际科技合作项目 100 余项，在 Science、Nature Biotechnology、PNAS、Genome Biology 等发表论文 500 余篇，申请专利 40 余项，获国家、省部级和国际科技成果奖 30 余项。

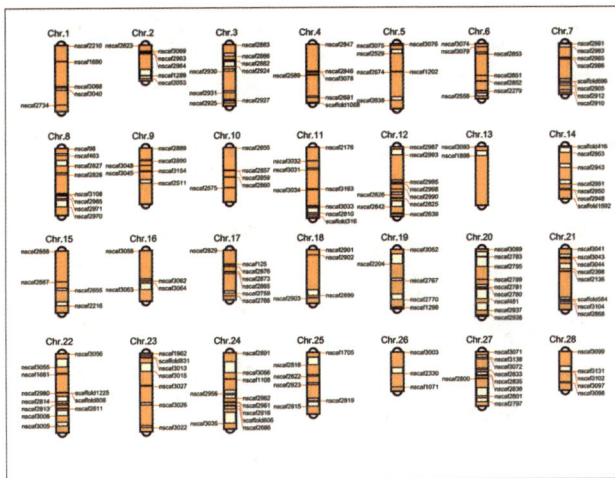

夏庆友团队绘制的世界第一张高质量家蚕基因组框架图

无论是基础研究水平与成果、技术研发产出与影响，实验室目前都稳居世界领先地位，是国际同行公认的研究中心和权威机构。具备如此影响力，自然会吸引高端人才；而"两江学者"计划的辐射效应，也由此可见一斑。

"院士工程"面向全球延揽精英

作为最年轻的直辖市，重庆一度面临高端人才后继乏力的尴尬。

2009 年，北京院士数量为 1000 多名，上海有 200 多名，天津也有 30 多名，重庆仅有 10 名。自 2003 年以来，重庆 7 年未评选产生一名院士。

同时，在渝国家级专家、国家重点学科、工程技术中心等的数

八 高端引领是人才队伍建设的战略重点

量，也与京津沪相距甚远。

作为国家 5 个中心城市之一，全国统筹城乡综合配套改革试验区，科技领军人才匮乏，科研平台层次不高，创新团队总量不足，自主创新能力不强等问题，已成为制约重庆自主创新力和核心竞争力的最大瓶颈，甚至深刻影响到重庆的可持续发展。

2010 年 3 月，经过多方研讨、反复斟酌，一个旨在通过高端引领，培育本地科研领军人物、高层次创新人才和高水平科研团队的重大人才专项应运而生——重庆正式启动"两江学者"计划，面向全球延揽精英，拟用 5 年时间，选聘 100 名顶级专家，带动建成 100 个高水平科研团队，逐步构筑西部人才高地。

相关链接

"两江学者"计划

在重庆市重点产业、重点学科、重点建设领域设立 100 个特聘岗位，用 5 年时间面向海内外公开招揽 100 名学术造诣深、发展潜力大、具有领导本学科保持或赶超国内外先进水平的特聘教授和特聘专家，建成 100 个以特聘教授、特聘专家为核心的高水平科研团队。

这一计划被视为重庆"院士工程"，启动伊始就坚持"高端引领"的制度设计——无论是政策支持、硬件配套、软件环境，全部"顶格"配置，与院士待遇非常接近：聘任期内，市财政每月给予"两江学者"计划特聘教授和特聘专家岗位津贴 5000 元，每年给予特聘教授和特聘专家所在团队科研启动经费 20 万元。

设岗单位按照不低于 2 倍即 40 万元标准进行经费配套，提供必要科研场所及条件，为特聘教授和特聘专家配备 3 名以上科研助手，为科研团队配备 1 辆工作用车，并在科研项目、人员聘用方面给予重点支持。

同时，"两江学者"计划特聘教授和特聘专家可享受安家资助、医疗保险、家属随调、子女入学、税收减免等优惠政策，退休后享受市级劳动模范待遇……

重庆两江新区

◀ 先设特聘岗位再选才

不同于过去"人才直选"惯例，重庆"两江学者"计划开辟了全新思路——先设特聘岗位，再"因岗选才"。

"重庆'两江学者'瞄准了区域发展关键节点，是一个高端引才平台。它锁定支柱产业、重点建设急需紧缺的关键人才，重点延揽居于国际科技发展前沿的领军人物和人文社科大师，以及学术造诣深、发展潜力大的高水平创新人才，强化自身发展的可持续竞争力。"参与岗位设置评审的山东大学化学与化工学院教授、博士生导师丁轶的话，道出了"两江学者"计划的深刻内涵。

2010 年 3 月，为评定首批 25 个特聘岗位，重庆市特邀 12 名市内外专家学者担任评委，就 60 家单位报送的 95 个设岗申请，开展"面对面"PK。申请方逐一陈述优势，特别是未来发展潜力和带动效应。

最终设定的岗位，集中在电子信息、汽车摩托车、石油天然气化工、装备制造、新材料、新能源等重点产业和战略性新兴产业领域，机械工程、电气工程、生物医学工程等重点学科领域，均事关重庆发展的宏伟蓝图。

2010 年 7 月 30 至 31 日，"两江学者"计划中最关键的一轮 PK拉开大幕——来自各领域的 133 名申请者接受专家评审，争夺 25 个特设岗位的最佳人选位置。

八　高端引领是人才队伍建设的战略重点

西南大学与罗凌飞教授（右一）签订工作合同

评审组由中国工程院院士张祖勋、周宏灏领衔。两位院士都表示，这次评审是"重庆选拔高层次人才的标杆"，将综合各方因素评定人选，宁缺毋滥，绝不会搞平衡或者"等额评审"。

同时，选拔计划全程坚持"阳光操作"，邀请新闻媒体全程参与，并在答辩环节全程录像。评委现场抽取具体评审题目，规避了所有暗箱操作的可能，确保真正遴选出最适合人选。

为了创新评选机制，市委组织部专门开发了基于 Internet，具备申报、评审、管理功能的中英文专家管理信息系统（EMIS）。竞聘专家通过系统申报，设岗单位、主管部门通过系统初审、复审，评委通过系统在线评审，实现全流程软件操作，确保全过程公正透明。

32 岁的罗凌飞是所有竞争者中最年轻的。这位国家"973"项目中最年轻首席科学家坦率地说，"两江学者"标准越高，要求越严，越能使科研项目更快对接或赶上国际尖端水平。他竞争的发育生物学岗位，就主攻器官再生这个非常前沿的科技项目："我们实验室希望借助'两江学者'平台，力争 2012 年获取'国家重点学科'、'国家重点实验室'等称号，为重庆生物学领域再添一个'拳头'项目。"

8 月 2 日，16 名最终入选的待聘名单出炉公示，其中有海外学习和工作经历者 9 人，英国、加拿大籍各 1 人。罗凌飞也名列其中。

"相信他们会成为推动重庆新一轮科技创新发力的'引擎'。"张祖勋充满信心。

创新团队助推学科发展和产业优化

经过近两年重点培育，"两江学者"计划就充分显示出其培养学术界顶尖人才和孵化高水平创新团队的引领作用，不断增强重庆科技创新的核心竞争力，助推高精尖学科发展和支柱产业优化升级。

依托"两江学者"计划，带动重庆引进中国科学院院士孔祥复、加拿大皇家科学院院士王玉田等海内外学术精英 57 人。

王家序、廖瑞金等 7 人被聘为教育部"长江学者"计划创新团队带头人或"973"项目首席科学家。宋伟宏入选国家"千人计划"，并荣获 2010 年"国家友谊奖"；杨培增、柴贺军、王学峰等 9 人荣获省部级一等奖以上成果奖励。

英籍"两江学者"特聘专家 Antony James Bannan 主持研发的系统磨齿机床，帮助重庆机电集团实现经济效益 3100 多万英镑。

长安汽车公司汽车工程研究院副院长、动力总成开发中心主任詹樟松，主持开发混合动力专用发动机——ATKINSON（阿特金森循环）发动机，成功开发出样机，突破了丰田新能源动力开发技术壁垒。

西南铝业集团有限责任公司高级工程师林林，成功开发汽车散热器高频焊管用铝合金钎焊带材工艺技术，实现利润近 1000 万元。

重庆机床集团海外分公司 Holroyd 公司总工程师、技术总监 Antony James Bannan（右一），在实验室开展 GTG2 磨齿机磨齿实验

第三军医大学病理学研究所所长、第一附属医院病理科主任卞修武教授主持的"胶质瘤血管生成的细胞与分子机制研究"项目，获中华医学科技奖一等奖；

宋伟宏教授（中）组建"认知发育与学习记忆障碍转化医学"重点实验室，率团队集中攻关 BACE1、BACE2 重大科技项目

西南大学生命科学学院教授、博士生导师罗凌飞主持的"鱼类发育的形态学和分子机制研究"项目，获重庆市自然科学一等奖……

　　加拿大不列颠哥伦比亚大学（UBC）校长特别助理、加拿大老年痴呆症首席研究员、UBC 汤森老年痴呆症研究中心主任宋伟宏，如今正致力于在重庆医科大学附属儿童医院，建立全球最大的"唐氏综合症"资料库，并积极筹备建立转基因疾病模式动物研究基地。此外，宋伟宏还全力促成了全球领先的医疗企业罗氏公司与重庆儿童医院开展"儿童呼吸道合胞病毒的分子流行病学研究"合作，推动加拿大不列颠哥伦比亚大学（UBC）与重庆医科大学达成全面合作协议，建立在教学资源、合作科研、教师互访、学生交流等多层面、全方位的合作伙伴关系。

　　"引入'两江学者'，拓展了我们的引才用才视野，加强了我们医院的国际化交流合作，促进了高层次人才梯队建设和医院又好又快发展。"儿童医院院长李廷玉表示。

小高地
集聚大人才

　　地理位置偏僻，条件十分简陋，员工大多是初中或高中毕业的种植工人，总共只有两名研究生……10 年前，广西药用植物园是西部地区众多企事业单位中一个典型的"人才荒地"。短短几年过去，如今，这里已经建成亚太地区规模最大、种植品种最多的专业性药用植物园，广西首个国家工程实验室——西南濒危药材资源开发国家工程实验室在此落户，300 多名专业技术人员中包括 30 名博士、70 多名硕士，柔性引进了包括 5 位院士在内的 33 名国内外顶尖专家作为客座教授。中国工程院院士、广西药用植物园名誉主任肖培根教授深有感触："广西药用植物园能有今天，与广西中药材良种繁育人才小高地建设分不开！"

　　从"人才荒地"到"人才小高地"，从行业内默默无闻转变成高层次人才眼中的"香饽饽"，广西药用植物园的变化只是广西人才小高地建设取得显著成效的缩影。2004 年以来，广西着眼于高层次人

广西龙脊梯田

广西人才小高地

人才小高地是广西高层次人才开发工作的重要抓手。它是集中全区各方力量，采取特殊政策和措施，以重点产业、重点项目、重点学科和优势企事业单位为依托，吸引、集聚和培养高层次人才并有效发挥人才作用的人才"小特区"。2004年以来，广西已建立4批42个自治区级人才小高地。

才的重点开发，坚持建设人才小高地，实现了显著的人才集聚效益、科技促进效益、产业发展效益和社会示范效益。

谋划高层次人才开发突破口

2003年10月8日，中国—东盟博览会会址永久性落户广西首府南宁。与好消息接踵而至的，却是一道道迫在眉睫的人才难题：要举办这样的国际盛会，广西本土连一个合格的同声传译人员都没有！不仅如此，广西在盘点自身人才资源时发现，无论是熟悉会展策划、组织和管理的专业人才，还是掌握现代企业管理、市场开发和品牌推广的经营人才，都奇缺！

新时期广西区情最显著的变化，就是成为向东盟对外开放合作的前沿和窗口，成为连接多区域的国际大通道、交流大桥梁、合作大平台。面对汹涌而来的发展机遇，广西人才紧缺特别是高层次人才严重匮乏成为加快发展的最大瓶颈。无论是着眼于当前及未来发展需要，还是紧跟经济全球化步伐，广西都必须在"人"上做文章，开启新思路，突破并解决广西发展的人才"短板"。

作为西部少数民族边疆省区，广西的现实是经济实力、科研水平、人才基础都比较薄弱，要想大规模、全方位地推进高层次人才队伍建设，难度很大。"全面开花"不可能，重点突破就成为必然的选择。2004年，自治区党委、政府下发《关于进一步加强人才工作的决定》

和《关于建设广西人才小高地的意见》，提出通过产业依托，发挥比较优势，集中有限人力、财力、物力，在局部地区、部分领域建设"小而精、小而优、小而强"的"人才小高地"，力求以"小高地"的重点建设，实现高层次人才资源开发的重点突破，进而带动人才的大量集聚、产业的转型升级以及科研水平的明显提高。

2004 年 8 月，第一批 13 个自治区级人才小高地经自治区党委、政府批准正式挂牌建设。8 年时间稳步推进，目前广西已有 42 个自治区级人才小高地，103 个市级人才小高地，人才小高地由点到线到面，在区域、行业、产业中合理布局和结构优化，为广西在未来 10 年逐步构建西部地区重要的人才集聚区和面向东盟为重点的区域性国际人才高地构建了框架、奠定了基础。

如今，在广西促进中国—东盟自由贸易区建设人才小高地的支持下，连续成功举办 8 届的中国—东盟博览会已成为"中国十大国家级品牌展会"，广西培养的东南亚非通用语种高级同传翻译人才已成为

广西促进中国—东盟自由贸易区建设人才小高地，既从东盟国家引进急需紧缺专门人才，也为东盟国家培养了一大批人才

八　高端引领是人才队伍建设的战略重点

服务众多外事活动的主力军。

打造高层次人才集聚平台

广西人才小高地建设，在自治区党委人才工作协调小组统一指导下，由自治区党委组织部、人社厅会同有关部门具体组织实施。政府职能部门和载体建设单位心往一处想，劲往一处使，共同的目标就是打造促进高层次人才大量集聚和充分发挥作用的特色平台。

"申报小高地，既是单位实力的展示，也是对人才工作的考验，不容易！"广西华蓝设计（集团）公司人才资源总监何新走出第四批自治区级人才小高地评审的答辩会场时感叹。

第四批自治区级人才小高地的申报条件依然较高：申报载体在学

相关链接

广西高层次人才开发格局

从广西壮族自治区重点产业、重大项目、重要科研创新平台和优势企事业单位需要出发，争取用10年时间，努力构建起以100名左右"八桂学者"为引领、以200名左右各行各业特聘专家为主体、以人才小高地创新团队为基础、以海外引进人才为重要补充的高层次人才开发新格局。

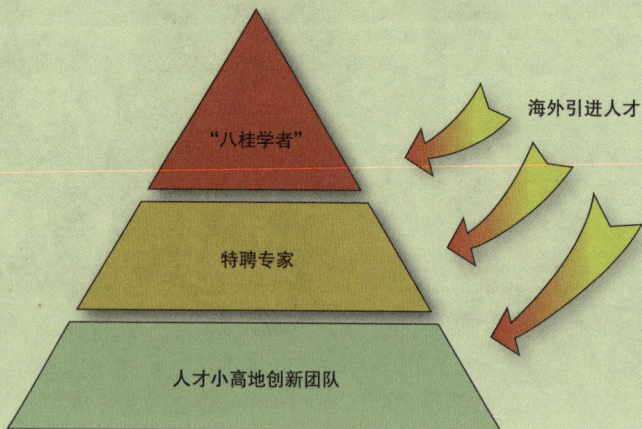

"八桂学者"

特聘专家

人才小高地创新团队

海外引进人才

术技术或产品研发上应当具有"区内龙头"的水平，有在本行业处于全国一流的学术技术带头人，高层次人才相对密集。政策的重点向自治区重点产业、重大项目、重要科研创新平台和优势企事业单位倾斜。

竞争仍然激烈。经过申报和初筛，各市各行业主管部门共推荐 45 个候选单位。自治区人力资源和社会保障厅组织有关部门领导和专家对候选单位进行评议，到申报单位

到广西挂（兼）职的干部成为人才小高地建设的重要资源

实地核查，产生了 16 个候选小高地进入终评。2011 年 9 月 16 日，自治区党委人才工作协调小组召开评审委员会会议，听取申报单位负责同志就小高地建设目标、建设方案、预期效益和保障条件等问题现场答辩。最终，评委投票产生了第四批 10 个自治区级人才小高地，其中，华蓝设计（集团）公司申报的广西城乡规划与建筑设计人才小高地全票当选。

有了高的起点，还需要有系统的政策措施推动人才小高地向更高层次发展。自治区在财政税收政策方面，设立人才小高地专项资金，专项支持人才小高地的人才培训、能力提升、成果奖励、贷款贴息以及补贴载体单位引进人才；在人事管理和分配政策方面，允许人才小高地建设单位根据市场规律探索创新，给予更大的分配自主权和用人自主权；在科研课题申报、创新平台建设、人才培养工程等项目安排上，人才小高地建设单位都能享受重点支持。

小高地建设实施项目化管理，每个小高地都要研究制定项目化管理方案，建立管理机构、主管部门、载体单位、人才团队，就如现代工程项目的发包方、监理方、承包方和分包方一样，相互签订协议，

定期进行考核。考核内容包括引才引智、人才培养、环境建设、科研创新、新增效益等一系列指标，考核结果直接与下一年度的支持经费挂钩。

人才小高地建设进一步激发了载体单位开发人才资源的内生动力。近年来，各载体单位累计出台人才引进、培养、激励政策350多项，自治区财政1.5亿元的专项资金投入，撬动各建设载体单位累计投入近30亿元加强人才小高地建设。

特色的项目和管理，特殊的政策与支持，为人才小高地造就了独特的比较优势。广西软件研发人才小高地汇集了广西60%以上的软件企业和80%以上的软件研发管理人才，管理人员黄飞说："有了人才小高地，支持的力度大多了，创新的空间宽多了，很多企业和人才就冲着小高地的牌子，入驻南宁软件园！"

广西亚热带生物工程人才小高地获批成为广西高校首个国家重点实验室

人才引领富民强桂新跨越

梧桐叶茂引凤凰。2009 年，地处右江河谷革命老区的广西百色现代农业人才小高地柔性引进了一位"国宝"：袁隆平院士及其科研团队在这里建起了国家杂交稻工程技术研究中心东盟分中心。他说："广西这个平台，对于超级稻向东南亚推广是非常好的！"

经过 8 年建设，广西人才小高地已经成为高层次人才的"吸铁石"。作为广西重要的引才引智平台，前三批 32 个自治区级人才小高地，集聚博士 575 名、正高职称人员 468 名，柔性引进高层次人才近700 名，自治区首席院士顾问累计达到 66 位。目前，广西正在实施人才小高地建设提升工程，积极鼓励人才小高地申报广西更高层次的人才支持计划。2011 年，广西面向海内外公开选聘首批"八桂学者"27名、特聘专家 31 名，在 42 个自治区级人才小高地中有 23 个小高地推荐的 38 名高端人才入选。广西初步形成以人才小高地团队为基础、特聘专家为骨干、"八桂学者"为引领的高层次人才开发新格局。

高层次人才的快速集聚，有力促进了广西的科研创新和产业发展。在各个人才小高地的支持培育下，广西在一些重点特色领域，比如亚热带农业生物资源保护与利用、西南濒危药材资源开发、有色金属节能冶炼、特种新材料研究等方面的研发水平显著提高，国家重点实验室、重点学科、工程技术中心等高层次科研平台逐渐增多。2011年，广西各高校、企业、科研院所累计争取到国家自然科学基金资助项目 401 项，增长幅度位居全国前列；全区 23 个千亿元产业研发中心获得新研发成果 2007 项，授权专利 829 项，参与制定各类技术标准 580 项。借助自治区级人才小高地的人才与科技支撑，柳州工程机械股份有限公司、玉柴机器股份有限公司、上汽通用五菱汽车公司等一批骨干企业自主创新能力不断增强，在行业中稳居领先位置。糖料蔗、桑蚕、木薯、木材等行业大力开发推广新品种、新技术，延伸产业链，在全国产量领先。

学术名师与
世界一流大学

　　2010 年 1 月 6 日，《纽约时报》刊登文章——《对抗趋势：中国吸引海外科学家归国》（Fighting Trend, China Is Luring Scientists Home），讲述了清华大学生命科学学院院长施一公辞去普林斯顿大学教职，婉拒千万美元科研资助全职回国的事迹。文章一出，在国内外引起广泛关注与热议。

　　回首归国后的历程，施一公说："一种踏实的归属感使我每天都很充实，总感到有使不完的劲儿。"的确，清华大学的爱才之情和浓厚氛围深深吸引着他，他的创新热情在这里释放，理想抱负在这里实现。

在清华，这样成功引进海外高层次人才的例子不胜枚举。本着"一流、竞争、流动"理念和引育并举的思路，学校先后成功引进了杨振宁、姚期智、钱颖一等具有重大国际影响的学科带头人和领军人才，

清华大学引进高层次人才情况

截至目前，清华大学入选国家"千人计划"72人（含调入）。入选"青年千人计划"28人。在职教师中从海外引进的教师近800人。共有130人入选"百名人才引进计划"，451人入选"高级访问学者计划"，聘请讲席教授团组34个。

培养出一大批潜力大、后劲足、奋发拼搏的优秀年轻人才，为打造国际化、高素质的教师队伍，创建世界一流大学奠定了坚实的人才基础。

◀ 依托国家"千人计划"，打造高层次人才引进的快速通道

施一公曾撰文表示："国家'千人计划'的实施使我的归国之路更为顺畅，我很荣幸入选首批国家'千人计划'特聘专家。我感谢党和国家的信任，感谢清华大学为我提供难得的机遇和良好的工作条件，使我回国终于梦想成真！"

清华大学对高层次人才引进工作非常重视，国家"千人计划"启动实施后，学校多次召开会议，传达精神，部署工作。校党委书记胡和平、原校长顾秉林等曾先后多次率团赴欧美等国家开展项目交流和人才引进活动，一个高层次人才引进的热潮勃然兴起。

为使引进人才解除后顾之忧，放开手脚投入教学科研一线，学校创造条件为他们的工作生活提供便利。对"千人计划"教师，除兑现协议年薪、住房、科研经费、实验室、团队建设等条件外，还主动帮他们解决办理医疗证、永久居留证、多次往返签证、进京户口、子女就学等实际问题。为了帮助解决国家"千人计划"引进教授境外科研仪器运回国内等手续问题，学校多次和海关沟通联系、起草报告，保

八　高端引领是人才队伍建设的战略重点

证科研工作正常开展。在科研经费和管理方面，也是特事特办，采取院（系）主要负责人审核、学校批拨的形式，根据学科特点结合特殊需要特殊审批，确保科研经费及时落实到位。

在充分依托国家"千人计划"和教育部"长江学者奖励计划"、"春晖计划"等政策支持的基础上，清华大学还自筹资金先后启动了"百名人才引进计划"、"高级访问学者计划"、"讲席教授组"计划，重点吸引海外优秀人才。2005年起面向全球公开招聘教授、副教授，2007年年底出台了《清华大学高层次人才队伍建设计划实施办法》，使高层次人才队伍建设常态化、制度化。

相关链接

长江学者奖励计划

为落实科教兴国战略，延揽海内外中青年学界精英，培养造就高水平学科带头人，带动国家重点建设学科赶超或保持国际先进水平，1998年8月，教育部和李嘉诚基金会共同启动实施了"长江学者奖励计划"。"长江学者奖励计划"包括特聘教授、讲座教授岗位制度和长江学者成就奖。该计划推出以来，成效显著，硕果纷呈，在海内外引起了强烈反响和普遍好评，已经成为国家重要的高层次人才计划。

开辟学术特区，打造高层次人才发展的事业舞台

人才的发展需要事业平台。理论计算机科学研究中心、数学科学中心、燃烧能源中心、结构生物学中心……随着一批批高层次人才的到来，一个个面向学术前沿，为高层次人才施展才智和抱负的舞台陆续搭建起来。

如今，姚期智领衔的理论计算机科学研究中心已经发展成为交叉信息研究院，下设四个研究中心和四个国际联合中心，正致力于在计算机科学与技术和物理学两大学科方向上开展交叉建设，推动理论计

姚期智介绍中国图灵之路

算机科学和量子信息科学的发展，培养具有国际竞争力的拔尖创新人才。施一公领衔的结构生物学中心成为世界上最优秀的生物物理和结构生物学研究中心之一。丘成桐教授领衔的数学科学中心和罗忠敬院士领衔的燃烧能源中心也都吸引了大批具备国际一流水平的专家学者，正在致力于成为国际一流的科学研究中心和人才培养基地。

学校还分别任命从美国伯克利加州大学引进的钱颖一教授、彭凯平教授为经济管理学院院长和心理学系主任；任命从美国约翰斯·霍普金斯大学引进的王小勤教授为生物医学工程系主任……这些都是清华大学为各类引进人才搭建全面发挥作用的事业舞台的举措。

为营造良好学术环境，学校加强学科平台建设，以学术特区制度保证国家"千人计划"专家教学科研工作的迅速开展。在团队梯队建设中，进行高水平团队青年人才引进及聘用试点，设立特别研究员、特别副研究员等岗位，一批教学科研新秀脱颖而出。

广阔的事业平台，良好的生活待遇，清华大学更加注重营造浓厚的人文环境，通过开展多层次、多形式的学术交流，不断加强师德建设，在教师中形成追求真理、勇于探索、相互尊重、真诚协作的学术氛围。

八　高端引领是人才队伍建设的战略重点

坚持人才强校，助推学校各项工作快速发展

在 2011 年 11 月召开的清华大学人才工作会议上，校党委书记胡和平说："人才是清华大学的立校之本、兴校之基、强校之源。"海外高水平人才的加盟，使清华大学在学科建设、管理体制改革、人才队伍建设等方面发生着前所未有的变化。

施一公（中）在辅导学生

在国家和学校的大力支持下，施一公和他领导的生命科学学院，先后承担了国家"973"项目"与重要疾病相关膜蛋白的结构和功能"及北京市、自然基金委等多个重要科研项目。在世界顶尖学术期刊《科学》、《自然》和《细胞》上发表了 10 篇论文，他的团队迅速成为世界上最具影响力的结构生物学实验室之一，结构生物学中心经过 4 年的建设，已经成为世界一流的结构生物学研究中心。他本人先后获得国家杰出青年基金、国际赛克勒生物物理学奖、香港求是基金会杰出科学家奖、谈家桢生命科学终身成就奖、华人生物学家协会颁发的

吴瑞奖（终身成就奖）。"膜蛋白的结构与功能"项目入选年度"中国高校十大科技进展"。

从德国归来的王力军

清华大学校领导与青年教师交流

教授来到清华后成为物理系和精仪系的双聘教授，并兼任科研院副院长。2009 年，他联合清华大学与中国计量科学研究院成立"精密测量联合实验室"，在科研上秉承"顶天、立地、育人"的传统，其科研方向如超高精度原子钟、精密时间信号同步等，直接面向我国"北斗卫星导航系统"并为之服务。他的研究成果"原子时信号的精密传输与同步"已通过国家质检总局的成果鉴定。

国家"千人计划"专家危岩教授，于 2011 年成为"973"纳米仿生能源专项首席科学家，获得 2012 年自然科学基金委高分子重点项目基金。从 2010 年 1 月至 2012 年 4 月，危岩及合作者们共发表了 69 篇 SCI 学术论文，其中以清华为第一单位的 6 篇，为第二、三单位或通讯作者的 32 篇，年平均被引用约 1200 次，H 指数从 2009 年的 42 增至 2012 年 4 月的 52。

大批海外归国人才在人才培养和教学改革方面也纷纷倾注心血。在生命科学学院，施一公大力倡导并实施人事制度改革，2010 年 6 月清华大学通过了《生命科学学院人事与聘任管理办法》，推行与国际接轨的、以具有流动性的 Tenure track 系列为主体、以"国际化、竞争性、高效率"为原则的人事制度。在他的影响带动下，50 余名优秀人才来清华大学全职工作。在经管学院，人才引进是钱颖一院长唯一分管过的专门工作，他基于二十多年在国外的学习工作经历和教学科研经验，凭借对国际高端人才流动特点的深刻认识，把尊重规律、灵活机制和严格程序三者结合起来。学院建立了学术假、年薪

八　高端引领是人才队伍建设的战略重点

制、青年教师座谈会、教师人事管理与职员人事管理分离、讲席教授等制度,吸引、培养和集聚了大批人才,形成了"家有梧桐树,引得凤凰来"的生动局面。

九 大力引进海外高层次人才

　　大力引进海外高层次人才，是党中央根据党的十七大精神，统筹国内国际两个大局，为更好实施人才强国战略、建设创新型国家作出的一项重大战略决策。为了吸引和用好海外高层次人才，满足大家回国创业、报效祖国的愿望，2008 年年底，国家制定和实施了"千人计划"，并不断拓展延伸，已经形成了包括创新人才长期项目、创业人才项目、青年项目、创新人才短期项目、外专项目、顶尖人才项目和人文社科项目等 7 个子项目在内的引才体系。全国 29 个省区市及东部经济较发达的市、县实施各自的海外人才引进项目，如，北京市实施了"海外人才集聚工程"，上海市启动了"上海千人计划"，江苏省实施了"万名海外高层次人才引进计划"，广东省实施了"珠江人才计划"，浙江省实施了"海外高层次人才引进计划"，无锡、武汉等城市也实施了引才的"530 计划"和"3551 计划"，目前累计引进海外人才 2 万多人。

"千人计划"树立国家引才品牌

10 年前，在美国，留学生见面，会相互询问"什么时候毕业？""找到工作没有？""买了房子没有？"一般不会有人问"准备什么时候回国？"如果你跟别人说，你要回国了，对方在惊奇之余，大半会猜想你是在美国混不下去了。而现在，他们说得最多的一句话是：你怎么还没回国呀？

变化是如何发生的呢？有分析说，"真正能吸引留学人员归国的，不是别的，是发展的机会。"同时，更多的人认为，这与2008

相关链接

RECRUITMENT
PROGRAM OF GLOBAL EXPERTS

海外高层次人才引进计划（简称"千人计划"），主要是围绕国家发展战略目标，从 2008 年开始，用 5 到 10 年，在国家重点创新项目、重点学科和重点实验室、中央企业和国有商业金融机构、以高新技术产业开发区为主的各类园区等，引进并有重点地支持一批能够突破关键技术、发展高新产业、带动新兴学科的战略科学家和领军人才回国（来华）创新创业。

年中国实施的"千人计划"，为海外高层次人才提供回国创业机会有着直接关系。

九 大力引进海外高层次人才

"千人计划"实施 3 年多来，国家层面已分七批引入海外高层次人才 2263 名，全国 29 个省区市及东部经济较发达市、县实施各自的海外人才引进计划，3 年来累计引进海外人才 2 万多人。

▶ 一项高层次的引才计划

2008 年 12 月，中共中央办公厅下发《中央人才工作协调小组关于实施海外高层次人才引进计划的意见》，决定实施"千人计划"。

3 年多来，中组部会同人社部、教育部、科技部、国资委、人民银行等部门，开始建立工作体系，完善优惠措施，拓展引才渠道，指导、支持国内高校、科研机构、企业、金融机构等用人单位，引进海外高层次人才。"千人计划"作为中国目前最高层次的海外人才引进计划，得到海外留学人员的热烈响应。

2011 年，中央组织部人才工作局、海外高层次人才引进工作专项办委托专业调查机构进行了问卷调查。调查样本对象包括"千人计划"创新人才 394 人、创业人才 188 人、人才家属 256 人、公众 900 人、用人单位领导 1508 人和国内人才 2156 人。调查结果显示，"千人计划"实施成效得到被访者的高度肯定。

相关链接

我国高速发展为"千人计划"人才提供更多机会

人才回国主要原因	创新人才	创业人才
报效祖国，为祖国的科研事业出力	86.5%	78.7%
中国处于高速发展期，回来发展机会更多	68.3%	79.3%
落叶归根的情感，寻找归属感	42.6%	35.6%
亲情和友情原因	34.3%	19.7%
中国文化的吸引	24.6%	11.7%
国内科研条件更好	2.5%	0.5%
国内收入待遇较稳定	1.3%	0.5%

"千人计划"国家特聘专家、浙江贝达药业有限公司董事长丁列明博士，带领包括十多位海归博士在内的研发团队自主研发了国家一类抗肿瘤新药——盐酸艾克替尼。该药是中国第一个小分子靶向抗癌药，填补了国内空白，有可能改变靶向抗癌药依赖进口药的局面。并且，与进口产品头对头的临床研究证明，盐酸艾克替尼的整体疗效和安全性均优于进口对照药。"我们做了一件在美国做不到的事情，而在祖国我们做到了，实现了自己的梦想，也更好地实现了自己的价值。"回首来路，丁列明十分感慨。

丁列明博士成功研制抗癌新药

在"千人计划"的示范下，各地以引进海外人才回国创新创业来推动经济结构转型升级。相应地，近年来留学回国人数连创新高。据统计，2008年海外留学人员回国6.93万人，2009年就突破10万人，2010年这一数字更升至13.48万人，国家建设对海外人才的吸引力日趋增强。

一套高效的制度体系

打开http://www.1000plan.org/网页，"祖国需要你们，祖国欢迎你们，祖国寄希望于你们"一行红字煞是醒目。这个被誉为"最权威的海外人才回国、来华工作网站"的"千人计划"官方网站，时时刻刻面向海内外宣传推介包括"千人计划"在内的国家和地方的引才政策、消息、环境等信息。

这只是"千人计划"表达求贤若渴心情的一个镜头。事实上，自计划启动以来，在中央领导同志的重视下，中组部会同人社部、教育部、科技部、国资委、人民银行等"千人计划"平台牵头单位通力协作，拓宽引才思路，不断搭建平台，从制度、机制层面为计划的实施提供保障。

相关链接

「千人计划」引才体系

- 创新人才长期项目
- 创新人才短期项目
- 创业人才项目
- 青年"千人计划"项目
- 顶尖人才与创新团队项目
- 外国专家"千人计划"项目
- 人文社科项目

中组部人才工作局设立海外高层次人才引进工作专项办公室，专门负责"千人计划"的组织实施。富有趣味的是，这个专项办的主任本身也是一位被引进的对象——"千人计划"首批专家、英国皇家工程院院士宋永华博士。"这一举措无疑大大拉近了'千人计划'与拟引进人才之间的距离，是典型的用'以才引才'方式推动工作。"中科院—清华大学国情研究中心主任胡鞍钢评价。

为确保引才质量，中央有关部门建立了一套"三级评审制度"，即部门初审、平台评审（同行评审）和专家顾问组终审，组织国内顶尖专家为"千人计划"把好关。其中，专家顾问组的评审组织工作由专项办负责。因专项办同现有教育、科技、产业等领域单位直接工作联系较少，在组织评审时较为超脱，可以较好地避免同类评审中讲人情、讲面子、拉关系等行为，确保评审的客观公正。

新生事物总是在逐步完善中走向成熟。"千人计划"受到的关注多，收到的意见建议也多。在引才过程中，中央有关部门非常注意听取各方面意见建议，及时调整评审工作。比如，针对各层次海外人才希望以多种方式参加"千人计划"问题，有关部门就陆续启动了创新人才短期项目、"青年千人计划"项目、顶尖人才及其团体引进项目、人文社会科学项目以及"千人计划"高层次外国专家项目，形成了较为完备的"千人计划"项目体系；同时，也很注意在评审工作中既坚持标准又不死抠引进人才的年龄、学历、资历等，重点看能力水平、听专家意见。

"国家特聘专家"制度的设立，为引进人才创造了良好的工作、生活条件。中央人才工作协调小组为"千人计划"引进全职回国工作的专家授予"国家特聘专家"称号，并明确了相应的良好工作、生活条件。为帮助他们解决生活上的后顾之忧，各省区市设立"千人计划"服务窗口，按照"一站式"服务、全程代理的方式，为引进人才办理出入境、居留、落户、子女入学、配偶安置、医疗、保险、住房、税收等各项政策待遇的手续。同时，北京大学、中关村科技园区等112家企业、高等院校、科研机构和地方高新园区，还建立海外高层次人才创新创业基地，集中引进海外高层次人才和团队，探索实行国际通行的科学研究、科技开发和创新创业机制，形成有利于引进人才发挥

相关链接

国家特聘专家

国家特聘专家是党和国家为引进海外高层次人才专门设计的一项制度。获得"国家特聘专家"称号的海外引进人才，在参加国家重大项目、申请资金支持、参与决策咨询、办出入境手续、定薪酬待遇和子女入学、配偶安置、医疗、保险、住房、税收等方面，可以享受特殊优待政策。

九 大力引进海外高层次人才

作用的环境和氛围。

此外，大连"中国海外学子创业周"、广州"留学人员科技项目交流会"、"千人计划"太湖峰会等引才活动的推广，也增强着"千人计划"对海外人才的吸引力和影响力，成为海外人才和国内用人单位联系接洽的平台。

一批令人关注的成果

"千人计划"实施以来，在海内外学术界乃至社会相关方面引起了较大反响。美国《华尔街日报》、英国《金融时报》、美国《科学》杂志等都曾报道"千人计划"实施和进展情况。2010 年度世界经济论坛发布的"应对全球人才风险报告"，将中国实施"千人计划"作为应对全球人才风险的重要经验。

这个已经实施了 3 年多的引才国家品牌，到底收效几何？

2010 年上半年，中组部人才工作局、海外高层次人才引进工作专项办曾委托专业调查机构进行了问卷调查。结果显示，"千人计划"实施成效得到被访者的高度肯定。

引进人才回国（来华）工作后，积极承担国家和地方的重大科技项目，带领团队进行技术攻关，部分已担任国家（重点）实验室、高校院系或企业研究部门负责人，在突破关键技术、发展高新产业、带动新兴学科、推进教育科技人才机制创新等方面发挥了重要作用。

一批标志性的原始创新成果开始浮出水面。"千人计划"国家特聘专家、中国科学技术大学教授潘建伟带领研究团队成功实现了世界上最远距离的量子态隐形传输，比原世界纪录提高了 20 多倍，为最终实现全球量子通信网络奠定了重要基础。

清华大学生命科学学院院长施一公带领的研究团队成功解析了世界上第一例细胞凋亡小体的三维空间结构、第一例甲酸离子通道蛋白复合体的高分辨率空间结构、第一例蛋白降解复合体的三维空间结构，在国际生命科学领域产生了重要影响。

一批制约产业发展的重大关键技术被攻克。展讯通讯（上海）有

相关链接

"千人计划"的实施在海内外引起较大反响

2011 年 2 月 2 日，美国《华尔街日报》针对奥巴马总统 1 月 26 日发表的国情咨文讲话，刊发署名文章《让千名人才发挥所长》，此文被亚太地区多家有影响力的媒体转发。文章以中国实施"千人计划"为例，对比中美两国政府在提高人才竞争力和科技创新力等方面态度的差异。

大力引进海外高层次人才

限公司李力游博士研发的 TD—SCDMA 核心芯片，为推动国家自主标准 TD—SCDMA 的正式商用起到了重要作用；兵器工业集团季华夏博士主持建成我国第一条"主动式 OLED 微型显示器生产线"，使中国成为全球第二家能生产该类产品的国家……不仅如此，在"千人计划"的"刺激"下，一批高新技术企业发展壮大，创业企业集中在信息技术、新能源、新材料、生物医药、节能环保等产业领域，发展神速，已成为中国战略性新兴产业的一支重要生力军。

"千人计划"专家的回国，带动了一大批海外优秀人才回流，在国内形成了一批以"千人计划"专家为核心的高水平创新团队，特别在生命科学、电子信息等领域，正成为国际知名专家集聚和高水平人才成长的重要阵地。陈十一担任北京大学工学院院长后，发挥自身学术影响力，引进了包括 6 位"千人计划"专家在内的 60 多位国内外杰出人才，塑造出湍流与复杂流动领域国际一流的研究团队；中国商飞引进了李东升等 6 名"千人计划"专家，并以他们为核心吸引 443 名海外人才投身我国大飞机的研制工作……一批具有世界水平的创新团队开始落地生根。

更深层次的变化，来自于科研、教育和人才工作机制的改革创新步伐加快。"千人计划"专家充分发挥熟悉国际通行的科技开发、科研管理和人才体制机制的优势，积极在所在单位推进改革创新。这种变化也将进一步推动相关体制机制的改革创新。

"整团队成建制"引才模式

　　2011 年，诺贝尔生物学或医学奖得主克雷格·梅洛教授，带领基因沉默技术与治疗研发团队落户广东，并入选广东省引进第二批创新科研团队。2012 年，"基因沉默技术与治疗研发团队"研发的基因沉默试剂和生物农药成为我国基因沉默产品市场第一品牌，占据全国80%的市场份额，已销往美国、日本和中国香港等国家和地区。梅洛教授坦言，他之所以在科研黄金时期选择广东，是因为"广东省吸引人才的政策和生物技术制药产业发展的良好基础，能为他带领的团队提供更好的发展平台和机遇"。

　　2009 年起，广东省面向海内外发出"英雄帖"，以前所未有的力

广州珠江

九　大力引进海外高层次人才

度引进创新科研团队，3 年多以来，先后引进 3 批 57 个团队，包括 4 名诺贝尔奖获得者、2 名诺贝尔奖评委等近千名高层次人才。目前，这些引进团队已申请专利近 2000 项，制定国际和国家标准各 1 项、行业标准 9 项，在《自然》、《科学》及其系列杂志发表论文 17 篇，开发新产品 60 多个，其中 8 个成功进入市场，带动新增产值超千亿元。

▶ 要回国就整个团队一起回

"我们是互相补充的整体，如果要回国，就每个人都辞去英美大学重点实验室的工作，整个团队回来，否则就一个都不回来。"这是"光启团队"成员回国前就已达成的共识。团队在与国内一些单位商谈回国事宜时，大多数单位都要求单独引进个人，广东推出团队引才计划，让他们得偿所愿。

单个人才引进后，往往会遇到环境融合、人员配套、合作基础等问题，这也是很多海外高层次人才回国工作的一大顾虑。为了克服这些问题，广东实施团队引才模式：团队要求由 1 名带头人和不少于 4 名稳定合作 3 年以上的核心成员组成；带头人的学术水平、创新能力、影响力在国际同行中处于领先地位，研究成果填补国内空白，核心成员具有博士学位或正高级专业技术职务的人数占 50% 以上。团队整体层次高、组成合理、分工明确，具有一致性和互补性，能够充分发挥人才的集聚效应，形成强大的合力，实现早出成果、出大成果。

"计算科学科研团队"带头人许跃生教授说："我们团队 10 位成员在海外本来就是研究伙伴，兴趣和研究方向很接近而且各有所长，

珠江人才计划

2008 年 9 月，广东推出珠江人才计划，用 5—10 年时间，引进 100 个创新科研团队和 100 名领军人才。引进世界一流水平、国内顶尖水平、国际先进水平的团队，由省财政分别提供 8000 万元至 1 亿元、3000 万元至 5000 万元、1000 万元至 2000 万元专项工作经费；珠三角地区和其他地区有关市政府分别按照不少于省财政支持专项工作经费额度二分之一、三分之一的比例提供配套资金。

"基因沉默技术与治疗研发团队"带头人、2006 年诺贝尔奖获得者梅洛教授

回来以后能够比较快地开展工作。虽然我们有的是全职，也有的中美两国来回飞，但是仍比单独一个人回来重新组建团队，重新适应伙伴要快捷多了。"回国后，团队成员很快如鱼得水，各展所长，发现了新的超快速傅立叶逆变换算法，是目前国际同类算法中速度最快、精度最高的方法。

一个意想不到的好处是，团队引才还可以把国外的管理制度原汁原味地带进来。"我们这里有点儿像是美国的系。"中山大学蒋庆教授介绍，该团队基本采用美国实验室通行的管理办法，实验室事务由教授集体讨论决定，更加灵活、人性化。

◀ 打破国内科研经费陈规

2010 年 6 月，在对首批引进团队进行调研时，很多团队都反映部分现行科研经费管理规定不利于人才引进和发挥作用：人才引进初期，要尽快地建立实验室、购置设备，需要大量资金，而按照中国的运作规律，科研经费都要分几年分批拨付，严重影响了工作进度。现

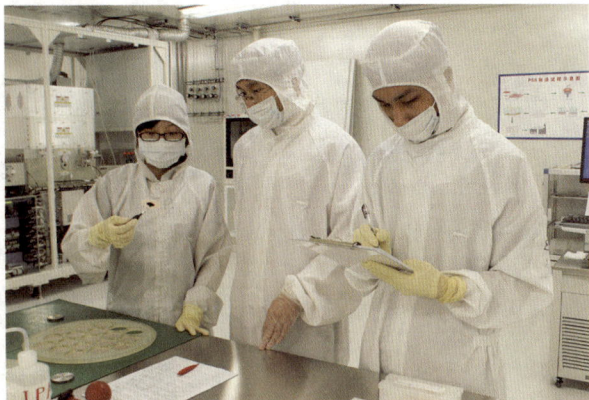

宽禁带半导体研究团队

行国家及地方科研经费管理制度规定，人力资源成本开支一般不超过5%，最多不超过15%，且不能用于支付正式科研人员报酬；在这种制度下，绝大部分科研经费只能用于购买仪器设备，却无法提供有竞争力的薪酬吸引高水平人才，容易造成"二流人才使用一流设备"的尴尬局面。

许跃生教授对这些问题深有感触，他说，按照分期分批的拨款方式，我们只能半台半台地购买设备；随着实验室规模的扩大，迫切需要招收一些博士和博士后，但是因为经费所限，我们不敢大干，而在美国，这个专业科研经费一般将70%—80%用在人力成本上。

仅仅半个月之后，《关于实施〈广东省引进创新科研团队专项资金管理暂行办法〉的补充通知》出台，在全国率先突破了几项科研经费使用限制：科研经费一次性拨付，给科学家们解渴，以方便他们迅速高效地启动实验室建设；人力资源成本费支出比例最高可以占总资金的30%，这是国家最高标准的2倍；总资金的2%由团队带头人支配，以增加资金使用的灵活性。

这一新政策，得到了用人单位和高层次人才的普遍赞同，认为这体现了广东省对人才的重视和信任，对于团队工作的顺利开展具有重要意义。"国际运动控制与先进装备创新团队"带头人李泽湘教授说："这个调整太及时了。广东对科技创新这样地支持，以及敢于探索的勇气是难得的。"

不拘一格引人才

顶尖人才不一定要有高学历和职称。广东省在引进团队的过程中，坚持以能力和贡献作为主要评价依据，不唯学历、不唯职称、不唯资历、不唯身份，得到了广泛认同。

面对由 5 个没有高级职称、工作资历尚浅的年轻人组成的团队，广东省经过认真研究，大胆打破职称、资历框框，开辟了评审绿色通道，为其举行封闭式专门评审会。评审会上，不少专家对其产业化前景表示怀疑并展开激烈辩论，最终，"光启团队"凭借原创性成果和创新爆发力赢得了包括专家组组长在内的多数专家认同，成为唯一一个自荐申报入选团队。

光启团队

2012 年，"新型卫星通信技术研发与产业化团队"成员较年轻（带头人仅 29 岁）、资历浅，但在评审中，广东省发现该团队在全球新型卫星通讯天线领域已申请核心专利 116 件，占当前该领域专利的 80%，拥有绝对的掌控权和话语权，创新潜力大、产业化前景好。面对现场评委的严格提问，团队成员对答如流，得到评委一致好评，一举入选引进团队。

科研成果要能实现产业化

"科研不等于就是自主创新。关键是要把这些科研成果应用到实践中去，实现产业化，把技术专利转化成产品。"曾作为评委参与团

九　大力引进海外高层次人才

队评审的中国工程院院士钟南山说。

广东省坚持把围绕中心、服务大局作为引进创新科研团队的根本出发点和落脚点，紧紧围绕加快转变经济发展方式、大力发展战略性新兴产业的战略部署，在关注引进人才的学术水平和创新能力的同时，更加注重产业化导向，做到"五个更加突出"，即发布公告更加突出产业化要求、材料申报更加突出产业化目标、评审指标更加突出产业化权重、参评专家更加突出产业化经验、现场答辩更加突出产业化前景。确保引进与广东产业结合程度高、产业化前景好的团队。

评审过程中，围绕"是否符合广东产业发展需要"等问题，专门征求部分省直部门的意见。专门邀请企业经营管理专家和风险投资专家参加现场评审，更好地对团队技术成果转化、项目产业化前景作出客观评价。

2012年，团队评审中增加了实地考察环节，由组织管理、风险投资和财务专家组成考察组，重点考察用人单位的产业化支撑配套能力和运营方案，进一步突出了引才的产业化导向。

前三批引进的57个团队，绝大部分集中在广东重点发展的高端新型电子信息、半导体照明（LED）、新能源汽车、生物、高端装备制造、节能环保、新能源、新材料等8大战略性新兴产业。"整团队成建制"的引才方式，正为广东转变经济发展方式注入不竭动力。

揽天下英才
建世界一流企业

2012 年 2 月 14 日，国家科学技术奖励大会在北京召开。大会传来一个令人振奋的消息：有 56 家中央企业获奖，总数达 93 项。其中，获得国家科技进步奖一等奖 7 项，占该奖总数的 35%；国家科技进步奖二等奖 79 项，占该奖总数的 30%。

中央企业交出的这份满意答卷，是国务院国资委和中央企业近年来大力实施人才强企战略，认真落实国家"千人计划"的最好见证。

九 大力引进海外高层次人才

国家重点工程——三峡大坝

集聚世界一流人才

"许多中央企业已经具备了发展成为世界一流企业的经济实力和科技实力。"国务院国资委一位负责同志说，但是，要真正成为世界领先的国际化大公司，依然任重道远。

前进道路上最大的阻碍，就是缺乏高层次人才。跻身世界 500 强的中央企业数量在逐年递增。但是，与世界先进企业相比，中央企业总体上的核心竞争力还不强，自主创新能力还存在较大差距，一些核心技术、关键技术仍然受制于人。

解决这些问题，根本要靠人才，尤其要靠掌握关键核心技术的世界一流人才。这是中央企业长期探索得出的宝贵经验。

作为代表国家履行出资人职责的特设机构，国务院国资委自成立之日起，就致力于造就一批世界一流人才。2003 年以来，中央企业面向海内外公开招聘高管 7 次，共招聘了 126 名央企高管和 14 名海外高层次科技人才，在海内外引起较大反响。

2008 年年底，中央实施引进海外高层次人才的"千人计划"。国务院国资委作为中央明确的四大引才平台之一，在近 3 年内先后 3 次召开人才工作专题会议，对落实国家"千人计划"工作进行部署和推动。中央企业借着"千人计划"实施的东风，广揽海外英才的大幕徐徐拉开。

具有世界半潜船"全能冠军"和"亚洲第一船"美誉的泰安口轮

为了引进更多的海外高层次人才，中央企业"八仙过海、各显神通"。目前，中央企业已经探索形成了公开招聘、人才猎取、以才引才、海外设立研发机构、直接并购海外企业等多种引才渠道。航天科技八院通过以才荐才的方式，在引进美国专家潘定海博士后，连锁引进了先进制造技术专家宋文伟博士以及 20 余名具有国际经验、掌握核心技术的专业人才；中国石化通过并购瑞士跨国公司 addax 石油公

宝钢高炉群

司，使 900 多名管理技术人才实现了整体引进；兵器装备集团长安汽车公司通过在美国底特律、英国诺丁汉、意大利都灵、日本横滨等地专门设立研发机构，实现了就地引才。

很多中央企业的"一把手"更是求贤若渴。国家电网总经理、党组书记刘振亚亲赴瑞典专程拜访新能源领域专家马茨教授；神华集团董事长、党组书记张喜武亲自带队逐个拜访高级专家；中国商飞董事长、党委书记金壮龙多次与重要目标人选直接面谈。"是他们的诚心和诚意打动了我，坚定了我回国的信心和决心。"这是很多国家"千人计划"专家共同的感受。

一串串数字，记录着海外高层次人才回国创新创业的足迹。3 年来，中央企业已引进海外优秀人才 1200 多人，有 47 家企业引进的人才成功入选国家"千人计划"，中央企业国家"千人计划"专家总数达到 246 人。

建设一流创新平台

然而，在国家"千人计划"实施之初，很多中央企业存在一些普遍的担忧。

担忧之一是，会不会出现"水土不服"？因为海外高层次人才长期在国外学习和生活，适应了国外的体制机制，引回来如果用不好，最终会留不住。

担忧之二是，会不会"招来了女婿，气走了儿子"？中央企业给

九　大力引进海外高层次人才

予海外高层次人才的高待遇和殊荣，可能会引起企业内部人才心理的不平衡。

对此，必须探索新机制吸引世界优秀科技人才，充分发挥海外高层次人才价值。"就像改革开放之初，经济特区享受到的待遇那样，我们要打造'人才特区'。"一位国务院国资委负责同志谈到"筑巢引凤"时，形象地比喻。

位于北京市昌平区小汤山镇的北京未来科技城，就是这样一个"人才特区"。

3年前，北京市昌平区小汤山镇还不太为人们所关注；3年间，打造"未来科技城"的宏伟计划使这个小镇风生水起；3年后，一个占地10平方公里的未来之"城"已初见雏形。

相关链接

未来科技城

北京未来科技城夜景效果图

未来科技城是中央组织部和国务院国资委为深入贯彻落实建设创新型国家和中央引进海外高层次人才计划而建设的人才创新创业基地和研发机构集群，目的是借鉴改革开放初期建经济特区的经验，推进产学研结合，探索实行国际通行的科学研究和科技开发、创业机制，集聚一批海外高层次创新创业人才和团队，打造具有世界一流水准、引领战略型新兴产业发展方向、代表中国自主创新技术最高水平的创新创业基地，目前北京未来科技城、天津未来科技城、浙江杭州未来科技城、湖北武汉未来科技城正在加紧建设。

在未来科技城内的一座现代化建筑里，戴维斯度过了很多个不眠之夜，他的科研团队夜以继日地工作，倾心打造着中国低碳清洁能源领域的"贝尔实验室"。

戴维斯，美籍专家，现任神华北京低碳清洁能源研究所（简称"低碳所"）所长。来中国前，他的身份是美国西北太平洋国家实验室副主任。在两个不同的地方搞科研，戴维斯没有感受到太大的差别，让他感触很深的是"这里的条件，无论硬件还是软件都是国际一流的"。

而在低碳所工作，员工感受最深的是"新"。"新"体现在看得见的方面，是新的办公楼、新的办公设备、新的实验设

国际专家在低碳所进行学术交流

备等硬件设施。而在看不见的方面，新的用人机制、科研方式，等等，更激发了员工们的创新热情。

戴维斯介绍说，在低碳所，所长有充分的人财物自主权。专家也能实现四个"自主"：自主提出研究课题、自主决定科研合作方式、自主组建科研团队、自主使用科研经费。此外，神华集团还专门成立科技发展公司，为低碳所提供后勤保障服务，让专家从跑项目、跑资金、跑评奖中彻底解放出来。

消除行政干预、解决后顾之忧，让海外高层次人才呼吸到自由创新的"空气"。低碳所的这些做法，是北京未来科技城人才基地创新科研管理机制的一个缩影。

目前，入驻北京未来科技城的中国商飞、国家电网、中国国电等15家中央企业研发机构已经开工建设，航天科技、中国华电、中国化工等9家中央企业将陆续入驻。

未来科技城产生了强烈示范效应。继北京之后，天津、浙江杭州、湖北武汉也相继启动了未来科技城建设。可以预见，在不久的将来，这四大未来科技城，将成为具有世界一流水准、引领我国应用科技发展方向、代表我国相关产业应用研究技术最高水平的人才创新创业基地，成为中国乃至世界上创新人才最密集、创新活动最活跃、创新成果最丰富的区域之一。

中央企业建设人才创新创业基地，引起了社会的高度关注，也吸引了众多的海外高层次人才及团队。截至目前，建设人才基地的36家中央企业，已经引进了216名"千人计划"专家，占中央企业"千人计划"专家总数的88%，人才集聚高地正在逐步形成。

营造良好科研环境

在创新用人政策方面，中央企业闯出了很多"新路"。国家电网借鉴国际一流科研机构运作模式，为引进的国家"千人计划"专家提供每人不低于2000万元的科研项目启动资金。中铝公司专门为杨建红博士在郑州成立绿色冶金研究所、为长海博文博士在苏州成立铸造技术研究所，并由他们分别担任所长。中国石油围绕促进引进人才发挥作用，实施有目标、有平台、有团队、有权利、有待遇的"五有"政策。东风公司为每位国家"千人计划"专家配备30—100人不等的技术团队。中国海油专门为完井、防砂工具研发制造专家徐鸿翔博士设计了"基本月薪＋按产品销售额提成"的薪酬方案。

伟大的事业吸引人才，良好的环境激励人才。中央企业为海外高层次人才创造良好的科研环境，激发了他们无限的创新激情。"国家当年为培养我们已经付出了很多，现在又这么重视我们，企业还为我们提供了这么好的事业平台和发展空间，创造了这么好的环境，我们

天津百万吨乙烯千万吨炼油项目

没有理由不为企业的发展、国家的富强贡献所有。"宝钢集团国家"千人计划"专家杨健博士道出了专家们的共同心声。这些长期活跃在国际科技前沿和产业发展高端的科技精英的加盟，有力提升了中央企业的自主创新能力，也使"国际首创"、"中国首个"、"突破技术封锁"等词汇频频见诸报端。

杨健博士（中）在车间进行技术指导

——中国电子国民技术公司首席射频技术科学家马平西博士，带领公司技术团队成功研制出我国第一颗下一代无线通讯核心射频芯片，为该公司主推的国际首创的移动支付方案（2.4GHz）装上"中国芯"，从根本上改变了该公司在射频模拟领域的技术走向。

——兵器工业集团云南北方奥雷德光电科技股份有限公司技术总监季华夏博士主持建成了我国第一条"主动式 OLED 微型显示器生产线"，800*3*600 分辨率 OLED 微型显示器年生产能力达到 45 万片，使我国成为世界上第二个能够生产该类产品的国家。

——国家电网中电普瑞电力工程有限公司总工程师曹均正博士带领团队主攻直流输电的关键技术，在国际首创 1100kV 换流阀研制技术，组织实施 ±1100kV/5000A 特高压换流阀研制，打破国外技术垄断，使该公司成为世界上第三家具备柔性直流输电技术能力的企业。

国家"千人计划"的实施，为中央企业做强做优、建设世界一流企业带来了难得的发展机遇，也让中央企业在吸引、凝聚和用好海外高层次人才的实践中尝到了"甜头"、获得了实惠。国务院国资委进一步提出，中央企业要用 5 年左右时间，引进 2000 名以上海外优秀科研人才，入选国家"千人计划"的专家达到 500 名以上，力争建设 50 家以上人才创新创业基地。

九　大力引进海外高层次人才

广聚海外精英

　　在北京凯悦宁科技有限公司董事长吴洪流的办公桌上摆着一张照片，这是 2010 年年初 50 名首批入选"海聚工程"人员的合影。照片中，很多公众比较熟悉、取得突出创新创业成绩的海外高层次人才一起会心地微笑。

　　吴洪流毕业于美国杜克大学有机化学专业，1995 年成功完成了世界第一例自由基生成碳—碳键不对称合成催化反应的实验，在近代

自由基化学领域取得重大突破，被誉为该领域的奠基人；同时，他也是万古霉素人工全合成的主要科学家之一，该项成果被誉为当代药物合成化学的里程碑。在国外取得如此优异成绩的吴洪流为什么会选择回国呢？"主要是北京引进海外人才的政策、环境吸引了我"，吴洪流如此回答。

2009 年 4 月，为贯彻落实国家"千人计划"，北京市启动实施了"海聚工程"，引进了一大批站在国际科技和产业前沿的海外高层次人才。目前，北京地区共有 629 人入选国家"千人计划"，北京市有 301 人入选"海聚工程"。

高端的引才工程

2009 年 4 月，北京市印发了《关于实施北京海外人才聚集工程的意见》，同年 5 月，出台了《北京市鼓励海外高层次人才来京创业和工作暂行办法》和《北京市促进留学人员来京创业和工作暂行办法》，被称为引进海外人才"一个意见、两个办法"，为引才工作提供了政策保障。

为确保"海聚工程"顺利实施，由北京市委组织部牵头，市委统战部、市发改委、市人力社保局等 29 家单位共同组建了海外学人工作联席会，负责引进海外高层次人才工作的协调推动和落实。

3 年来，通过实施"海聚工程"，带动了全市人才结构调整和优化。据

相关链接

北京海外人才聚集工程

为贯彻落实中央"千人计划"，2009 年 4 月，北京市启动实施"海外人才聚集工程"。其目标是，到 2020 年，聚集 10 个由战略科学家领衔的研发团队，聚集 50 个左右由科技领军人才领衔的高科技创业团队，引进并有重点地支持 1000 名左右海外高层次人才来京创新创业，建立 10 个海外高层次人才创新创业基地。

九 大力引进海外高层次人才

调查，入选"海聚工程"的高层次人才中，工作类人才占 60.35%，创业类人才占 39.65%，均具有硕士学位及以上学历，其中，具有博士学位的占 88.1%，具有高级职称的超过 70%；从年龄分布看，35 岁及以下的占 3%，36 至 45 岁的占 28%，46 至 55 岁的占 69%，绝大多数人才正处于年富力强、创新创业的最佳时期。从行业分布看，主要聚集在电子信息、生物医药、新材料、新能源、高端装备制造等国家和北京市战略性新兴产业领域，一批先期入选"海聚工程"的人才已经取得了突出的创新创业成绩。

"海聚工程"入选者、神州细胞工程有限公司董事长兼总经理谢良志博士，在美国麻省理工学院获得博士学位，回国后创办了神州细胞工程有限公司，从事细胞表达生物技术产品的研发和抗体产业化服务，

相关链接

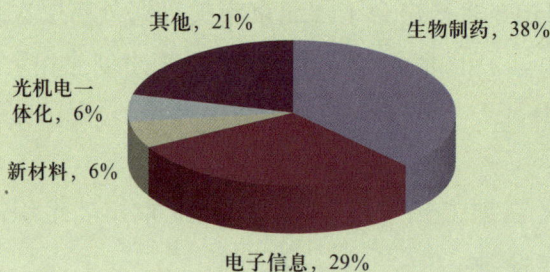

"海聚工程"入选者产业分布

建立了全球领先的重组蛋白和抗体候选药物的快速生产技术平台和国内最大的重组蛋白库。谈起回国，他坦言："前几年，国内医药基础研究成果已经很多，但缺少成果转化的企业，我自己有这方面的技术优势，特别是'海聚工程'又有那么多优惠政策，比如给予的产业扶持、科研成果转化政策等，我觉得回到这里来创业，更适合我的追求。"近年来，谢良志的企业快速发展，短短几年时间，多项研究成果成功转化，仅 2011 年公司销售额就突破了 1200 万美元。

"像谢良志这样的海外高层次人才，越来越成为北京发展所特需

谢良志（前排中）等"海聚工程"入选者

的人才资源。"北京海外学人中心主任袁方说。高层次人才的不断聚集，体现出"海聚工程"的实效。在"海聚工程"带动下，北京市各系统、各区县相继出台了吸引海外高层次人才的政策。2010年，市卫生局印发了《引进海外高层次人才实施意见》，2011年市教委发布了《海外高层次人才引进计划》，朝阳区出台了《海外高层次人才认定办法》……吸引和用好海外高层次人才的氛围越来越浓厚。

◀ 高效的引才机制

为吸引海外高层次人才，北京市积极探索构建高效顺畅的引才工作体制机制。

每年年初，市委组织部牵头，汇总全市有关用人单位的海外人才需求岗位，结合年度经济工作重点和产业结构调整的需要，制定年度引才专项计划（简称"专项计划"），并面向海内外发布，努力实现"科学计划、按需引才"。"专项计划"引进的海外人才，均可报名参评"海聚工程"。市海外学人工作联席会负责组织协调"海聚工程"高层次人才的申报认定工作，根据工作类、创业类海外人才的特点，建立由院士牵头、权威专家参与的评审制度，确保引才质量。面向入选人员，市海外学人工作联席会整合资源、形成合力，落实"一个意见、两个办法"。北京市在 2008 年年底成立了海外学人中心，采取"一门受理、转告相关、全程代理"的模式，为每位高层次人才配备 1 名服务专员，提供个性化服务。

另一方面，注重健全完善辐射海外的引才工作体系。北京市先后在硅谷、华盛顿、伦敦、多伦多、东京、慕尼黑、香港、悉尼组建了 8 个境外人才联络机构，以驻香港人才联络处为枢纽，协调其他 7 个联络处，为留学人员回国发展提供政策咨询和联络服务，延伸了引才工作的触角。各海外人才联络机构加强与驻外使馆的联系，长期开展信息摸底与人才统计工作，了解海外人才资源分布情况。同时，与美国华源科技协会、澳大利亚澳华科学技术协会等 40 多个华侨华人社团组织建立合作关系，充分发掘他们丰富的人才资源优势，实现科技、人才资源共享，拓宽海内外人才交流渠道。拥有 8000 名高级人才会员的华源科技协会与中关村管委会和清华科技园签署协议后，输

聘请"北京市政府海外人才工作顾问"

送了大量海外高层次人才到清华科技园创新创业。为发挥海外人才中领军人才的作用，北京市采取"不求所有、但求所用"的做法，于 2012 年 2 月在悉尼、墨尔本两地

首批聘请了 10 名长期在生物医学、新能源等领域从事科研或管理工作的"北京市政府海外人才工作顾问"，其中 9 人在新南威尔士大学等世界知名学府担任终身教授，4 人入选澳大利亚工程院、科学院院士，3 人入选国家"千人计划"。他们将发挥学术造诣深厚、人脉资源广泛、社会威望较高的优势，根植联系和引领海外人才，为北京源源不断地输送人才。

丰硕的引才成果

"海聚工程"实施以来，在国内外引起了强烈反响。《人民日报》、《中国日报》、美国《侨报》等数十家媒体都刊发过"海聚工程"专题报道。2010 年 8 月 9 日，《人民日报》以《北京"海聚工程"现团队效应　高端海归不再孤军作战》为题报道："'海聚工程'已经呈现出汇聚海外高层次人才、加速推动企业及相关行业发展的团队集聚效应。"

毕业于美国加州大学伯克利分校的邓中翰，从硅谷回国后，带回了多名来自微软、苹果等国际知名跨国公司的技术骨干，共同创办了中星微电子有限公司，研制出我国第一块具有自主知识产权的百万门级超大规模数码图像处理芯片"星光一号"，全球每 10 个摄像头就有 6 个使用中星公司的芯片，他本人也在 2009 年被评选为当时最年轻的中国工程院院士。

邓中翰（中）的创业团队

一批原始创新成果开始不断涌现。国家"千人计划"和北京"海聚工程"入选者、北京创毅视讯科技有限公司总裁张辉，研制出全球首枚TD-LTE（分时长期演进）终端基带芯片及数据卡，服务于中移动世博会TD-LTE实验网，在巴塞罗那举办的"2011年移动世界大会"中，成功演示了3D互动游戏、高清视频、移动采编播、即摄即传等高速移动互联业务，向世界展示了中国移动通信产业发展的最新成果。

一批产业核心技术得到了突破。北京凯悦宁科技有限公司董事长吴洪流成功研发世界上唯一长效型抗肺癌药"恩宾妥"，质量超过美国同类产品2—3倍。目前，凯悦宁已拥有抗癌、新型疫苗、心脏病治疗等新药及数个生物工程制品项目，研发了3种具有世界水平的新药，填补了国内技术空白。曾任美国雷米国际公司混合动力技术总工程师的蔡蔚，领衔创办了精进电动科技股份有限公司，研发新能源汽车电驱动的高性能电机，承接了高达5亿美元的订单。

"'海聚工程'正在成为首都广聚海外精英的品牌！"中国人才研究会副会长、原中国人事科学研究院院长王通讯研究员评价说。

三秦大地引得
"凤凰西北飞"

"好多朋友问我,为什么到西部来?为什么到西北来?为什么到西北农业科技大学来?我说,就是因为这里十分重视人才、尊重人才、支持人才、服务人才!"2009年5月15日,从美国归来的国家"千人计划"特聘专家刘同先教授在受聘仪式上动情地说。

近年来,一大批海外高层次人才像刘同先一样,纷纷选择落户陕

西安高新技术开发区

西，被人们称为"凤凰西北飞"现象。

◀ 创新事业平台

2009 年，受国家和陕西一系列人才政策的吸引，33 岁的李学龙博士从英国回国，背着双肩包来到西安光机所。光机所所长接待了这个在国际图像处理和模式识别领域具有重要影响的年青学者。经过一番坦诚的交流，李学龙决定留下来。后来有人问李学龙，为什么会选择西安光机所？他说："我是寻找能做学问的平台，我找到了。"

李学龙（右二），国家"千人计划"专家，其关于视觉信息张量分析的一系列重要理论引起国际同行广泛关注

李学龙回国短短三个月，西安光机所帮助他建成了光学影像分析与学习中心。李学龙动员数名海外杰出学者回国组成研究团队，团队成员有三人入选中科院"百人计划"与陕西省"百人计划"，两人入选国家"青年千人计划"。回国两年，李学龙和他的团队获得四项国家"973"项目、一项国家杰出青年科学基金、八项国家自然科学基金重点及面上项目、两项国家"863"项目以及一些国防项目，总经

费超过 3000 万元。

陕西是我国重要的科技教育和国防军工基地，人才资源富集，科研实力雄厚，但过去科技成果转化率很低，科技人才"大省"却是经济"小省"，被人们称为"陕西现象"。

针对"陕西现象"，陕西省近年来采取了一系列措施，出台了一系列政策，通过创新机制，打造平台，吸引人才，帮助和促进人才干事创业。

陕西省委、省政府出台《陕西省"三秦学者"计划实施办法》，面向海内外公开选聘高层次领军人才。启动实施高层次人才"百人计划"，引进急需紧缺人才和青年拔尖人才。制定推出统筹科技资源，实现创新驱动、内生发展的36条具体政策。建立国内首个统筹科技资源改革示范基地，启动了一批重大科技项目和重大科技统筹创新工程。依托西安交通大学等7所高校，组建起

相关链接

"三秦学者"计划

旨在培养、吸引和凝聚高层次创新创业人才，全面提升陕西省人才队伍综合实力和科技创新能力。在高等学校、科研院所和企事业单位设置特聘教授、特聘专家岗位，设岗期一般为5年，到2011年年底，全省38家单位已分3批聘任53名"三秦学者"特聘专家、教授。

7个工业研究院，政府出题目和资金，以一个单位为主组织相关专家进行科研攻关。先后建立了两批共计13个高层次人才创新创业基地，两批共计21个院士工作站。陕西省金融办组织了17家银行与科研机构对接，破解科研成果产业化资金难题。

在搭建创新事业平台的基础上，陕西省不断加大对高层次人才创新创业的支持力度。对引进入选国家"千人计划"、陕西"百人计划"来陕工作的高层次人才，省里给予100万元的事业发展资助及安家费补助，免征个人所得税。实施"三秦津贴"制度，对到企业、开发区创新创业者每年发给3万—6万元岗位津贴。企业"三秦学者"岗位引进的特聘专家，受聘期内省里每年资助10万元的岗位津贴、15万

元的团队科研费，设岗单位按 1：1 比例配套，免征个人所得税。上述人员 5 年内缴纳的个人所得税地方留成部分，通过财政列支补助给个人。

◀ 让人才体面舒心

2009 年 5 月，刚回国的刘同先教授遇到一点麻烦事：他的汽车驾照是美国的，怎样才能换成国内的呢？他把这件事告诉省人才办的一位同志，没想到事情很快便解决了。

原来，在他回国之前，陕西省刚刚成立了一个引进高层次人才工作小组，专门负责高层次人才引进工作。工作小组由省委、省政府 13 家单位分管领导组成，每个单位设立一名联络员，协调解决具体问题。省人才办的同志把刘同先的麻烦事告诉省公安厅的联络员，这件事立刻就变得不麻烦了。

近年来，陕西省不断加大财政对人才工作的投入。全省人才工作

美国佐治亚大学昆虫学系博士、国家"千人计划"专家刘同先教授（左四）提出了"环境友好型害虫治理新概念"和"短生作物害虫可持续生物防治新理论"

专项资金由 2009 年的每年 5000 万元增加到 2012 年的 2 亿元，每年从国有资本收益中专项列支 5000 万元，用于奖励资助在省内企业工作并取得突出成绩和经济社会效益的高层次人才。

相关链接

陕西省高层次人才激励政策

为鼓励高层次人才潜心科学研究和创新，对获得国家科学技术奖励等国家级奖项和荣誉称号的高层次人才或团队，分别授予"陕西省优秀创新人才"、"陕西省优秀创新团队"称号，并予以 5 万—100 万元不等的配套奖励。对在陕工作的"两院"院士，国家"863"、"973"重大科研项目主持人，国家"千人计划"特聘专家和陕西"百人计划"特聘专家等 8 类高层次领军人才，按照国家级每人每年 5 万—6 万元，省级每人每年 3 万—4 万元发给年度津贴。

陕西人清楚地知道，作为西部欠发达省份，仅仅依靠财力的投入，无论如何无法同发达省份竞争，更何况西方发达国家。为此，在加大财政投入的同时，他们把目光投向市场，尝试通过市场增加高层次人才收入。

陕西省政府明确规定，科研成果股权化企业，可将成果入股的 20%—40% 股权，奖励给成果完成人和为科技成果转化作出重要贡献的团队成员；实施职务技术成果转化的，单位可从实施该成果的产品销售额中提取不低于 0.5% 金额，作为报酬支付给成果完成人；引进和现有科技人员承接重大科技成果并成功实施转化应用的地方企业，按技术合同额 30% 的比例，由财政给予不超过 300 万元的补助或贴息；允许企业把引进高层次人才的购房补贴、安家费、科研启动费、专利维护费列入成本核算。

在此基础上，陕西把更多精力投入到人才软环境建设上。为省级有突出贡献专家、享受政府特殊津贴专家、进入国家"千人计划"和陕西"百人计划"、"三秦学者"计划的特聘专家，在陕西三所著名医院建立了就医"绿色通道",为每位专家建立了健康档案,每年进行健康检查,提供医疗咨询指导。在入境、落户、保险、住房、子女入学等方面,有关部门、园区、单位确定专人为引进人才提供便捷服务。事业单位引进重点领域高层次人才,岗位可申请特设,编制优先保证,超编可先进后出。引进入选国家"千人计划"、陕西"百人计

相关链接

陕西"百人计划"

围绕陕西省经济和社会发展重点领域的急需紧缺,引进和重点支持一批国际知名、国内一流的高层次创新创业人才及团队。该计划从2009年实施以来,已先后推荐78人入选国家"千人计划"及其子项目,183人入选陕西"百人计划"。

划"、"三秦学者"特聘专家岗位的高层次人才直接进入省优秀人才信息库,由省委、省政府颁发"陕西省特聘专家"证书,按特殊人才直接评聘相应高级专业技术职称;符合条件的,可作为省委、省政府直接联系专家,可推荐担任政策决策咨询、科技顾问和技术指导,可优先推荐申报科技项目和政府奖励,可推荐担任省属企事业单位领导职务、省重大专项负责人。

对纳入培养扶持相关计划,到企业、开发区(园区)从事科技开发、创办企业的省属高校、科研单位现有高层次专业技术人才,比照引进高层次创新创业人才相关政策给予支持;人事关系3年内可保留在原单位,由原单位继续为其缴纳单位部分的养老、失业、医疗等社会保险,同时允许其回原单位以在企业从事本专业的业绩评审专业技术资格;已退出一线的,单位可根据需要进行返聘。

真诚引得人才归

"我原本想着去北京或沿海的一些著名院校，但这里的真诚深深地感染了我，并让我改变了主意。"刘同先这句话，说出了许多来陕工作的高层次人才的感受。

国家"千人计划"专家云峰，谢绝国内数家知名高校的邀请，从美国回国全职进入西安交通大学。云峰掌握着处于国际前沿水平的半导体照明产业化核心技术，该项目时效性强，中试研发和初期投资资金需求规模较大，在产业化过程中遇到困难。

西安交通大学为此致函陕西省委人才办求助。省委人才办迅速将情况报送省政府相关领导同志。省政府主要领导在报告上批示，要求支持协助云峰博士。分管副省长与陕西省工信厅、电子信息集团负责同志一起会见了云峰博士。经过洽谈，陕西电子信息集团与云峰博士正式签约，决定合作成立公司，由陕西省电子信息集团投资 2 亿元，推动垂直结构大功率半导体照明芯片技术产业化。

家乡人的真诚，让云峰博士深深感动。

2012 年 3 月，华能集团西安热工研究院接到一个电话，让他们通知该单位入选国家第七批"千人计划"专家谷月峰，要为其办理陕西省引进人才的各项配套待遇。起初他们以为是骗局，根本不相信。后来才明白，虽然他们作为中央单位，申报程序不经过陕西省，但陕西省对入选的中央和省属人才，配套待遇却一视同仁。热工研究院及其专家感受了陕西人的真诚。

陕西真诚地欢迎各类人才来陕发展。2012 年 4 月，陕西省在《人民日报》、《人民日报（海外版)》、《光明日报》上刊登广告，再次向海内外高层次人才发出召唤。

陕西人才工作的努力和付出，换来科技和经济的丰硕成果。

张平祥博士等一批海归专家主导的西部材料有限公司，近年来自主研发生产出 3 种航空钛合金材料，打破了西方发达国家对我国关键材料的封锁，走出了一条从研发到产业化的路子。

樊延都（右一），国家"千人计划"专家，研制生产高精度滚珠丝杠，可有效提升数控机床、航空、医疗、高铁等领域生产设备寿命、精度和综合性能

　　首批国家"千人计划"专家周文益博士创办的西安华讯微电子有限公司，成功研制和生产出中国第一套具有完全自主知识产权的高性能 GPS 核心芯片，结束了中国导航产业"无芯"时代。

　　"十一五"以来，陕西累计开发新技术新产品 2538 项，其中 677 项达到国际先进水平，1623 项达到国内先进水平，244 项填补省内空白。

十 遵循系统培养的人才开发规律

人才培养和开发是一项系统工程。"十年树木，百年树人"，人才开发要靠长期持续的系统培养。全社会的终身教育体系，教育与实践相结合的培养体系，科研与生产相结合的创新体系，都是人才开发合乎规律的系统工程。党的十七大以来，我们党强调培养人要以德才兼备为标准，建立来自基层一线的党政干部培养选拔链，选聘高校毕业生到农村任职，开展中央机关和地方中青年干部双向交流任职；实施青年英才开发计划，选拔优秀拔尖人才进行重点培养；注意各类各层次人才开发的衔接配套，统筹区域人才开发；强调实施人才发展规划要与科技规划、教育规划协调配合等，都是系统培养开发人才的具体实践。我们要遵循人才资源开发规律，着眼经济社会发展的现实需要和长远需要，全面规划、系统培养各类人才，形成人才辈出的良好局面。

"神舟"与"天宫"团队的人才成长之路

2011年11月3日，神舟八号与天宫一号成功实现中国首次空间交会对接，举国振奋，举世瞩目。时隔七个多月，2012年6月16日，神舟九号搭载包括中国首位女宇航员刘洋在内的三名宇航员发射升空，在与天宫一号完成自动和手控交会对接后，平安返回地面，再次将世界的目光聚焦到中国。

美国CNN网站报道，中国成功完成了其航天器的首次载人交会

神舟九号归来，3名宇航员安全出舱

对接任务，成为继美国和俄罗斯之后第三个掌握载人空间对接技术的国家。俄主流网络媒体《报纸网》指出，中国的航天事业正以"突飞猛进的步伐"向前发展，自 2003 年中国首位航天员进入太空后，中国的太空探索每隔两三年就会取得一个大跨越。在这些辉煌成就的背后，有这样一支队伍，他们随着"神舟"和"天宫"系列载人航天器的研制发展而不断成长、成熟，仅用了 9 年时间，就完成了从首次载人飞行到真正意义上的太空停留，他们就是中国航天科技集团公司的载人航天团队。

◀ 伟大的事业　优秀的团队

　　1992 年 9 月 21 日，中国政府决定实施载人航天工程，这是中国航天领域迄今规模最大、系统最复杂、技术难度最大、质量可靠性与安全性要求最高，极具风险和挑战性的一项跨世纪国家重点工程。工程采取"三步走"的发展战略，需要先后突破载人天地往返、空间出舱活动、空间交会对接等一系列关键技术，顺利实现从无人飞行到载人飞行、从一人一天到多人多天、从舱内实验到出舱活动、从单船飞行到组合体稳定运行、从飞行器自动控制到航天员手动控制等重大跨越。如此艰巨的工程任务，如果没有一支作风过硬、技术超群的专业技术队伍做支撑，恐怕只能是"水中花、镜中月"，可望而不可及。

相关链接

载人航天工程"三步走"战略

　　第一步，发射载人飞船，建成初步配套的试验性载人飞船工程，开展空间应用实验。

　　第二步，在第一艘载人飞船发射成功后，突破载人飞船和空间飞行器的交会对接技术，并利用载人飞船技术改装、发射一个空间实验室，解决有一定规模的、短期有人照料的空间应用问题。

　　第三步，建造载人空间站，解决有较大规模的、长期有人照料的空间应用问题。

神舟九号发射升空

　　工程立项之初，国家就明确提出要通过载人航天工程造就新一代航天科技人才，于是载人航天团队应运而生。20 年过去了，当年团队中的很多老专家已经功成身退，目前担任主力的这支团队平均年龄 31 岁，硕士学位及以上人员占总数的 86%。团队中有德高望重、经验丰富的老专家；有蒸蒸日上、当打之年的中青年领军人才和核心技术骨干；有刚刚走出校门、满怀激情的青年生力军，老、中、青三代搭配，专业知识结构合理。就是这样一支团队，镌刻了中国航天事业的新丰碑。

◀ 代际传承　新一代领路人不辱使命

　　"我是第三个馒头"，这是载人飞船的首任总设计师戚发轫院士常说的一句话，他总说，假设一个人吃到第三个馒头饱了，一定不能忘了前面有两个馒头垫底。一句玩笑，饱含着戚院士对钱学森先生和一批留苏专家等前两代航天人的由衷敬意，载人航天团队也正是通过代际传承不断发展成熟的。

　　团队组建之初，便充分考虑了老、中、青三代的合理搭配。1992

张柏楠总设计师（右一）给戚发轫院士（中）汇报交会对接任务

年，已近花甲之年的戚发轫被任命为中国载人航天工程载人飞船系统总设计师，他主持研制的神舟五号载人飞船将我国首位航天员送入太空并成功返回，使我国成为世界上第三个独立掌握载人航天技术的国家。现任神舟飞船总设计师张柏楠便是从当时的研制团队中成长起来的佼佼者。

"像我，但比我懂得多"，这是戚发轫对张柏楠的评价。神舟五号成功后不久，年仅40岁的张柏楠便从戚发轫手中接过了飞船总设计师的"帅印"，从神舟六号到神舟九号，他一直担任飞船系统总设计师。张柏楠在提及戚总时曾认真地说："戚总是我学习的榜样，也是我的偶像；我和前辈相比还差得很远，戚总实事求是的作风让我受益终身。"老一辈航天人可贵的精神力量就这样被一代代传承着，从神舟一号到神舟九号，不仅仅是中国航天技术力量的革新，更有中国航天精神的积淀和传承。

多岗砺练　航天将才阔步成长

"能领兵者，谓之将"。交会对接任务协作单位广泛，参与人员众多，这要求作为将才的型号两总不仅要技术精湛，还要善于组织协调和指挥决策。对于如何培养将才，中国航天科技集团公司的制胜法宝就是择优选才、多岗锻炼。

何宇，刚过不惑之年就被任命为神舟九号飞船系统总指挥，他的经历就是一部通过团队培养"由士兵变成将军"的成长史。在团队的刻意安排下，他依次经过了技改项目实施、飞船仿真系统研制、飞船工程师、天宫一号目标飞行器方案设计、载人航天二期任务系统论证等多个岗位的锻炼，通过岗位转换，他不断夯

何宇总指挥（右一）在监控试验数据

实了载人航天专业技术基础，熟悉了航天员操作相关技术要求，积累了新系统、新型号论证经验，具备了担任载人航天系统总体项目负责人的能力，在精通本专业的同时能够深而广地掌握了工程的其他专业领域技术。

王翔总指挥在执行交会对接飞控任务

2001 年，在清华大学读了 10 年固体力学的王翔奔赴德国马普金属研究所进行博士后研究，两年后，王翔学成归国后加入了载人航天团队。工作之初，他参与神舟七号载人飞船方案论证和设计工作，因为表现优异，组织上决定给他压担子，先后安排他负责交会对接专题设计、神舟七号出舱活动飞船飞行方案制定和实施、神舟八号的研制和验证工作等。经过多岗位锻炼，他出色地完成了各项工作任务。

2012 年 4 月，他被任命为载人空间站工程空间实验室系统和载人空间站系统总指挥，已成为集团公司年轻的领军人才。

◀ 悉心培养　青年骨干如雨后春笋

张柏楠总设计师常说："搞工程不是靠一个人的智慧，而是要靠

一个团队，团队个个都能干才行。"为了提高团队的整体能力，载人航天团队历来十分重视对人才骨干的培养。2004 年，年轻的马晓兵成为一名载人飞船设计师，在参研神舟六号和神舟七号中表现优异；2008 年，他被任命为载人飞船系统应急救生分系统主任设计师，负责设计航天员生命安全保障方案和交会对接总体设计，针对交会对接他提出了七十多项预案，为突破交会对接技术做出重要贡献；2011 年，刚过而立之年的他成为了载人飞船系统总设计师助理。马晓兵的成长主要得益于载人航天团队的青年骨干培养策略。

新员工入职伊始，团队就对其开展飞船研制全过程的工作内容培训，努力使年轻的设计人员尽快掌握工作技能，进入角色。入职后团队组织为新员工挑选督导师，让有多年经验的专家或资深员工以督导师的身份对年轻人才进行传帮带。何宇曾说"比如青年人跟某个分系统协调一个技术问题，你怎么协调，跟哪个层面人协调，我们关注的是什么，对方

马晓兵（左一）在判读交会对接飞控数据

关注的是什么，分歧在哪，分歧到什么程度，这是一种没有定量规定的工作，不同人协调结果很可能不同，对新人来说难度就很大"，何宇培训年轻人的时候就是这样掰开、揉碎了分析、讲解。"教课的老师有上完课的时候，对于我则随时都是上课时间。"作为新员工督导师，何宇这样践行着自己的责任。

在面临技术难题时，神舟团队鼓励年轻人直面挑战，使年轻人在刻苦攻关的同时，不断提升解决工程技术问题的能力，逐渐独当一面，成为航天骨干。2003 年，参加工作刚一年、但表现出色的贾

世锦被任命为着陆冲击缓冲系统改进攻关小组的总体技术负责人。为优化研制流程，他与攻关组决定采取并行管理的工作模式，在连续3个月的鏖战

贾世锦（左一）在与同事讨论工作

中，每天晚上进行设计仿真、确定试验方案，白天到试验场所进行试验验证，每天工作超过 18 小时。正是凭着这股拼劲，贾世锦和他的攻关小组按时高质量完成了新型着陆冲击缓冲系统的研制。如今，他已经成长为载人飞船系统总设计师助理。

相关链接

航天科技人才的培养体系

层　次	角　色	作　用
骨干	专业主管等	独立解决工程实际问题
专才	学术带头人等	主导专业技术发展
将才	总指挥、总设计师等	组织领导航天工程型号研制
帅才	重大工程总设计师、系列总设计师、领域首席专家等	创造性地解决重大关键技术问题，实现航天技术里程碑式的跨越
大家	学术巨擘	开拓航天技术领域

十　遵循系统培养的人才开发规律

"创新 2020"
培养造就人才

"我深深地感到自己得到了国家的大力支持，应该有义务为国家的科技发展做些工作。"

2008 年 6 月，国家首批"千人计划"入选者丁洪辞去了美国终身教授的职位，回到阔别 18 年的祖国，加盟中科院物理所凝聚态国家实验室。

作为中国科学研究的"国家队"和引领科技发展的"火车头"，中科院历来高度重视人才工作。2011 年年初，中科院立足本系统、面向海内外启动实施"创新 2020"人才发展战略，确定了未来 10 年人才工作的战略目标和主要举措，再次向世界展示了中科院打造全球科技人才高地的诚意与决心以及建设全面协调的人才培养体系的思路与举措。

相关链接

"创新 2020"人才发展战略

按照《国家中长期人才发展规划纲要（2010—2020 年）》的部署，中科院制定并组织实施了"创新 2020"人才发展战略。该战略的目标就是要经过 10 年努力，建立一支具有国际竞争实力和持续创新能力、能够解决关系国家长远发展的重大科技问题的高素质的人才队伍，大幅提升创新能力，实现科技创新整体跨越。

聚焦大师级人才

2012 年 4 月，美国科学院院士、普渡大学教授、国家"千人计划"顶尖人才与创新团队项目首批入选者朱健康牵头新建的中科院上海植物逆境生物学研究中心在上海辰山植物园正式揭牌。

朱健康的回国，一时传为佳话。这个在安徽农村长大的穷苦孩子，凭借个人努力考上大学，出国深造，先后在美国多所大学任教，并在《自然》、《科学》等世界高水平学术期刊中发表研究论文 200 余篇，2010 年当选为美国科学院院士。然而，就在事业蒸蒸日上的时候，朱健康却选择了回国。对这个在许多人看来难以置信的决定，他解释说："在美期间，我一直在酝酿着我人生的第二大梦想——用我在美国积累的经验，在生我养我的地方，为中国农业的可持续发展贡献出我的微薄之力。多年来我一直关注祖国的变化，寻找机会做一点力所能及的事情。"

2001 年，《科学》杂志在介绍中国古生物学的专题报道中，有一段这样的描述："周忠和因为化石回到了中国，注视着这片过去曾经有鱼类富集的浅湖，以及鸟类和恐龙生活的地方，36 岁的他知道，对一名古鸟类学家来说，世界上再也找不出一个比中国东北乡村这些起伏的山丘更好的地方了。"这大概是对周忠和 1998 年入选"百人计划"回国最有说服力的注解。

回国十余年，作为"海归"领头雁之一，周忠和于 2000 年获"国家杰出青年科学基金"

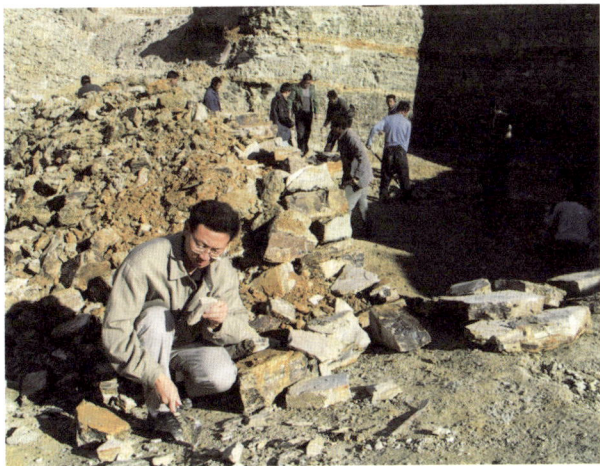

周忠和在辽宁省西部寻找化石

遵循系统培养的人才开发规律

支持，2010 年当选美国科学院外籍院士，同年就任中科院古脊椎动物与古人类研究所所长，2011 年当选中科院院士。

朱健康、周忠和等人的回归，是中科院海外人才引进工作发挥高端引领作用的一个缩影。目前，中科院通过国家"千人计划"各类项目共引进海外高层次人才 253 名，其中已有 30 人参与承担国家重大科技专项，41 人担任"863"、"973"项目负责人，5 人担任所级领导，12 人担任国家、院（重点）实验室主任或副主任。

"百人计划"

"百人计划"是 1994 年中国科学院启动的一项高目标、高标准和高强度支持的人才引进与培养计划。该项目原计划在 20 世纪的最后几年中，以每人 200 万元的资助力度从海外吸引并培养百余名优秀青年学术带头人。十几年来，"百人计划"为中国科学院凝聚了大批优秀人才，其中从海外引进的优秀青年人才近 1600 位。

此外，中科院通过"百人计划"引进海外优秀青年人才 1554 人。他们的加盟，使中科院学术带头人队伍结构得到明显优化，提升了我国科技创新队伍的总体实力。为做好与国家相关人才计划和政策的有效衔接，中科院在"创新 2020"人才发展战略中进一步完善了"百人计划"管理办法，取消了引进人才的国籍和族裔限制，并扩大了对国内"百人计划"的支持范围，以加强对国内尖子人才的吸引和支持。

◀ 培养"未来之星"

中科院青年创新促进会于 2011 年正式成立。在将近一年的时间里，已发展了 690 名会员，其中不少是在学术界崭露头角的青年人才。今后，会员总规模将达到 1200 人左右。

打开"中国科学院青年创新促进会"网站，成都生物所的"青年沙龙"活动、上海应用物理所的"青年学者发展协作组"、光电技术

"青年创新促进会"开展科学研讨活动

所的学术研讨会、近代物理所的科普宣传活动……一条条小组活动新闻与科研动向的报道彰显着年轻人的活力。

为解决西部地区研究所骨干人才短缺、人才流失严重等问题，中科院于 1996 年提出并和中组部共同推动实施了"西部之光"人才培养计划，为西部培养和凝聚了一批优秀青年学术技术带头人。

"'西部之光'培养了一批扎根边远地区，潜心钻研科技，推动区域建设的青年科技骨干"，中科院新疆分院党组书记、副院长傅春利说，"现任分院及研究所、站领导以及重要学术带头人，有三分之二得到过'西部之光'的资助"。

中科院各研究所针对 35 岁以下的优秀青年骨干也建立了多项制度，为青年人才拓展事业发展空间。如上海技物所设立的"青年创新专项人才基金"，每年自筹 1000 余万元，用于支持优秀青年科技人才申请承担创新课题。"这可以说是为青年学者牵头开展科研工作提供的'第一桶金'"，上海技物所党委书记郭英说，"经过近 3 年的资助培育，目前在研的 97 个项目中，年龄 35 岁以下的项目负责人占到80% 以上，10 余名青年科技人员已成长为相关领域的科技骨干。"

此外，中科院以科技创新"交叉与合作团队"计划为载体，为有潜质的青年科技人才搭建学科交叉、协作创新的平台。还通过实施"中科院青年科学家奖"、"卢嘉锡青年人才奖"、公派留学计划、优秀博士启动经费和博士后专项支持等，拓宽对青年人才的支持面，加大支持力度，在实践中提升青年人才的创新能力，形成培养青年人才和人才辈出的有效机制。

十　遵循系统培养的人才开发规律

各类人才"百花齐放"

　　中科院一向重视各类人才队伍的协调发展，除抓高端人才，抓青年骨干人才外，也将对技术支撑人才和管理人才的培养放在人才工作的重要位置。2009 年，中科院启动实施"人才培养引进系统工程"，明确指出要以各类人才的统筹协调、健康发展为目标，构建了一套系统整合、有机衔接、布局均衡、重点突出的独具中科院特色的人才工作体系。

　　寒区旱区环境与工程所实验师张永亮常年在极地和高海拔地区参加野外冰芯钻探工作，20 年来，共钻取长达 3000 多米的珍贵冰芯样品。他研制的 BZXJ 超轻型冰芯钻机，结束了我国对进口仪器设备的依赖，被誉为"中国最好的冰钻师"。

张永亮在南极采集冰芯

　　在中科院，这样的例子不胜枚举。在 2011 年中科院人才发展主

题活动日上，10 位"中国科学院技术能手"受到表彰，体现了中科院鼓励各类人才"竞相展现、百花齐放"的政策导向。

为加强技术支撑人才队伍建设，中科院一些研究所还突破学历条件限制，对做出突出贡献的优秀技术人才破格聘任；有的所设立了"技术革新人才计划"，发掘奖励优秀技术人才；有的所通过加强实验基地和科研支撑平台建设、设立"实验研究"系列岗位等，提高科研支撑队伍的整体水平。

在管理人才方面，中科院通过设立管理创新人才专项、开展管理类课题研究、组织各类管理骨干的职业化培训、院所管理人员双向挂职、关键管理岗位轮岗等措施，促进管理人才的成长。

相关链接

中科院人才培养引进系统工程
- 高层次人才培养引进计划
- 优秀青年人才培育计划
- 支撑与管理人才培养计划
- 海外智力引进与人才国际交流培养计划

除此之外，中科院还设立了"创新团队国际合作伙伴计划"、"爱因斯坦讲席教授"、"外国专家特聘研究员"、"外籍青年科学家"等项目，以加强海外智力引进与人才国际交流培养。

到 2020 年，中科院除计划拥有 2000 余名德才兼备的科技领军人物和尖子人才、3000 余名科技带头人外，还将致力于打造一大批结构合理、动态优化的高水平创新团队，培养一个具备强烈创新意识和市场意识的科技产业化人才群体，建设一支高水平管理和技术支撑队伍，并向社会再输送约 12 万名硕士学历以上的高素质创新创业人才。

一片丹心为人才

"人才回来了，如何让他们更好地成长？"这是中科院各级领导班子一直在思考的一个命题。

十　遵循系统培养的人才开发规律

相关链接

院士制度

新中国成立后，中国科学院酝酿建立学部制。1955年，中国科学院正式宣布成立学部。1993年10月，国务院决定中国科学院学部委员改称中国科学院院士。同年，中国工程院成立。自1997年起，中国科学院与中国工程院同步进行每2年一次的院士增选。目前，中国科学院设有6个学部，现有院士723名，另外有外籍院士64名。中国工程院设有9个学部，现有院士774名，另外有外籍院士41名。

为了建设结构合理、富有创新活力的人才队伍，中科院多个研究所建立了合理有序、动态优化的流动机制。计算所搭建了顺畅的流动渠道，如内部岗位调整、鼓励创业、拓展到下游产业链等，力图使每个人都能在自己擅长的领域做到最好。该所党委书记李锦涛说："流动代表着发展和进步，通过流动文化的建设，我们要使管理层与员工充分认识到流动是计算所的常态，要让人们能够笑着离开计算所。"

为有效激励各类人才，建立公平合理的收入分配秩序，中科院经过多年改革实践，形成了以"三元"结构工资制为主体，法人年薪、协议工资、合同工资等多种分配形式为补充的职工收入分配体系。

为了给各类人才营造良好的创新生态系统，做好人才的"后勤部长"，中科院正大力实施"3H工程"，着力解决高层次人才在住房（Housing）、子女入学和配偶工作（Home）、健康就医（Health）等三方面的实际问题，帮助他们解决后顾之忧。相关部门还开展了保障科研人员4/5的时间从事科研工作的政策调研，积极研究制定行之有效的措施，确保一线科技人员潜心致研。

同时，中科院还进一步完善继续教育体系，实施"全员能力提升计划"，按照不少于职工工资总额1.5%的标准设立专项经费，加强对各类高层次、急需紧缺和骨干人才的培训，实现人力资本的增值。

"天府之国"的英才计划

2011 年 12 月 8 日深夜，成都电子科技大学电子薄膜与集成器件国家重点实验室内灯火通明，刚刚增选为中国工程院院士的李言荣教授和他的团队还在实验室里埋头工作。

1996 年，34 岁的李言荣从德国 Karlsruhe 研究中心做访问学者归来，好不容易争取到关于高温超导薄膜研究的课题，但项目经费却捉襟见肘。正当他焦头烂额时，四川"杰青"计划给予了 10 万元的匹配资助。

正是这次资助，帮助他和他的团队顺利解决了大面积双面高温超导薄膜的制备技术，并成功实现技术转化。2003 年，该项目成果获

四川九寨沟

十 遵循系统培养的人才开发规律

国家技术发明二等奖。

李言荣说："如果没有当年四川'杰青'计划的雪中送炭，我恐怕还要多奋斗 5—10 年。"

他所说的"杰青"计划，就是如今四川正在大力实施的天府科技英才计划子计划之一。

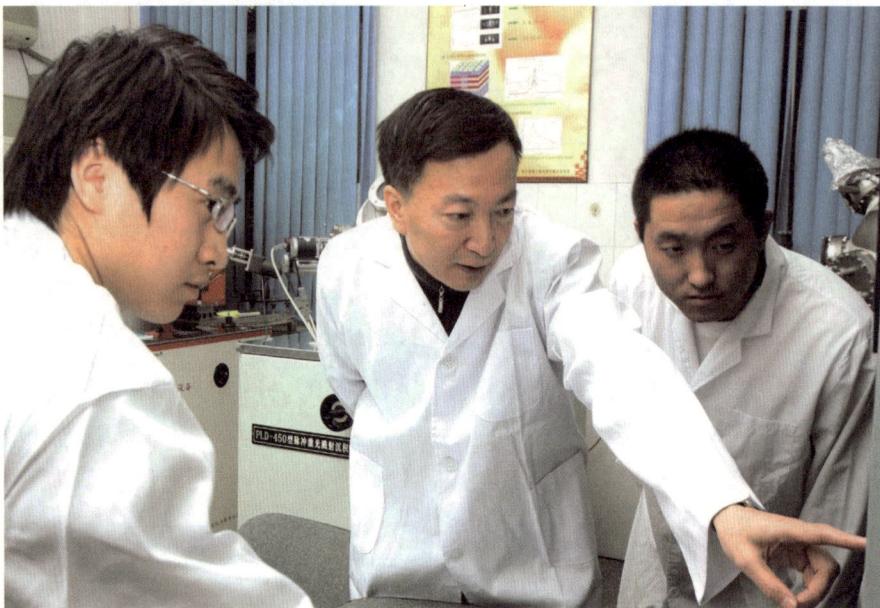

李言荣（中）及其团队在实验室

系统化设计　打造人才培养"链条"

1993 年，为加快实施科教兴川战略，四川设立青年科技基金，并于 1994 年启动了杰出青年科技人才培养计划，有计划、有重点地发现、遴选并资助青年科技人才开展科研创新，简称"杰青"计划。

从最初 8 万—9 万元的资助标准，到目前最高可资助 100 万元；从设立之初总额仅为 100 万元，到现在每年 2000 万元，"杰青"计划正逐步发展成为四川培养青年科技人才的重大人才工程。

相关链接

天府科技英才计划

项　目	内　容
科技创新苗子培养计划	采取"人才带项目"的培养方式，每年遴选一批在川高校学生、3 年内毕业生及部分示范性高中在校生，年龄在 30 岁以下的青年，资助其开展创新创业活动。
杰出青年科技人才培养计划	采取以人选为主体、项目为支撑的形式，每年遴选一批重点优势发展产业领域 40 岁以下的优秀中青年科技人才予以资助。
科技领军人才培养计划	采取依托项目培养人才的方式，通过实施国家和省级各类科技计划重大项目，每年重点扶持一批能够跟踪世界科技前沿、突破关键技术、推动优势产业发展的领军型人才。
科技创新团队培养计划	采取"项目＋带头人＋团队"的方式，每年集中扶持一批竞争力强、发展潜力大的高层次科技创新团队，给予持续支持，加快培养造就一批优秀科技创新团队。

　　"十年树木，百年树人。"科技创新需要长期潜心研究，同样，科技人才队伍也要遵循人才成长规律，系统开发培养。

　　进入新世纪，四川在主抓科技人才队伍的中端（即青年科技人才）取得明显成果并积累一定经验的基础上，开始把目光更多地聚集到这支队伍的高端和低端，对科技领军人才和科技创新苗子的培养、开发进行思考和规划。

　　2000 年，四川制定《关于在实施西部大开发战略中进一步加强科技人才培养使用和引进工作的意见》，明确提出"加速高层次科技人才培养"。"杰青"计划开始向科技领军人才培养计划延伸。

　　从 2011 年起，按照全省人才工作会议的部署，四川开始拓展实施科技创新苗子培养计划、科技创新团队培养计划，一个系统培养创新型科技人才的重大人才工程——天府科技英才计划逐步成型。

　　"从少年到青年再到领军人才、从个体到团队，天府科技英才计划勾勒出了一个清晰、科学、系统的人才培养链条，为科技人才打开了一扇扇通往科研殿堂的大门。"四川人才工作顾问、西南财经大学

边慧敏教授如是说。

持续性资助　孕育人才成长"沃土"

当年，和李言荣一样得到"杰青"计划资助的还有许多，西南交通大学的"长江学者"特聘教授翟婉明就是其中一位。

1994年，翟婉明入选首批四川"杰青"计划，2001年、2007年先后两次获后续资助。2004年起担任牵引动力国家重点实验室副主任，在国家和省级有关部门的集中支持下，先后承担了"973"计划、"863"计划等重大项目，在机车车辆与线桥系统动力学领域取得了系列创新成果，获国家科技进步一等奖、二等奖以及长江学者成就奖一等奖各1项。2011年，48岁的他被增选为中国科学院院士，成为当时四川最年轻的院士。

翟婉明（左四）及其团队在京津城际高铁试验现场

李言荣、翟婉明的成长轨迹，正是许多四川科技人才在天府科技英才计划支持下快速成长的一个缩影。

作为2011年度四川科技杰出贡献奖两个获奖者之一，四川农业大学教授李仕贵对此感触颇深："1999年，我第一次获得'杰青'资助，2003年获后续资助。以此为起点，我先后承担了'863'计划等30余项省部级重大科研项目。"

通过这种持续的资助，李仕贵主持完成了重穗型杂交稻骨干恢复系"蜀恢527"的选育与应用，实现了我国杂交稻恢复系配合力育种上的重大突破，推广"蜀恢527"系列组合1.5亿亩，新增稻谷66.7亿公斤，新增经济效益99.5亿元。

依托科技项目进行持续资助，依托省学术技术带头人及后备人选

制度加强人才梯队建设，以科技杰出贡献奖、杰出创新人才奖等加大表彰力度，在领军人才的带领下，许多优秀青年科技人才也逐渐走向成熟。

相关链接

四川省"杰青"计划初步成果

截至2011年年底，四川青年科技基金累计投入近亿元，共资助18批495名优秀青年科技人才，其中14批391人完成资助计划。

3人当选院士，5人被提名院士候选人；

4人成为国家"973"计划首席科学家；

31人获得国家杰出青年科学基金资助，占全省入选人数的48%；

12人获中国青年科技奖；

15人受聘"长江学者"特聘教授，占全省入选人数的37%；

10人带领的团队入选教育部创新团队；

122人成为四川省学术技术带头人；

5人获四川杰出创新人才奖，3人获四川"十大杰出青年"。

2011年年底，四川科技创新团队支持计划首批25个资助名单出炉，电子科技大学集成电子薄膜团队、西南交通大学高速铁路轨道团队等4个团队，分别获得3年100万元的资助。这些团队的负责人都曾经是李言荣和翟婉明的得力助手。

2011年，四川共设立和争取100万元以上科技项目88个，为一批科技领军人才锻炼成长搭建了宽广平台；投入1300万元资助青年科技人才，48人新入选"杰青"计划，12人获后续资助；投入400万元实施创新苗子培养计划，资助59个创新研发项目和20个小发明项目，聚集博士126人、硕士264人，不少项目已初步具备产品化、产业化基础。

成都理工大学在读博士研究生梁宇君就是"苗子计划"首批资助对象之一。他主持的《车载GPS动态监控与智能交通平台研究》项目，从甄选、资助到验收，短短1年时间，研发的产品就成功打入市场，

十　遵循系统培养的人才开发规律

四川省为"杰出创新人才奖"获得者颁发证书

几个月内实现上百万元的销售收入。

以创新苗子为基础、以杰出青年为骨干、以领军人才为脊梁、以创新团队为支撑，这种持续性支持、梯队式培养的人才模式，成为孕育创新型科技人才队伍成长成才的"沃土"。

集成式支持　构筑科技人才"塔尖"

随着科技人才队伍的壮大，"塔尖"人才匮乏的问题日益凸显。

一组数据显示出这种尴尬：四川省高层次人才数占人才总量的比例低于全国平均水平近 3 个百分点；每万人中科学家和工程师人数列全国第 25 位；现有在川院士平均年龄超过 77 岁，近 5 年先后有 6 位院士因高龄去世；2005—2009 年三届院士增选中，全省有 51 人被提名为有效候选人，仅 7 人当选。

面对"塔尖"人才青黄不接的现状，2010 年，四川在科技领军人才培养计划的基础上，深化实施了院士培养工程，包括李言荣、翟婉明在内 9 名专家被列为首批培养对象。

给予专项资助、加大项目支持、加快团队建设、促进学术交流、深化院士指导……

"缺什么、补什么"、"一对一"个性化服务，帮助其完成"临门一脚"。

2011 年年底，这项被誉为"准院士工程"的计划取得突破性进展，

4 名培养对象增选为两院院士，入选数量为近 10 年来之最。

面向"十二五"，四川出台《关于加强引进培养高层次领军型人才的实施意见》，明确对被纳入计划的个人和团队，分别给予 100 万元、200 万元的资助，对顶尖创业团队最高可达 3000 万元的资助额度……

在科技项目申报、专利申报等方面，开辟"绿色通道"，给予持续性支持……

在科技奖励、税收、医疗待遇、配偶就业、子女入学等方面，提供个性化服务……

与此同时，"天府英才"工程专项资金从 2000 万元增至 2 亿元，新增 10 亿元创业资金、2.5 亿元科技成果转化资金、1500 万元专业技术人才队伍建设资金……

相关链接

天府科技英才计划"十二五"目标

围绕四川重点优势产业和战略性新兴产业以及现代农业、民生工程、基础研究等领域，采取依托项目培养人才的方式，造就 100 名左右跟踪世界科技前沿、处于国内领先水平的科技领军人才；培养 300 名左右具有较强创新能力、在经济社会发展中作出显著成绩的科技青年英才；扶持 500 名左右富有创新精神、具有较强科技创新能力的青年科技苗子；打造 100 个左右产学研紧密合作、获得重大突破性成果的科技创新团队，建设一支素质优良、结构合理、梯次配备的创新型科技人才队伍。

"在政府资助、创业扶持、创新支持、生活待遇等方面的多项优惠政策，充分体现了对高层次领军型人才的重视，必将全面提升四川地区人才队伍的核心竞争力。"中国科学院院士、成都电子科技大学教授刘盛纲评价说。

十　遵循系统培养的人才开发规律

基础学科拔尖学生的
特殊培养试验

近年来，在北京大学、清华大学、浙江大学等 19 所高校中，一批基础学科的拔尖人才正在悄然孵化。这里，有出类拔萃的学生，有世界知名的教授专家，有灵活丰富的课程体系，有自主学习探索的良好氛围，有一系列符合人才发展规律的科学培养机制。

这就是中组部、教育部、财政部等在 2009 年开始筹备实施的一项人才培养计划——"基础学科拔尖学生培养试验计划"，亦称"大

学生优选计划"。

把握拔尖人才培养规律

为了发挥高水平研究型大学在人才培养方面的优势，培养基础科学领域具有国际一流水平的拔尖人才，促进我国基础学科研究水平的提升，2009年8月10日，教育部召开了"基础学科拔尖学生培养试验计划"部长专题会。会议通过了"基础学科拔尖学生培养试验计划"工作方案，并决定成立计划协调组、专家组和工作组。

与此同时，教育部组织专家、学

相关链接

"大学生优选计划"的目标

在基础科学领域，选择高水平研究型大学，每年动态选拔特别优秀的大学生（本科生和研究生），配备一流的师资，提供一流的学习条件，创造一流的学习环境与氛围，创新培养方式，建立基础学科拔尖人才培养的特殊模式，努力使受计划支持的学生有可能成长为相关基础科学领域的领军人物，并希望有一些人能够逐步跻身国际一流科学家队伍。

者，对我国高等教育进行全面调研，分析和研究高层次人才的成长轨迹，反复论证高精尖人才开发培养的基本规律。2010年1月，一份《关于创新人才培养开发机制的论证报告》新鲜出炉，对学生遴选、师资配备、氛围营造、制度改革、国际合作等高等学校拔尖大学生培养机制的改革重点进行了一一诠释。

"要培养出一流人才，关键在于创造出一个有利于创新人才成长的良好环境。我以为，一流人才成长的良好环境至少应该包括6个方面，即优秀学生荟萃、追求真理和献身科学的学术氛围，良师指导，学生自主学习知识和创造知识的空间，国际化的视野和标准，学生安心学习研究和教师安心教学研究的软硬件条件。"清华大学物理系朱邦芬院士在论证时建议。

十　遵循系统培养的人才开发规律

"钱学森之问"

"为什么我们的学校总是培养不出杰出人才?"这就是著名的"钱学森之问"。他认为现在中国没有完全发展起来,一个重要原因是没有一所大学能够按照培养科学技术发明创造人才的模式去办学,没有自己独特的创新的东西,老是"冒"不出杰出人才。"钱学森之问"是关于中国教育事业发展的一道艰深命题,需要整个教育界乃至社会各界共同破解。

2011 年 9 月,《基础学科拔尖学生培养试验计划实施办法》印发,标志着基础学科拔尖学生培养试验计划作为中央组织部、中央宣传部、教育部、科技部、财政部、人力资源和社会保障部、中国科学院、中国工程院联合实施"青年英才开发计划"的子项目正式实施。

实施该项计划的经费也列入有关工作预算。据教育部统计,2010年到 2012 年已安排资金 5.37 亿元作为经费保障,其中 2010 年经费8700 万元,2011 年经费 1.75 亿元。

◀ 一流学生 + 一流师资

北京大学在"元培学院"的基础上,建立基础学科项目组;清华大学选择了已有的数理基础科学班、钱学森力学班、计算机科学实验班等,联合实施"清华学堂人才培养计划"。

19 所高校纷纷建立试点学院、试点班,并将此作为改革创新人才培养模式的"实验区",依据拔尖人才培养规律,在教授治学、教师评聘、考试招生、学生管理、经费使用等方面实行特殊政策,积极进行制度创新。

拔尖学生培养计划的重点工作之一,就是选拔好学生。然而,好学生衡量的标准很多,什么样的学生才是好学生?如何才能选拔出好学生?不仅需要"伯乐",需要多样化的选拔途径,更需要科学的选拔机制。各高校的试点班从学科特点出发,自主创新、反复论证,探索

遴选办法和制度体系，选拔出对基础学科领域感兴趣、有天赋、肯投入的"好苗子"。

清华大学百年校庆之际，"清华学堂人才培养计划"全面启动。在学生选拔制度上，数学班、物理班、计算机科学班、钱学森力学班、生物班的遴选方式各不相同，有"高考录取＋校内分流"的机制，有入学后"校内二次选拔"的方式，也有在本科高年级学生中选拔人才的做法。

如今，全国有 2500 名优秀学生，正在 19 所试点高校国家级拔尖人才培养的"特区"中接受着特殊培养。

美国微生物学家 Robin Anderson 在兰州大学为生物专业学生讲课

一流的学生是基础，而一流的师资更是拔尖人才培养的重中之重。处于科学研究前沿的大师，无论在方法、理论和实践条件上都具备相当的优势，能够站在更高的位置上为学生研究做出重要指导。

清华大学聘请丘成桐、姚期智、朱邦芬、施一公、张希等担任试点班的首席教授；北京大学聘请田刚、王恩哥、高松、王晓东等担任试点班的项目主任；上海交通大学聘请蔡申瓯、范滇元、季向东等组成理科班专家组。

诺贝尔物理学奖获得者李政道曾说过："做基础研究的话，事实上跟学徒有点像。例如年轻的时候，有一个好导师的话，对你的影响会很大的。"

一批批在学术领域造诣丰厚、教学经验丰富、具有国际视野的院士、长江学者、杰出学者纷纷成为培养基础学科拔尖人才的指路人和引导者。

在四川大学，进入"拔尖实验班"的学生每人配备 2 位导师；在

十　遵循系统培养的人才开发规律

北京大学，导师与学生之间可以双向选择，并通过导师小组等模式确保对学生有效指导。"导师制"的培养方式让学生们受益匪浅。

"他如画的板书、流利的英语讲解，将物理的直观性和数学的严谨融为一身，总能使我们深受启发。"上海交通大学致远学院学生对他们的导师蔡申瓯如此评价。

◀ 营造勇于冒尖的宽松环境

"一流人才主要不是在课堂上教出来的，关键是要为这些人的脱颖而出提供充分的发展空间和非常好的环境，使一流人才'冒出来'容易一些。"中国科学院院士、清华大学物理系教授朱邦芬曾指出，"对尖子学生因材施教，主要应该为他们提供一个自由探索的良好环境，并给他们'松绑'，给他们更多自主学习和自主探索的机会和权利。"

各高校的试点班，也针对学科特点，进行一系列教学方式的改革，或进行小班教学，或开设讨论班与研究型课程，变灌输式授课为启发式、探究式学习。

北京大学物理学院采用了教授引导、小组自学、学生报告、集体讨论和评论的形式，使学生真正理解基本方法，自我发现问题和不足，实践创新过程。一系列的教学改革为学生创造了研究和探索的良好氛围。试点班的学生们在自由宽松的学习氛围中，在导师的指导下，积极参与科研实践活动。一些学生在科研训练中撰写的论文

上海交通大学致远学院学生与诺贝尔奖获得者小林诚交流

发表在著名刊物上，还有一些学生在学科竞赛中获得佳绩。据北京大学物理学院不完全统计，人才培养计划实施以来，本科生参与的工作在国内外杂志上共发表论文116篇，其中SCI收录99篇。

南开大学物理伯苓班参加亚太物理学会联合会女物理工作者研讨会

各项目高校试点班积极创造条件，邀请国际知名学者作学术报告，鼓励学生参加国内外的学术活动，搭建高端开放式的交流平台，拓展学生的国际视野。

2011年暑期，北京大学、南京大学、四川大学、厦门大学联合开展了数学拔尖学生培养暑期学校，中国科学院院士郭柏灵、姜伯驹、文兰等众多著名学者为学生作了精彩生动的学术演讲。

"一年间，我的收获远远大于期待。丰富的学术实践活动，浓郁的学习学术氛围，一流的专家指导团队，宝贵的赴外交流机会……这一切，都让我们有理由相信，在科研不平坦的道路上，我们可以更加自信地迈向前方。"南京大学理科班学生傅心恺说。

在遵循杰出人才培养规律的一系列教学改革和创新中，试点高校基础学科拔尖人才培养的效果明显。学生的学习热情和兴趣得以充分体现，学习能力表现优异，并在国际基础学科竞赛中屡创佳绩。

"无论在理论课堂还是讨论课堂上，他们都能够非常积极主动地提出很多颇有见地的问题，由此可见他们的文献阅读量也是惊人的。"上海交通大学杨英姿研究员如此评价。

遵循系统培养的人才开发规律

中国商飞为民机产业播种育才

"两个小时内一定完成排障任务，保证不耽误试验试飞工作。"2012年2月29日，中国民航局对中国商用飞机有限责任公司 ARJ21-700 新支线飞机进行首次审定飞行试验。上午，飞机调试准备时，飞行控制系统突然报出故障。28岁的试飞工程师张大伟顶住压力迎难而上，掷地有声地做出承诺，从容淡定地排除故障。下午，飞机顺利起飞，成功完成第一个局方审定试飞科目，我国自主研制的

ARJ21-700 新支线飞机

相关链接

试飞与试飞工程师

试飞作为全面验证飞机设计指标和检验飞机质量的一项最重要手段，涉及飞机的综合技术性能、安全性、经济性、舒适性和环保性指标以及所有机体结构、装机系统和设备，同时还包括试飞技术和改装技术等诸多领域，是一项多学科交叉的复杂工作。

试飞工程师是指在飞机型号研制的试验飞行过程中，负责制定试飞计划、确保试飞安全、分析试飞过程数据并撰写试飞分析报告的特殊专业人才。

ARJ21-700 新支线飞机适航取证进入了新的阶段。

我国民机产业第一支试飞工程师队伍正是由 20 个像张大伟一样意气风发的青年组成。平均年龄 27 岁的他们怀揣梦想，远赴南非、美国接受了为期一年的国际试飞工程师专业培训。学成归来的他们蓄势待发，第一时间投入到了民用飞机型号研制一线。

超前培育中国民机试飞的种子

一款新型号的民用飞机，经过缜密研制阶段后，要通过大量符合适航法规要求的试验试飞，才能交付运营，这是国际民机型号研制惯例。启动大型飞机重大科技专项时，由于我国没有完整走过民机型号研制的全过程，民机研制技术基础和人才基础薄弱，型号研制经验欠缺，民机试飞能力较弱，尤其缺少国际化的高层次领军人才和民机试飞专业人才。

到 2014 年，中国商飞公司将要在 1 年半左右的时间里，投入 5 架研制批飞机，需要完成包括 400 多个试飞科目，近 3000 小时的密集试飞试验任务。

面对时间紧、风险高、难度大的试飞工作挑战，公司领导多次强调，加快试飞人才队伍建设，有利于把握项目研制的主动权，有利于突破试飞技术瓶颈，有利于满足型号系列化发展的需求，要下大决心

实现突破。

　　公司制定了《关于加强试飞队伍建设的若干意见》，提前谋划试飞体系建设工作。2009 年 7 月 30 日，时任副总经理的贺东风率领工作团队前往南非试飞学院（TFASA），签署了《试飞工程师培训协议》，诚恳地向 TFASA 指出："你们有丰富的试飞教学经验和资源，我们派来的学员就是中国未来民机试飞的'种子'，希望他们带着宝贵的知识归国，并在中国的民机事业中学以致用。"

　　依照协议内容，公司分批选派青年骨干前往南非、美国接受为期一年的试飞工程师项目培训，每位学员高达四百万元的培训费用创造了公司人均培养投入的新纪录。C919 大型客机项目总设计师吴光辉认为："公司在试飞工程师培训、培养上的投入，凝结着新一代中国民机试飞工程师成长的希望。派遣优秀工程技术人员到海外进行完整的试飞培训，是公司人才战略的具体体现，这将进一步加强 C919 项目试飞实施力量，为最终形成公司自主试飞能力提供人才储备。"

▶ "这是一支我带过的最出色的队伍"

中国商飞公司7100多名员工中有近三分之二在35岁以下，科研人员中80%以上不到35岁。公司准确把握民机产业人才资源稀缺性、竞争性、全球性和开创性的特点，加快实施"青年英才工程"，滚动储备、选拔、培养一批青年人才。

公司边规划、边建设、边研制、边引才、边探索，认真总结ARJ21-700新支线飞机试飞经验，科学制定C919大型客机试飞工作规划。公司不拘一格地打破试飞工程师培养需要具备3—5年民机研制经历的国际常规，从建立民机试飞体系开始就对标国际，积极整合美国国家试飞员学院、南非试飞学院等顶尖试飞培训机构优质资源为我所用，加快实施人才"走出去、引进来"战略，先后选派百余人参加试飞工程师、试飞员和试飞管理人员海外培训，有力回答了"要不要送出去培训"和"怎么样开展培训"的焦点问题。

公司把人才投资作为效益最大的投资，在"走出去"中博采众长开展试飞工程师国际

相关链接

中国商飞公司"青年英才工程"

"青年英才工程"共分三个阶段实施：第一阶段开展"结对子"活动，聘任百余名技术骨干担任优秀青年的导师，评选十大青年英才和青年创新创业团队。第二阶段实施"商飞之星"人才培养行动计划，重点培养"70后"、"80后"科技骨干和管理骨干。第三阶段培养青年科技拔尖人才，实施"小高工"、"小技师"等计划，为青年人才脱颖而出开辟"绿色通道"。

培训。美国国家试飞员学院是全球最大的七所试飞员培训学院中唯一一所非军事院校。学院的教员都是拥有15年以上试飞测试经验的试飞员、试飞工程师和飞机系统专家。南非试飞学院前身为美国国家试飞员学院南非分部，自成立至今已有30年历史。公司选派青年工程技术骨干赴美国、南非培训，让参训学员在全英语的环境中系统学

习飞机适航取证的完整流程和规章要求，以过硬的技术水平和过关的语言能力达到了毕业后立即能参与飞机研发设计和民航适航取证的培训目标。

试飞工程师学员在南非试飞学院训练场

公司在"引进来"中灵活处理人才存量与增量、掌握与储备的关系。公司与上海市航空器适航审定中心签订协议，聘请中国民航局局方试飞人员帮助开展有关工作，引进美国波音 787 试飞团队之一的布兰特航空服务公司开展试飞项目合作，组建飞行大队，成功引进 9 名飞行员。在构建我国民用飞机产业体系进程中，公司运用"主制造商供应商"管理模式，对试飞人才既进行数量储备，也进行能量积累，致力于成为民机产业人才的"播种机"，有效填补了我国民机试飞领域的空白。

作为试飞工程师培训项目中仅有的 2 名女性学员之一，李楠在美国培训期间克服了体力和精力的全面挑战，以综合平均成绩并列第一的成绩获得了美国国家试飞员学院"优秀毕业生"称号。当得知李楠此前从未接触过飞行试验时，美国国家试飞员学院副院长 Greg Lewis

给予了高度赞许："You will be great！"

当 20 名学员顺利获得国际试飞工程师资质证书时，无论是南非还是美国的教员都竖起了大拇指。"这是一支我带过的最出色的队伍！"南非试飞学院院长给予了高度评价。

试飞学院教官为学员第一次飞行做讲解

◀ 做中国民机产业的开路先锋

发展大型客机项目，给有志青年提供了报效祖国、施展才华、实现抱负的广阔舞台。经过四年努力，公司以点带面，造就了一批以国家"千人计划"入选者、国家"973"项目带头人、全国技术能手等为代表的青年民机领军人才。公司 20 个科研创新团队都由"70 后"青年担当主力，百余项国家专利都由青年科技人才领衔申报，青年人才已成为大型客机项目研制的骨干力量。

2012 年 4 月 23 日，中国商飞民用飞机试飞中心揭牌成立。公司整合内部相关试飞资源，全面加强民机试飞能力建设，目前已向试飞中心划拨人员 240 多名，20 名学成归来的试飞工程师全部调入试飞中心工作。

公司按照人事相宜的原则，把试飞工程师准确、及时地配置到关键岗位、关键研制阶段和关键技术攻关领域，让青年人才学思结合、学以致用，发挥最大潜能，创造更多价值。ARJ21-700 新支线飞机项目总指挥强调，要确保让试飞工程师学为所用。试飞工程师也纷纷表示要将学习所获进行交流和分享，使 1 个人的长处变成 10 个人的优势，使 10 个人的优势化为 100 个人的力量，最终辐射转化为公司的整体实力。

试飞工程师庆祝成功完成一个试验点

　　试飞工程师学成回国后，切实感到迎来了体现人生价值的最佳时机。有的试飞工程师编写了《中国商飞试飞中心组织架构建议方案》，研究分析提出了试飞中心工作流程和试飞中心体系架构。有的试飞工程师参与了 ARJ21-700 新支线飞机试飞规划课题研究，编制了 ARJ21-700 新支线飞机试飞流程管理框架图，提出了优化试飞效率、缩短试飞周期的建议。有的试飞工程师开展了试飞数据管理课题研究，在对国内外现有试飞数据管理方法充分调研的基础上，提出一套标准化的试飞数据管理流程方法的初步建议。

　　在试飞工程师的积极示范影响下，公司涌现出了以"青春无极限，创新无止境"为目标的试飞站飞行试验室青年创新创业团队，以"立志做中国民机产业开路先锋"为理想的 ARJ21-700 新支线飞机项目外场试验试飞和适航管理青年创新创业团队。在大型客机项目的创新实践中，一支充满朝气、甘于奉献、勇于攻关、敢打硬仗的青年民机人才队伍正在挑起中国大飞机事业的重担。

十一 坚持人才发展改革创新

　　人才发展的关键在体制机制，体制机制的活力来自改革创新。党的十七大以来，我们坚持以改革创新精神推进人才工作，建立人才特区、人才创新创业基地，积极探索建立充满活力的科学研究、科技开发和科技创业机制，中国科学院改革创新人才评价和分配制度，北京生命科学研究所探索与国际接轨的科研管理机制，神华集团创办北京低碳清洁能源研究所，都收到了很好的效果。但是，在社会的各个领域，时下制约人才发展的落后观念、体制机制障碍还很多。我们要进一步开阔眼界、开阔思路、开阔胸襟，不断破除束缚人才成长和发挥作用的思想观念和制度障碍。我们要发展创新文化，培育全社会的创新精神。要坚定不移地推进识人选人用人制度的改革，把成熟的改革经验上升为制度规范，把普遍有效的重要政策纳入国家法律法规。

让人才在创新创业大潮中激情冲浪

推开两扇精致的木门，时尚的吧台、舒适的沙发、怡人的绿植映入眼帘。这里，有人正对着电脑聚精会神工作，有人聚在一起热烈地讨论，还有人正在召开商务会议……这里就是坐落于中关村、被称为"创新型孵化器"的"车库咖啡"。目前，有 20 多个创业团队以及一批知名天使投资人和著名创投机构常聚集于此。"现在，已经有手机应用程序研发等 13 个项目在这里获得了超过 3000 万美元的风险投

资"，"车库咖啡"创始人苏菂说，"这里正在成为草根创业者实现梦想之地和投资人寻找项目的家园。"

"车库咖啡"在中关村的诞生不是偶然的。某著名天使投资人认为："一方面，科技、资金、人才等创新要素在中关村高度聚集，为创业投资服务机构提供了成长环境；另一方面，创业者和投资人之间交流、沟通的需要，催生了'车库咖啡'式的孵化器。"

"车库咖啡"是中关村发展的一个缩影。经过 30 多年的发展建设，中关村已经成为创新创业十分活跃的地区，我国 40 多所重点高校、200 多所国家级科研机构汇聚于此，2 万多家高新企业在此扎根，全国近 1/4 的海外归国人才潮涌而至。有专家认为："这些元素是中关村建设人才特区的坚实基础。"

从经济特区到人才特区

"30 多年前，中央支持深圳、厦门等沿海地区兴办了经济特区，率先确立社会主义市场经济体制，"中国人民大学教授曾湘泉说，"30 多年后，着眼于深入实施人才强国战略，借鉴经济特区的建设经验，中央支持北京市在中关村创建人才特区，这是不亚于建设经济特区意

义的一项重大举措。"

2010 年 5 月以来，围绕将中关村建设为"高层次人才集聚区、人才政策和体制机制创新试验区、先进科技成果和先进生产力创造的示范区"，在中组部等 15 个中央部委的支持下，北京市研究制定了《关于中关村国家自主创新示范区建设人才特区的若干意见》（以下简称"《若干意见》"）。经市委十届第 157 次常委会讨论，提请中央人才工作协调小组第 29 次会议审议，《若干意见》被原则通过。2011 年 1 月，北京市与中组部、国家发改委等 15 个中央单位启动了《若干意见》的会签工作，于 3 月 14 日正式印发文件。同年 7 月，北京市制定实施了《加快建设中关村人才特区行动计划（2011—2015 年)》，组织召开了由 22 个中央单位和全市各有关部门、区县参加的"中关村人才特区建设工作大会"。各方面整合资源，加快打造"人才智力高度密集、体制机制真正创新、科技创新高度活跃、新兴产业高速发展"的国家级人才特区。

建设人才特区是摸着石头过河。为了有效协调各方、形成工作合力，在中央人才工作协调小组的领导下，中组部牵头，国家发改委等 15 个部委和北京市共同参与组建了人才特区建设指导委员会，负责人才特区建设工作的组织领导和统筹协调。北京市依托"两组一平台"，即中关村国家自主创新示范区领导小组、市人才工作领导小组和中关村创新平台，多维度、多渠道地落实各项建设任务。

相关链接

中关村创新平台

2010 年 12 月 31 日，在中关村国家自主创新示范区部际协调小组的领导机制下，中关村科技创新和产业化促进中心（简称"中关村创新平台"）在京成立。中关村创新平台由 19 个中央单位和北京市共同组建，旨在进一步整合北京地区高等院校、科研院所、中央企业、高科技企业等创新资源，采取特事特办、跨层级联合审批模式，落实各项先行先试政策。

十一 坚持人才发展改革创新

先行先试探索创新之路

"建设中关村人才特区是人才工作的一项实践革新，正在为全国人才工作改革创新进行有益探索"，中国人事科学院院长吴江认为，"中关村人才特区的'特'主要体现在特殊政策、特殊机制、特殊平台和特需人才。"

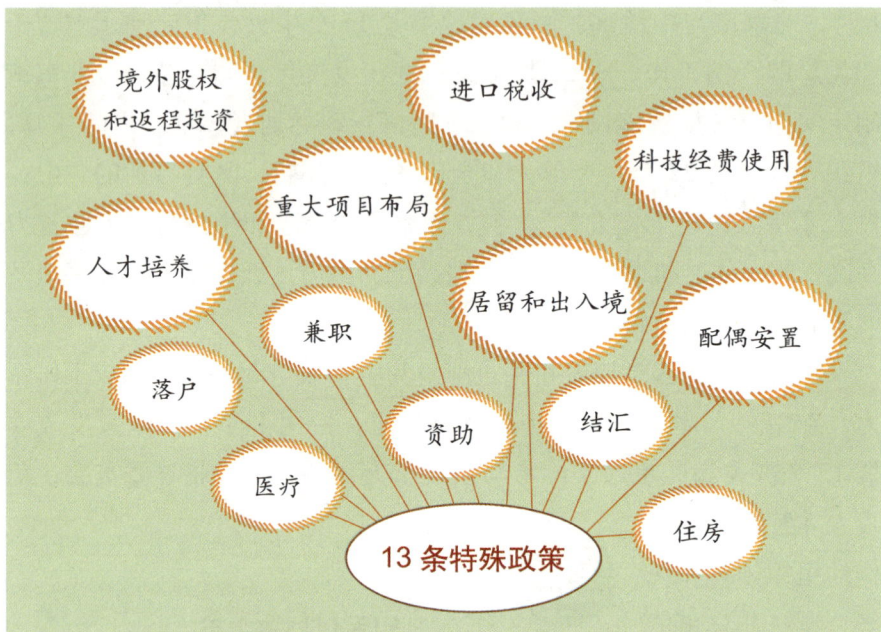

境外股权和返程投资　进口税收　科技经费使用　重大项目布局　人才培养　兼职　居留和出入境　配偶安置　落户　资助　结汇　医疗　住房　13条特殊政策

"中关村人才特区实施了重大项目布局、境外股权和返程投资、科技经费使用等13项特殊政策，激发了人才活力"，入选国家"千人计划"的美国耶鲁大学终身教授邓兴旺说。他回国后在中关村开始了自己的创业之路，缺乏创业资金成了他遇到的第一个"拦路虎"。不过，人才特区实行的"资助"政策帮他解决了大问题。经过有关部门积极协调，邓兴旺获得了科技部提供的2200万元科研资金，中关村配套提供了数百万元的扶持资金。有了充足的资金保障，邓兴旺带领科研团队成功研发了"第三代杂交水稻育种技术"，使杂种优质基因利用率达到95%。

"在特殊政策带动下，中关村人才特区在科研创业、产业发展、财税金融、管理服务等方面进行了一系列体制机制创新。"联想集团

邓兴旺教授（左二）带领团队成功研发出"第三代杂交水稻育种技术"，成为实现我国作物育种第三次绿色革命的先导性关键技术

董事局主席兼总裁杨元庆说。他所在的联想集团就创新了科技研发的体制机制，联想集团的联想研究院在美国、日本等国家设立了分院，广泛延揽各界 IT 精英，打造了由中、美、日三国顶尖技术专家领衔，2000 多名工程师和技术人员组成的科研团队，取得了 6500 余项全球专利，其中多项专利已经实现产业化。除科研管理体制外，以中关村创新平台为主体的资源整合机制、以旗舰型企业和中小微型企业为重点的企业发展扶持机制、以开展金融服务创新试点为代表的科技金融合作机制等，都凸显了人才特区的发展优势。

事业发展平台备受人才关注。北京未来科技城就是一个由中组部等中央单位和北京市共同支持神华集团等 15 家央企集中打造的人才事业平台。武汉工程大学教授桂昭明认为："中关村人才特区落实特殊政策、构建特殊机制、打造特殊平台，吸引了一大批国家和首都发展的特需人才。"恒泰艾普石油天然气技术服务股份有限公司董事长孙庚文入选了国家"千人计划"，从埃克森——美孚等石油巨头企业中引进了包括 4 名"北京海外人才聚集工程"入选者在内的一大批海外人才，同步引进了"地质微生物探测"等多项先进技术。以联想集团创始人柳传志，中国工程院院士、中星微电子有限公司董事长邓中翰，百度公司创始人李彦宏等为代表的一批领军人才，借助中关村建设人才特区的机遇和优势，进一步增强创业实力，取得了更多重大创新成果。

挺立潮头引领发展航向

一年的时间虽然不长，但以下数字却着实令人兴奋：目前，中关村人才特区聚集了138.5万名人才，硕士及以上学历人才超过14万人；在北京地区629名国家"千人计划"入选者、北京市301名"海外人才聚集工程"入选者中，约有80%的人才聚集在人才特区创新创业；依靠人才智力优势，2011年，人才特区专利申请量和授权量分别达到1.9万件、1.2万件，同比增长30%；企业总收入实现1.96万亿元，同比增长约23%……这些成果凝结着广大人才的心血与汗水，也反映了中关村人才特区的发展成效，在社会各界引起强烈反响。

《人民日报》、新华社、《北京日报》、《大公报》等数十家媒体都对中关村人才特区的建设情况进行过专题报道。"中关村大胆实施机制创新，全力打造人才特区，不仅实现了高端人才的快速聚集，也使这里成为名副其实的科技高地"，新华社在2012年3月29日一篇题为《中关村："人才特区"成就"创新热土"》的报道中评论道。

中国人才研究会副会长、华东师范大学教授叶忠海认为："中关村人才特区通过聚集拔尖领军人才和创新要素，对提高自主创新能力起到了助推作用。"目前，新一代信息技术、生物医药、大规模集成电路设计等产业领域的一批重大技术难关被攻克，比如，百度公司的大规模数据超链分析搜索服务、创毅视讯公司的无线通信芯片级终端产品、中科院计算机所的龙芯通用芯片等，都已成为国内外相关领域的尖端技术成果。

市场化导向的人才服务体系

2011 年 9 月 30 日下午，上海市"白玉兰纪念奖"授奖仪式在人民大厦举行，上海市领导向 12 位荣获"白玉兰纪念奖"的外籍人士颁授证书。

据上海人才服务行业有关统计资料显示，在 247 位"白玉兰荣誉奖"获得者和 798 名"白玉兰纪念奖"获奖者中有近 15％的外籍人才是通过落户上海的中外合资猎头公司牵线搭桥介绍来沪的。在国际人才高地建设过程中，上海人才服务业的作用不可小觑。自 2003 年

上海五角场

相关链接

"白玉兰纪念奖"

"白玉兰纪念奖"是上海市政府为表彰对上海经济建设和社会发展做出突出贡献的外籍专家而设立的奖项，每年颁授一次。自1993年首次颁奖至今19年以来，先后有247名来沪工作的外籍专家、学者获此殊荣。

起，上海人力资源服务业产值以不低于30%的速度逐年递增，2006年收入为270亿元，2010年达551亿元，五年实现翻番。

上海人力资源服务业发展何以如此强劲？

法变则业兴，业兴则才聚！改革人才发展体制机制，创新建立以市场为导向的人才服务体系，是上海人力资源服务业快速发展的根本原因。

◀ 从参与者到监管者

2000年全国人口普查资料显示："上海大专以上人员占从业人员的比重为13.2%；上海高级人才与人口的比例仅为0.51%，远低于美国、日本等国。"

2001年9月，新加坡《联合早报》曾发表了这样一篇文章："号称'中国经济龙头'的上海，要在2005年建成亚洲的人才资源高地，人才总量将达到137万。"

上海如何成为国内乃至亚洲的人才资源高地？

改革人才发展体制机制，建立以市场化为导向的人才服务体系，先从政府"开刀"。

2002年4月24日，"国字号"的上海人才市场一分为二，分别组建为上海人才有限公司和市人才服务中心，市工商行政管理局检查总队人才市场监督管理处同日挂牌。

在全国先行一步的改制，意味着政府职能的转变，由原先直接配置和管理人才资源，逐步转变为制订市场发展规划和准入制度、完善政策法规、加强监督管理、规范市场秩序、优化市场运行环境。原先的一部分政府职能由行业协会承担，人才市场监督管理处行使执法管理的职能。

新成立的上海人才有限公司平等参与人才中介市场的竞争，市人才服务中心则"打理"原先中国上海人才市场业务中的公共人事服务事务。

上海人才市场

为弥补政府职能的"缺位"，上海先后制定出台了《上海市人才市场管理办法》、《上海市人才中介职业资格注册管理办法》等文件，加快人才市场发展的法制建设。

改革效果很快显现：过去不少人才中介机构有政府背景，靠大卖场式的招聘会和"劳动密集型"服务产品等人才上门；如今参与市场竞争，必须转向"知识技术密集型"服务产品的开发，为人才提供更好的服务。同时，人才交流服务机构数量大增。仅以2005年为例，上海人才交流服务机构213家，比人才市场放开前翻了近一番，平均每月增加18家，几乎所有著名国际人力资源公司，都在上海设了办事处。

改革，使人才服务这一市场化元素被大大激活。

从事业到产业

2006 年：人力资源服务机构 278 家，其中国企占 19.4%，事业单位占 11.5%，合资企业占 11.9%，民企占 60.1%。

2010 年：人力资源服务机构 1229 家，国企占 13.7%，中外合资企业占 9.4%，民企占 76.9%。

相关链接

上海人力资源服务产业园区

中国上海人力资源服务产业园区以"上海人才大厦"为核心，地处中心商业带"不夜城"区域，毗邻苏河湾核心商务区，5 条地铁线路在此交会，紧邻南北高架，占地总面积约 2 平方公里，将形成以人力资源服务企业为主体，相关服务设施配套齐全的产业园区。目前，已经基本形成以上海人才大厦、新理想国际大厦为载体的人力资源服务企业集聚地，以上海人才培训广场、上海市青少年活动中心为载体的人力资源培训机构集聚地，以上海人才大厦延伸楼宇为载体的人力资源服务外包产业基地，以周边楼宇为载体的后台服务和呼叫中心基地。

通过对比这两组数据，我们可以得出的结论是：人才服务产业发展迅速；国有企业比重在下降，事业单位消失，民企比重上升。

2002 年以来，上海采取了一系列鼓励和扶持行业发展的措施，并取得了积极的成效。

2002 年从事业单位分离的上海人才有限公司，曾以国有企业身份独立经营，以引导和培育人力资源市场。2005 年中外合资人才机构注册开放后，《财富》世界 500 强的德科、万宝盛华、任仕达；全球五大猎头公司：海德思哲、光辉国际、亿康先达、罗盛咨询、史宾沙；全球四大人力资源咨询公司：美世、韬睿惠悦、怡安翰威特、荟才；全球最大人力资源外包服务提供商安德普翰，全球最大的招聘外包服务提供商肯耐珂萨等国际著名人力资源服务企业进驻上海。上海人才有限公司顺势而为，与任仕达合作成立合资公司。

民营人才服务机构也出现了大发展的局面，从 2002 年的 154 家迅速增加到 2010 年的 1047 家。

2010 年 11 月，由人力资源社会保障部和上海市政府共建的全国首个国家级人力资源服务业集聚区——"中国上海人力资源服务产业园区"正式挂牌运营。园区以"中国上海人才市场"（上海人才大厦）为核心，占地总面积约 2 平方公里。目前，园区内已集聚了包括上海外服、中智、任仕达、正东、诺姆四达、智联易才在内的国内外知名人力资源服务机构 40 余家，全年产值超过 100 亿元。

中国上海人力资源服务产业园区的建成，是上海人才服务产业发展的新制高点。

"协会给了我们很多帮助"

"在过去两年中，我们能够取得如此大的进步还要归功于和上海人才服务行业协会之间积极的合作。在协会的支持和帮助下，我们进入了中国市场，肯耐珂萨（中国）在各个业务领域都得到了协会的支持，其中包括与上海市政府沟通，使我们获得许可参加了 2010 上海

世博会项目，以及协助肯耐珂萨（中国）组织人力资源峰会等。"上海肯耐珂萨人才有限公司总裁鲁迪（Rudy Karsan）如是说。

建立以市场化为导向的人才服务体系，上海人才服务行业协会扮演了政府与企业、市场之间协调者的角色。

《劳动合同法》给了"劳务派遣"合法地位，但"劳务派遣"一直是个有争议的名词或劳动用工方式。为科学、规范引导企业的市场行为，上海人才服务行业协会在《人力资源派遣服务规范》的基础上，制定人力资源派遣标准合同、建立标准流程，逐步形成行业自我约束机制。在完善行业服务质量上，制定了上海市地方标准——《高级人才寻访服务质量规范》。

◣ 五大商圈——多层次、多元化发展的新趋势

目前，上海人才服务业已经形成了以国际商圈、亚太商圈、国内商圈、区域商圈、本地商圈为主体的"五个商圈"的服务体系。上海人力资源服务业多层次、多元化的发展趋势日益明显。

国外在线网络招聘运营商加盟上海人才服务

　　国际商圈、亚太商圈为上海打造国际化人才高地提供了一条便捷的通道。总部在伦敦的英国上市猎头公司——上海瀚纳仕人才管理咨询有限公司，2011 年在上海的猎头业绩约为 5000 万元人民币左右；万宝盛华的猎头业务按专业人才年薪：30 万—50 万元、50 万—80 万元、100 万元及以上的，分别占业务量的 30%、60% 和 10%；任仕达公司在国际人才引进方面，95% 以上的业务是为企业引进管理、技术人才；上海英创公司为国内企业推荐外国人才，2009 年 105 人、2010 年 139 人、2011 年 163 人，每年增长 30%。

　　猎头业务跟着动车跑，这是上海人才服务企业打造国内商圈、区域商圈的形象写照。随着各地动车、高铁的不断开通，上海猎头的业务也从前沿城市快速发展到了其他二三线城市，具有先进技术、经验的上海人才特别受青睐。

　　为世博会各场馆提供人力资源服务，无疑是一项极为特殊的服务，也是上海人才服务企业建设本地商圈的一个重要标志。以上海外服为例：为 23 家世博场馆提供各类人力资源服务，其中包括法国馆、日本馆、捷克馆等。为此，上海外服共计招募来自上海各高校、各行业的一线服务人员 700 余人，服务岗位涵盖运营主管、秘书、翻译、引导员等。为世博会场馆提供人力资源服务，对自身服务能力的提升也是一次难得的机遇。

十一　坚持人才发展改革创新

低碳清洁能源领域的"贝尔实验室"

"众所周知，美国有一个知名的'贝尔实验室'，引领世界电子信息产业技术发展数十年。鲜为人知的是，在低碳清洁能源领域，中国的神华集团正在打造这样一个'贝尔实验室'。"2010年10月20日，有媒体这样报道。

神华集团为什么要打造中国低碳清洁能源领域的"贝尔实验室"？如何打造？这还要从中央实施的"千人计划"政策，神华集团筹建北京低碳清洁能源研究所、大力引进海外高层次人才谈起。

2008年，中央出台"千人计划"政策。同一年，神华集团决定建设北京低碳清洁能源研究所，借国家"千人计划"政策东风，大力引进海外高层次人才，加快落实人才优先、创新强企战略，加快转变经济发展方式、提升企业核心竞争力。

2010年，低碳所实现当年开工、当年建成，成为北京未来科技城首家开工建设、首家入驻办公的单位。从2008年至今，神华集团引进

相关链接

北京低碳清洁能源研究所

北京低碳清洁能源研究所位于北京·昌平·未来科技城，占地面积533亩，总投资约30亿元，总建筑面积32.6万平方米。目前已有214人，其中科研人员160人，组建了6个核心科研团队，12个研发中心；现有科研人员中，有80多名是从海外引进的，其中18人已入选国家"千人计划"，初步搭建起国际一流的科研团队。

北京低碳清洁能源研究所

了 18 名国家"千人计划"专家。这些专家，大多在 45 岁左右，在美国 GE、UOP 等国际知名跨国公司担任过重要职务，都是活跃在国际能源化工领域前沿的领军人才，代表着当今国际低碳能源研究的一流水平。

建设中国的"贝尔实验室"，核心在人才，关键是体制机制。集团领导形象地说："'千人计划'专家，都是'怀着孕'来的，来了就是要'生产'的。我们要做的，就是要提供良好的环境、调配好酸碱度，加速'生产'。"神华集团把低碳所定位为神华的人才特区，探索、创新管理体制机制，充分激发人才的创新创造活力。

选好所长

"选好所长是一个研究所建设发展的第一要务。有了好的所长，就能营造一种氛围，就能吸引、凝聚一个团队，就会在较短的时间内产出一批科研成果。"低碳所学术技术委员会主任黎念之博士这么说。

"国家'千人计划'专家，水平都很高，在业内有名气；大都在海外工作 20 年左右，思想、行为、做事方式等方面，都很'西方'了，让他们回来后改变做事风格不太现实。所长必须有国际化研究所运营管理经验，能够准确理解和把握科研规律，在业内有很强的权威性，能压得住阵、让专家们服气。"低碳所学术技术顾问、美国工程院院士罗敬忠说。

国家"千人计划"专家赖世燿在研究分析神华煤制烯烃产品的性能

在充分听取专家顾问的意见建议基础上，神华集团直接聘请世界知名研究机构的管理专家担任低碳所所长。低碳所第一任所长卡洛斯，曾任美国著名科研机构 UOP 公司的首席执行官，曾获国际燃料及石化行业领袖大奖；现任所长戴维斯，曾任美国国家能源部副部长及美国西北太平洋国家实验室副主任等职务。两个人都是美国人，科研管理经验丰富，业绩突出，很好地将世界一流科研机构的先进做法应用于低碳所，营造了一个国际化的科研环境。

低碳所国家"千人计划"专家孙琦说："两任所长水平都很高，能服众，营造了一个非常国际化的科研环境。在这里工作，感到跟在国外没什么差别。从海外回来的人都保留着自己的个性，保留着自己的做事风格和习惯，不同的只是工作地点的改变。"

高度授权

神华集团管理低碳所，与管理其他下属公司有什么不同？"特"在什么地方，这是低碳所所长和专家们比较关注的问题。神华集团对此进行了明确说明。

在宏观管理方面，对于低碳所，神华集团只是管战略、管所长、管预算、管成果，其他的充分授权。所长有充分的人财物自主权。低碳所所长直接向集团董事长和总经理汇报工作。

赋予低碳所充分的对外合作与发展自主权。根据科研需要，低碳所可以自主设立海外分支机构、开展对外合作。目前，低碳所在美国设立了分支机构，就地吸引人才，开展国际交流；与清华大学、美国太平洋西北国家实验室等国内外 10 多家科研机构建立了战略合作关系，联合开展课题研究。

低碳所所长戴维斯说："集团领导和总部各部门对低碳所的管理干预很少，集团召开的各种会议，低碳所也可以根据需要选择参加。在这里，我能够放开手脚，按照自己的思路运营管理这个研究所。"

放手使用专家

成就事业，需要平台。低碳所引进的国家"千人计划"专家，大都担任所长、副所长、首席科学家、研究中心主任等职务，有充分发挥作用的空间和平台。

专家可以自己

相关链接

低碳所学术技术委员会

低碳所学术技术委员会聘请了 21 名国际低碳清洁能源领域的知名专家担任顾问，其中有 2 名诺贝尔奖得主。委员会在研究所发展战略、技术路线、重大科研项目等方面充分发挥"智库"作用，为低碳所建设发展把关定向。

学术技术委员会在进行课题研究

提出研究课题，只要项目符合低碳所的发展战略，学术技术委员会把关认可，科研经费需要多少投入多少；项目立项后，专家可以自主决定科研合作方式、自主组建科研团队、自主使用科研经费。

低碳所国家"千人计划"专家郭屹说："在低碳所搞科研，我们不为经费发愁，有充分的科研自主权。我们需要做的是，结合自己的研究兴趣和企业发展战略，提出有价值的研究课题，组织人员，潜心搞研发。"

提供有竞争力的薪酬激励

专家们来神华工作，不能让他们回来后感到生活水准、薪酬福利低于在国外的水平，不能因为待遇问题影响专家的创新激情，这是神华集团在确定引进人才薪酬标准时的一条基本原则。集团开辟了薪酬绿岛，低碳所的薪酬体系不纳入集团工资总额管理；专门聘请国际知名咨询公司，制定了新的薪酬体系。

低碳所还建立了科研成果利益分享制度，成果转化产生的经济效益，主要发明人可按一定比例提成。科研人员提出的合理化建议，一经采纳，按照所提建议的价值实施奖励。目前低碳所很多专家都获得过合理化建议奖。

良好的机制，极大地激发了专家们的科研积极性。2010 年和 2011 年，低碳所投入科研资金 12 亿元，启动了 37 个科研项目，申请 33 项发明专利。"褐煤分级炼制技术"、"煤制烯烃产品综合利用技术"两项技术工业化前

相关链接

褐煤分级炼制技术

这项技术可在不同的温度下，分级去掉褐煤中的水分，提炼出油。褐煤炼制充分利用该技术，由此减少的碳排放比全世界靠风能和太阳能发电减少的碳排放总和还要多。

景广阔，有望近期实现突破。低碳所的国际知名度越来越高，成为神华走向世界的一个窗口、一张名片。

实施全方位的服务保障

在北京未来科技城，神华集团专门成立了神华科技发展公司，为低碳所提供市场调研、科技成果转化和后勤保障服务。从项目立项到评审手续办理等科研服务，从订机票到差旅报销等后勤保障问题，只要专家一个电话，立即有人解决，真正做到了让专家心无旁骛地搞研发。

集团领导定期到低碳所调研，与专家座谈，现场解决问题。集团建立低碳所联席会议和协调联系人制度，每月召开一次联席会，由董事长或总经理主持，研究需要集团解决的问题。集团内部开通绿色通道，只要是低碳所的事，总部各部门都特事特办，迅速解决。

3 年多的建所、引才实践，神华收获的不仅仅是一个研究所、一批高层次人才和与国际接轨的科研环境，更多的是由此带来的思想的解放、人才的解放以及企业发展品质和发展后劲的提升。

十一 坚持人才发展改革创新

让科学家潜心创新的研究所

　　6 年前，如果有人问起"生命科学研究领域有影响力的研究机构在哪里？"有人会说"在美国"，有人会说"在德国"，也有人会说"在新加坡"。而 6 年后的今天，大家都会不约而同地谈及一家叫"北京生命科学研究所"的机构。

　　从 6 年前的默默无闻，到如今的业内广泛认可，北京生命科学研究所的迅速发展，究竟是如何实现的呢？有人说，这是高水平科学家聚集的结果；有人说，各方大力支持是它成功的关键；更多人则认为，国家大力实施科教兴国战略、人才强国战略，注重提高自主创新能力，造就了生命所的发展奇迹。

成立 6 年来，生命所陆续在国际权威期刊发表创新性研究成果73 篇，其中，在《科学》、《细胞》、《自然》三大权威期刊累计发表研究成果 19 篇，文章影响因子合计达到 1300，为国内同类主要科研机构的 2—8 倍，赶超了新加坡分子和细胞生物学研究所。2012 年年初，生命所 4 名高级研究员王晓晨、邵峰、张宏、朱冰首批入选了霍华德·休斯医学研究所设立的"国际青年科学家奖"，在我国入选的7 名科学家中占了超半数的席位。

◤ 一流科学家的聚集之地

2005 年，生命所正式挂牌运行，坚持以科学家为本，以科研为中心，大力开展专业领域有难度、有创意、有影响力的基础研究。

组建初期，生命所采取全球招聘的方式，从 20 多位应聘人选中选拔出美国得克萨斯大学西南医学中心教授王晓东、耶鲁大学终身教授邓兴旺担任共同所长。此后不久，王晓东凭借其在细胞凋亡特别是引导癌细胞凋亡治疗癌症等方面的研究成果，成为改革开放以来我国留学美国人员中第一位当选美国国家科学院院士的人。为促进科研成果转化，2011 年年初，在北京市的支持下，王晓东成立了百济神州北京生物科技有限公司，对接医疗卫生机构，加快研发生产抗肿瘤新药。

在顶尖科学家的引领下，生命所吸引了大批生物技术领域的海外留学人员。迄今为止，有 600 多名高水平海外人才先后应聘研究员工作，其中包括 30 多位海外科学家。在引进人才的同时，生命所注重培养人才，与北京大学等高校联合招生，共同培养了 108 名研究生。

北京生命科学研究所所长、美国国家科学院院士王晓东（左四）在指导科研团队

一流的国际化人才拓

宽了国际交流渠道。生命所与哈佛医学院、加拿大哥伦比亚大学等国际上许多著名高校和研究机构建立了密切的合作关系。此外，许多生物医药界跨国公司来访我国，生命所也是必到之地。目前，生命所已经与强生、孟山都等著名制药和农业跨国公司建立了密切合作关系。其中，诺华公司曾连续多年向生命所的重点实验室提供每年 10 万美元的资助，以获得课题成果使用的优先权。王晓东表示："在下一步发展中，生命所将建立一个符合国际惯例的生物技术转化系统，使基础研究成果向产业辐射的影响放大，包括为北京生物医药产业提供技术、科研人员和知识产权的全面支撑，让政府对基础科研的投入得到社会回报。"

以科学家为本、以科研为中心的体制机制

走进生命所，你会被一种富有学术气息的"软环境"所包围，专注的科研精神、高效的行政服务、完善的生活保障……这一切可以概括为"与国际接轨、符合国情的科研管理体制机制"。

王晓东说："生命所独特之处，在于人才评价标准的转变，即选人没有框框，不在意是否师从大家，是否有好背景，只有一条标准，即能不能干。"原共同所长邓兴旺更为干脆："人才评价不讲论文篇数，

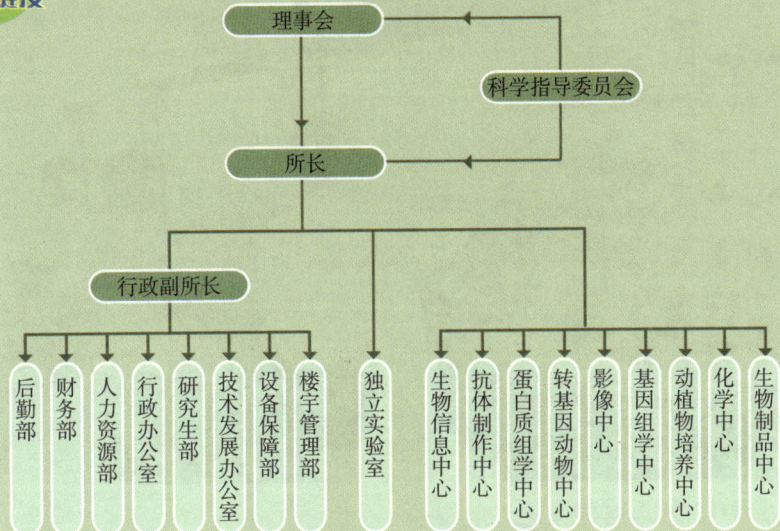

北京生命科学研究所组织架构图

而看是否有发展前景。"生命所实行严格的国际同行评价制度，坚持以实际贡献对研究成果进行评价。包括 10 位诺贝尔奖得主在内的 24 位国内外知名科学家组成科学指导委员会，邀请国内外同领域专家组建评审团，每 5 年对实验室主任的研究工作前景、国际影响、综合贡献和未来发展等进行一次评估，形成评估报告，进而决定是否续聘。

有人问王晓东："你如何管理生命所的 20 多个实验室?"王晓东回答的一句"我不管"，着实让提问者惊讶了一番。生命所内部采取理事会领导下的所长负责制，但作为所长的王晓东，权力也仅限于帮助生命所在国内外"招兵买马"，以同领域研究者的身份了解各实验室最新科研进展并提供参考意见，参与实验室主任的 5 年期评估工作。在人员招聘方面，他只对实验室主任进行把关，其他研究人员的聘用和使用情况则一概不过问。生命所支持科研人员自主选题，自主组建科研团队，根据自己兴趣确定研究方向和自主使用科研经费。

为建立长期稳定的经费支持模式，科技部和北京市等单位给予了

青年科研人员在实验室进行科学研究

大力支持。目前，科技部每年支持科研经费 9000 万元，北京市每年提供事业运行经费 5000 万元。充足的经费保障使科研人员能够心无旁骛、专心致志搞科研。生命所青年科学家邵峰说："回国的最主要原因，是在这里可以全身心做科研，不用为申请课题经费发愁。"

虽然经费上依靠政府支持，生命所却完全不受行政干预。科研工作是绝对的中心，行政必须服务于科研。"我们的宗旨就是行政不干预科研。要让科研人员享受最好的服务，却感觉不到行政力量的存在。"分管行政的副所长智刚如是说。对于行政部门而言，大到实验室建设、设备采购，小到科研人员的衣食住行、家属照料，都做了精心安排。一位科研人员表示："我们一下飞机，就可以直接进入实验室工作，不用为生活琐事而烦心。"

◢ 大胆尝试，收获"超值回报"

作为采用全新管理模式运行的生命所，受到业内外广泛关注。其中，经费的申请和使用方式是各方关注的焦点，也曾遭受质疑。相对于以具体科研项目申报立项为基础的传统经费管理方式，生命所所需的科研与运行经费，一是足额保障；二是自主使用。对此，少数其他研究机构的科研人员抱有一定的怀疑态度：在宽松的制度环境中，持续的经费投入能否达到预期效果？经过6年多的正式运行，生命所以实际成果回答了这一问题。

2008年12月，部分顶尖科学家在对生命所进行实地考察后得出结论："世界上没有任何其他研究所能在如此短的时间里，在国际科研领域占据如此重要的席位。这个研究所的成功，是对财政投资的超值回报。"科学指导委员会主席、诺贝尔奖得主、美国洛克菲勒大学教授威塞尔说："生命所这样的科研团队，在美国也不多见。"

中国科学院院士、南开大学教授饶子和说："生命所给人的感觉是没有杂念，有点像剑桥的分子生物学实验室，多年来一直在一个偏僻的地方一心一意做科研。"

被美国国家科学院院士、马萨诸塞州大学教授维克多·埃姆伯斯博士评价为有着惊人的天赋、创造力和工作效率的张宏博士，在短短5年内，成为了所在领域的学术带头人，在《细胞》等国际权威期刊发表了10余篇高水平论文。他在细胞自噬基因方面的研究成果，将推动老年痴呆、帕金森症等神经退化性疾病以及心肌梗死、肿瘤等疾病相关治疗药物的研发。

在《自然》、《细胞》等国际权威期刊上发表5篇重量级论文的邵峰，其研究成果不仅颠覆了20多年来科学界关于"蛋白质磷酸化和去磷酸化是不可逆调节"的认识，而且揭示了一种全新的致病机制，其成果在学术界引起强烈反响。

王晓晨在2006年进入生命所后，专注于凋亡细胞清除机制的研究。在此前的15年里，科学家们

北京生命科学研究所高级研究员邵峰（中），研究领域为病原细菌感染和宿主天然免疫防御的分子机制

已找到在凋亡细胞清除过程中发挥功能的 8 个基因。但王晓晨坚持认为："里面一定还有新东西。"王晓东虽然被她的韧劲儿所感染，却不得不"友情提示"：搞科研有时要懂得取舍。但最终，她和团队还是发现了 6 个之前未被发现的调控凋亡细胞清除基因。

朱冰与王晓晨同年回国，他的研究方向主要是在表观遗传学的生物化学机理。2010 年，他发表于《科学》杂志的研究论文澄清了染色质基本组成单位核小体的分配模式，是研究表观遗传信息继承性的重要基础。一名《科学》杂志的审稿人评论道："该项工作终结了一个长期的学术争论"。

6 年来，生命所不断聚集高端人才，不断取得高端创新成果，凝聚了一批站在国际前沿、处于创新创业顶峰时期的科学家。目前，生命所有 4 人入选国家"千人计划"、16 人入选"北京海外人才聚集工程"；建成了 27 个科学实验室，研究领域覆盖癌症细胞凋亡、病原细菌、干细胞、乙肝病毒等所有当前国际生命科学研究热点；在国际权威期刊发表创新成果数量年度复合增长率达到 55%。

十二 坚持党管人才原则

坚持党管人才，就是要充分发挥党的领导核心作用，充分发挥党的思想政治优势、组织优势和密切联系群众的优势，为做好人才工作提供坚强的政治保证。党的十七大以来，我们积极探索党管人才的实现途径，形成了"四管"（管宏观、管政策、管协调、管服务）和"六抓"（抓战略思想的研究、抓总体规划的制定、抓重要政策的统筹、抓创新工程的策划、抓重点人才的培养、抓典型案例的宣传）的理论体系。按照党管人才的要求，全国31个省区市党委全部成立了人才工作领导或协调小组，各级组织部门普遍建立了专门人才工作机构，配备了人员。从中央到省、市、县四级人才工作网络体系基本建立，形成了党委统一领导，组织部门牵头抓总，有关部门各司其职、密切配合，社会力量广泛参与的人才工作格局。

探索组织部门牵头
抓总的有效路径

　　2012年春节后召开的浙江省人才工作座谈会传出好消息：省"千人计划"引进海外高层次人才419人，入选国家"千人计划"155人，居全国第4位，实现"保四增量"。

　　在这次会上，有16个人才工作目标责任制考核优秀市、县（市、区）受到表彰，但也有不少领导的脸上挂不住了，因为重点人才工作指标靠后被点名通报。新一年的人才工作目标任务让与会者倍感压力，因为年中要督查，年底要交账。

浙江临安青山湖大桥

把人才工作抓到市县、抓到各个部门，用实绩说话，这是浙江组织部门落实党管人才工作的一个常态化机制。

谁来抓"第一资源"

改革开放以来，得益于体制机制改革的先发优势，浙江实现了从资源小省到经济大省的跨越，但也面临资源环境约束加剧、产业竞争优势弱化的制约。省委、省政府清醒地看到，浙江要爬坡过坎、再创发展新优势，必须走人才强省之路，依靠人才科技引领支撑发展。推动各级各部门聚焦"第一资源"、抓好"第一资源"，组织部门责无旁贷，但突破口在哪里？

经过调研分析，浙江省委组织部决定从领导干部人才工作考核入手。2004年，建立市县党政领导人才工作目标责任制考核制度，列入省委、省政府专项考核项目，由组织部门牵头进行。考核每年一次，省对市、市对县分级进行，既有书面考核也有实地考核。考核制度的建立，使各级领导班子和领导干部的人才意识有了明显提高，人

相关链接

浙江省落实党管人才工作的若干制度

1. 市县党政领导人才工作目标责任制
2. 市县党政领导人才工作目标责任制考核优秀单位通报制度
3. 重点人才工作指标考核制度
4. 建立健全人才工作运行机制进一步完善人才工作新格局的若干意见
5. 建立完善人才工作运行机制的有关工作制度
6. 组织部门在人才工作中充分发挥牵头抓总作用的意见
7. 省委人才工作领导小组成员单位工作职责
8. 省委人才工作领导小组成员单位重点人才工作项目分工制度
9. 人才工作重要事项交办督查制度

才工作在经济社会发展中的地位逐步提升。

2010年10月，苏浙沪部分城市人才工作座谈会在杭州召开，中央领导的要求、兄弟省市抓人才的干劲，让浙江看到了差距。浙江人才发展如何走在全国前列？关键还是抓书记、书记抓。审视过去，原有人才工作考核刚性不强，重点不突出，容易走过场。要改变这种局面，必须加强和改进考核工作，增强科学性和针对性，真正把人才工作这个"软任务"变成"硬要求"。

不到一个月时间，浙江就出台重点人才工作考核制度，根据人才强省总体部署，每年给地市下达人才工作量化考核指标，完成情况要排队通报，做得好要表彰奖励。同时，建立省级部门重点人才工作项目化管理制度，分解落实年度工作任务。指标和任务结合实际确定，既有共性要求又体现各自特点，不搞"一刀切"。

实行重点工作考核使各级党政领导特别是"一把手"压力倍增。他们迅速行动起来，立下"军令状"，自我加压，你追我赶。2011年，全省11个市、90个县（市、区）全部出台人才强市、人才强县规划，省级"十二五"人才规划和一批重点专项规划相继实施。多年来一直困扰的人才投入不足状况有了明显改观。在财力

浙江省党政领导学习科学人才观体会的文章

趋紧的2011年，市县两级人才专项资金占一般财政预算支出比例全部达到0.5%以上，总量32.7亿元，比2010年增加近一倍。宁波市实施"五年百亿"人才发展投入计划，每年全市人才发展专项投入不少于20亿元并逐年增加；台州市将地方可用财力的1.5%用于人才工作专项经费，到2016年要达到2%。

为了进一步促进党政领导牢固树立和落实科学人才观，破除"重

物轻人"的思维定势，2012年浙江省委组织部又部署了科学人才观宣传普及行动，一个重要举措是开展党政"一把手"和组织部长谈科学人才观征文活动，并在省委机关报上刊发。各地市委书记积极响应，撰写学习体会文章，其中包括两位省委常委、一位副省长。现在，人才是浙江各级领导谈论的热点话题，"转型发展人才优先"成为自觉共识和实际行动。

◀ 从"海创园"到"未来城"

杭州城西，毗邻西溪国家湿地公园、浙江大学紫金港校区，一座规划面积113平方公里的科技新城正拔地而起，它有个响亮的名字——浙江杭州未来科技城，也称浙江海外高层次人才创新园（简称"海创园"），是中组部、国务院国资委确定的中央企业集中建设的四大未来科技城之一、国家海外高层次人才创新创业基地。

浙江"国字号"院所、高校、央企少，成为集聚高端人才的一大制约。如何破局？浙江省把目光投向了杭州西面的省科创产业集聚

杭州未来科技城总体规划

区。2010 年 2 月，浙江省委人才工作领导小组决定启动建设海创园，目标是打造国内一流的人才优先发展示范区和人才高地。

海创园是一个白手起家的重大人才工程，规划、资金、土地、政策、人才……个个都是硬骨头。为了解决这些难题，由省委组织部牵头，成立了杭州市、余杭区以及 17 个省直部门、浙江大学负责同志组成的协调小组。省委领导多次主持召开协调会、推进会。省委组织部分管领导每月召开现场办公会，会商解决重大建设问题。这一切努力造就了"海创园速度"，实现建"园"向建"城"转变：2010 年 7 月正式挂牌运作，首批 13 个项目签约入园，12 月启动区块开工建设；2011 年 4 月，海创园被命名为央企集中建设人才基地、国家未来科技城；搭建"人才＋资本＋民企"平台吸引海归人才创业创新，不到两年时间，累计接洽海外人才近 700 批次，成功引进海外高层次人才 155 名，其中国家"千人计划"4 名，省"千人计划"11 名，落户高科技项目 83 个。在未来科技城（海创园）的示范带动下，全省各地积极依托产业集聚区、高新园区、重点民企、高校、院所建设人才平台，创建了首批 16 个省海外高层次人才创业创新基地，浙江大学、杭州高新（滨江）区、宁波高新区与海创园一道入选国家海外高层次人才创新创业基地。

创建杭州未来科技城（海创园）是近年来浙江省委组织部主抓的重大人才工程之一。每一项人才工程都是复杂的系统工程。实践中，注意把握一个原则，就是牵头不单干、抓总不包揽，有所为有所不为，并总结出组织部门在人才工作中牵头

相关链接

浙江省组织部门牵头抓总"八个抓"

制定人才发展战略和规划
建立健全人才政策法规体系
协调整合人才工作资源
优化人才发展环境
推进高层次人才队伍建设
加强人才理论研究、统计分析等基础工作
加强人才工作指导督查
加强人才工作机构和队伍建设

抓总"八个抓"的要求。浙江省委组织部有关负责同志说:"组织部门管人才,既不能单打独斗,也不要去抢别人能做的事,而是要组织和动员各方力量,做那些别人不愿干、干不了的事,掌舵不划桨,总领而不亲力亲为。"

按照这样的要求,省委组织部会同有关部门策划了12项省级重大人才工程(计划),牵头抓海外高层次人才"千人计划"、重点创新团队推进计划、支持欠发达地区人才开发"希望之光"计划、大学生村官计划。这些工程(计划)实施效果良好,人才欢迎,各方受益。

◀ 管用的"浙江红卡"

来浙江工作的海归人才,只要符合一定条件,就可到省人力社保厅申请办理海外高层次人才《居住证》,因为证件是红色的,很多海归人才称之为"浙江红卡"。凭着这张卡,他们可以在创业、融资、子女就学、落户、签证、购房等方面享受10条特殊政策,可以基本享有浙江居民同等待遇。

浙江红卡

这张卡来之不易。浙江是中国市场取向改革较早、对外开放程度比较高的省份,是海归人才的首选地之一。特别是浙江省实施省"千人计划"以来,三顾茅庐到硅谷招才,到浙江发展的海归人才逐年增多,近三年每年硕士以上学历的就有2000人以上。然而,居留、落户、社保、买房、创业融资、子女入学等问题却成了海归人才的"拦路虎"。这些事情政策性强,需要公安、人事、社保、教育、科技、税务、工商等十几个部门一起合作才能解决。作为海外引才工作的牵头主抓部门,省委组织部找到了问题症结所在。通过深入走访海外人才听取意见建议，多次召集相关部门进行沟通协调，省政府发布实施"浙江红卡"政策。为使这项政策尽快惠及海归人才，省委组织部协调相关部门制定了实施细则，建立了省市联动的"一站式"窗口服务体系，一年时间就办理发放了 290 本红卡。各市都建立了相应的服务窗口，简化办事手续。嘉兴市出台了"三集一卡"制度，建立"资源集约、服务集中、政策集中"的领军人才服务联盟，发放海外高层次人才"生活绿卡"150 余张。

怎样为人才创造一个良好的体制机制，让人才成就一番事业、充分发挥作用？这是浙江组织部门一直在认真思考和探索的问题。一下子改变现行体制，阻力大、难度大、风险也大。浙江采取的是以政策创新带动体制机制改革的办法，从一项项具体政策着手，先行先试，由点到面逐步实现创新突破。

近年来，浙江围绕人才期待、社会关注的热点问题，制定出台了一批含金量高、务实管用、急需的人才政策。出台未来科技城建设人才特区的意见，对人才创业奖励与资助、创业投融资、税收、用地、外汇管理、人才培养等 10 个方面予以特殊政策支持。针对浙江房价比较高、人才住房难问题，各级组织部门积极争取党委政府支持，努力改善各类人才居住条件，2011 年年底全省建成可供安排的人才专项房 3.16 万套，入住人才 2 万多人。发挥浙江民间资本充裕的优势，积极培育"人才＋资本"创业模式，促成建立国内第一支以"成功老海归帮扶新海归创业"为主题的海邦人才基金，目前规模达到 10 多个亿，与数十个海归创业项目达成投资合作。今年还将出台实施鼓励社会资本投资高层次人才创业的系列政策。

杭州国际人才交流与合作大会

十二　坚持党管人才原则

海邦基金成立仪式

　　人才政策落实过程中，往往会出现难以兑现的困境。这有政策太原则、不好操作的原因，有部门之间相互扯皮、掣肘的原因，也与政策知晓率不高有关。为此，每一项政策出台后，浙江组织部门及时把工作重心放在抓协调、抓细化、抓督查、抓宣传上，理顺和明确各职能部门的职责和分工，形成推进工作的整体合力。

以考核"指挥棒"破题 "党管人才"

当滕州市委负责同志了解了省、市反馈的 2011 年度人才工作目标责任制考核结果后，才松了一口气："目标责任制考核是个'指挥棒'，滕州作为百强县，人才工作不能落后。我这个'一把手'深感责任、压力很大。"

在山东，全面实施近两年的人才工作目标责任制考核体系，以其目标明确、责任清晰、考核到位、奖罚分明的一整套机制，产生了巨大的"杠杆效应"，推动了"一把手"抓"第一资源"，调动了各级、各部门、各单位开展人才工作的积极性，使"党管人才"在山东深入破题，人才工作服务科学发展的实效性大大增强。

山东泰山

"软目标"变成"硬任务"

——让"一把手"坐不住了

考核带给滕州的压力之大由此可见一斑:人才工作成为市委常委会、市政府常务会议专题研究次数最多的事项之一;先后几次充实调整市人才工作领导小组,形成了市委统一领导、组织部门牵头抓总的一整套人才工作责任体系;人才工作纳入全市"十二五"发展规划,制定了中长期人才发展规划纲要;建立了市级领导干部联系专家制度,帮助专家解决生活、工作难题;2011年市财政用于人才发展的专项资金达到1880万元。

2003年以来,山东确立了以人才工程引领带动各类人才队伍建设的总体思路,打造了泰山学者、创新团队、首席技师、乡村之星等人才品牌工程,并示范带动实施了一批各具特色的人才工程,形成了亮点纷呈的人才发展生动局面。"但仅靠组织部门抓几个人才工程是远远不够的。多年来,我们工作实践的一条基本经验是,凡是党政'一把手'亲自抓的事情,工作力度就大,成效就明显。"山东省委

組織部有関負責人说，"所以，如何调动各级'一把手'抓人才工作，如何整合各部门力量、引导社会资源共同推动人才工作，才是促进人才发展的根本性问题，也是落实党管人才的迫切需要。"

对各市考核的重点，包括高层次人才培养引进、人才平台载体建设、

山东省人才考核全覆盖

山东的人才考核力求实现对人才工作重点主体的"全覆盖"，共面向三个层面 462 个单位：一是全省 17 个市、140 个县（市、区）党委、政府，省对市考核、市对县考核，采取定量、定性考核与满意度测评相结合的方式；二是 18 家省人才工作领导小组成员单位，年初签订目标责任书，年中通报工作进展情况，年底召开会议由主要负责人述职；三是省管企业、省属高校、科研院所、医疗卫生机构、省级以上高新区、经济开发区等 6 个系统 287 个重点用人单位，由省相关部门分别组织考核。

政策机制突破和推动县域人才工作等方面。考核结束后，省人才工作领导小组将考核结果直接通报给各市市委书记、市长，不仅反馈考核总分和考核等次，还逐项反馈各考核指标得分及该项指标全省平均得分，让各市通过与全省平均水平比较，查找不足，抓好整改。

山东省科技厅一位副厅长连续两年到市里担任考核组成员，深有感触地说道："人才考核实施以后，'一把手'抓'第一资源'的主动性大大地提高了。"

科学发展考核最重是"人才"

—— "伯乐"们更忙了

在 2012 年 5 月 8 日举行的山东省国有企业自主创新大会上，山东重工集团、浪潮集团两家省管企业的领导班子，获得了一个特别的奖项："伯乐奖"，并分别获奖金 200 万元和 100 万元。

十二 坚持党管人才原则

为企业领导班子设立"伯乐奖",给予重金奖励,这在山东省尚属首次。山东省国资委有关负责人说,他们把对省管企业人才工作的考核结果,作为企业领导人员经营业绩年度考核和任期考核的重要组成部分,直接与企业领导人员的薪酬、调整等挂钩,就是为了奖励人才工作搞得好、考核成绩突出的企业领导班子,进一步带动、激发各企业领导班子重视人才、推进人才工作的积极性。

"考核要真正触动'一把手'的神经,最有效的就是与干部的使用以及收入、待遇等切身利益直接挂钩。"山东省委、省政府确定,人才工作目标责任制考核的结果,

山东省为省管企业颁发"伯乐奖"

要作为衡量领导班子和领导干部实绩,对领导干部调整、使用和奖惩的重要依据。

从 2011 年起,山东省把各市的人才考核结果纳入科学发展综合考核,专门设立"人才发展水平"指标,权重 40 分,在科学发展综合考核各项定量指标中权重最高,比"地区生产总值及增长率"、"万元 GDP 能耗及降低率"等重要指标权重高出 60%,比各项指标平均权重高出 110%。"人才发展水平"连同"研究与试验发展投入占 GDP 比重"、"教育支出占财政支出比重"等与人才工作密切相关的指标权重合计 108 分,占总权重的 10.8%。从这个角度讲,人才工作就成了影响各市科学发展综合考核成绩的最重要因素之一。

这一举措极大调动了各市"一把手"抓"第一资源"的积极性、主动性。据统计,考核工作部署实施近两年来,各市召开市委常委会、市政府常务会议专题研究人才工作 166 次,11 个市调整为由市委书记担任人才工作领导小组组长;各市普遍设立人才工作专项资

金，2011 年总额达 5.58 亿元，同比增长 51.62%；全省市县两级全部成立了人才工作机构，专职人才工作人员达到 332 名。

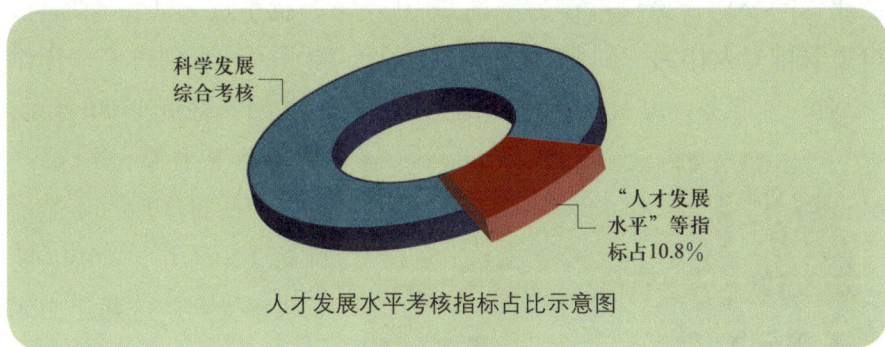

人才发展水平考核指标占比示意图

同时，在各系统人才工作考核的推动下，各省管企业、高校、院所、园区，普遍成立了由"一把手"任组长的人才工作领导小组，各单位党政领导班子 2011 年以来共召开研究人才工作的会议 791 次，部分企业、高校还建立起对子公司或下属院系的人才工作考核制度，人才工作成为用人单位"一把手"的重要工作内容。

对人才工作重视"升级"，让各级各单位党政领导班子成员变成了忙碌的"伯乐"。济宁市委组织部负责人介绍，济宁市一名市级领导联系一名入选国家、省人才项目的高层次人才，建立"一对一"联系机制，定期对人才开展工作情况进行走访，协调有关部门，帮助高层次人才解决工作生活中的实际问题。2011 年，国家"千人计划"专家钟路华带项目入驻济宁后，市领导协调有关部门为他争取了3500 万元资金，帮助其创办的公司顺利扩产。"只要遇到什么难题，一个电话打给市领导，他就给协调解决。没有市领导对我们的重视和帮助，很多事情还真是不好办。"钟路华说。

考核传导效应凸显

——人才发展环境更"美"了

走进位于济南市高新区的济南晶正电子科技有限公司，只见一片忙碌景象，员工们正在紧张调试崭新的生产设备。公司总经理、泰山学者海外特聘专家胡文博士介绍，晶正是全球首家实现光学薄膜材料产业化的公司，该项目作为济南2010年第一批引进人才工程项目，市里安排专人作为"创业助理"，从注册、验资，一直到进驻，提供"一对一"服务，办公场所也都是免费提供，并帮其融资1500万元。

青岛市专家公寓

2012年下半年公司第一条生产线投产后，年产值将达1.5亿元。"可以明显地感受到，这两年山东对于高层次人才的重视程度越来越高，给海外归国人员提供的创业环境越来越优越。"胡文说。

实行目标责任制考核以来，山东把考核的着眼点放在提高人才工作对经济社会发展的贡献率上，以考核为抓手，充分发挥考核的传导作用，激活了人才工作"一池春水"，实现了各项人才重点工作蓬勃发展。

在考核的强力推动下，各市千方百计广揽海外人才，一些市国家"千人计划"专家数量翻番增长，省属高校、省管企业等系统纷纷实现突破。山东省入选国家"千人计划"人数也由30名迅速上升到73名，是开展引进海外人才工作以来进展最快的一年。

"青岛要着力打造'蓝色人才硅谷'"，青岛市委组织部负责人说："今年青岛启动'蓝色人才集聚计划'，确定投资建设1000万平方米科技企业孵化器、1000万平方米人才公寓，5年内引进10000名蓝色经济、现代服务业、先进制造业、高技术产业等发展所需的优秀人才。对引进世界一流人才创业项目，最高给予5000万

元扶持资金。"

而将县域人才发展纳入对市的考核，也决定了各市不仅仅要在本级发力，还要不断下移工作重心，积极培植人才强县。据统计，2011年以来，山东118个县（市、区）设立了人才工作专项资金，总金额达4.89亿元，同比增长46.41%。作为县级市的滕州，为支持"千人计划"专家魏彦君创业发展，将2011年仅有的100亩工业用地指标全部批给了他。一个人创业能够独占全市一年的工业用地指标，这样的支持力度让魏彦君连称"想都不敢想"。

对人才平台载体的考核，促使各市、各有关部门不断加大力度推进平台建设，国家重点实验室、企业技术中心、工程技术研究中心等重要平台数量快速上升，2011年，各市新增国家级平台载体136个，省级平台载体380个，国家和省认可的科技企业孵化器57万平方米，国家超级计算济南中心、山东量子科学技术研究院、山东省云计算中心等一批高端平台相继建成。

考核推动了人才工作，人才对产业发展的支撑力度也逐渐加大。2011年，山东省新口径高新技术产业产值占规模以上工业比重达27.3%，同比提高1.2个百分点。引进的72名高层次海外创业人才所办企业，2011年实现销售收入49.58亿元，上交税金3.02亿元。据考核中对17市820名人才代表和用人单位负责人测评显示，各市人才代表满意度达98.24%，用人单位满意度达97.95%。

济南高新区

以一流服务建设
人才之家

　　"2010 年，我回国担任河南省科学院高新技术研究中心首席科学家后，院长郭新和就成了我的'第一服务员'，亲自忙前忙后为我解决衣食住行等生活问题。"国家"千人计划"专家、河南省"百人计划"人选安浩云说："我发现他的身体状态不太好，后来才知道，他当时刚刚做完手术，却因为我的事情推迟了住院休养。这份真诚深深打动

河南沙颍河周口大闸

了我。"

"省委组织部和省科技厅的领导都多次来看我，每次见面总是先问：有没有什么困难要解决？"安浩云坦言："国内的科研基础条件跟国外相比确实有差距，但我的科研工作从未缺过资金、设备和人员。现在，我主持研发的治疗艾滋

相关链接

河南省党委联系专家制度

20世纪90年代，河南开始选拔党委直接掌握联系专家。1997年，河南下发了《关于加强省级领导干部与高级专家联系的意见》，正式建立省级领导直接联系专家制度，并在全省逐步推开。2008年又下发了《关于进一步加强省级领导干部与高级专家联系的实施意见》，将这项工作推向深入。目前，全省各省辖市、县（市、区）普遍建立了党委联系专家制度，直接掌握联系了一大批各级各类拔尖骨干人才。

病药物'阿滋福啶'已顺利进入了申请临床使用阶段。"这位曾研发出5个一类新药的归国博士，两年来几乎天天泡在实验室，他只有一个目标："一定要为中原父老研发出首个一类新药！"

对专家在生活上细致关心、工作上坚定支持、思想上密切联系。通过这些做法，吸引和培养了众多像安浩云这样乐于来豫创新创业的高层次人才。自20世纪90年代河南实施党委联系专家制度以来，在全省全面推广，目前已取得显著成效，直接掌握联系了一大批各级各类拔尖骨干人才，为中原经济区建设提供了有力人才支撑。

"生活上关心最能温暖人心"

镜头一：绿荫夹岸，长桥卧波，洛浦公园是九朝古都洛阳的最佳地段。2005年7月，毗邻公园而建的河南省第一个高层次人才居住区竣工，迎来了包括两院院士、中央联系专家、省优秀专家、市拔尖人才等在内的383位高层次人才入住。

住户之一、洛阳市农业科学研究院张灿军研究员说："这里的环

洛阳高层次人才居住区

境太好了，还是省内首家数字智能化管理小区。"他以往长年住在简易楼房中，没有煤气、暖气，吃不上自来水，对于新环境的改善欣喜异常。从来都是在办公室读书搞科研的他，给自己装饰了一间宽大的书房。"我要抽出更多时间，开心地工作。"

作为国家创新型试点城市，洛阳每万名职工中拥有专业技术人员1488名，科技进步对经济增长的贡献率达到47%，高于河南平均水平。2009年，在张灿军主持下，洛阳市农业科学研究院一次性通过国审小麦品种5个，累计推广面积近2亿亩，创社会经济效益达15亿元。

【解读】人才是第一资源，也是实现经济社会发展目标的关键。从生活上关心专家，是各级领导尊重人才、重视人才最直接、最有效、最能温暖人心的举措。

镜头二：2006年的一天，正在家中作画的民权县北关镇王公庄村村民王建民感到下肢一阵剧痛，栽倒下去，画笔、宣纸、颜料散落一地。得知消息后，北关镇党委负责同志马上安排车接王建民到县人民医院就诊，并安排一名镇干部全程陪护，自己却挤公交车去市里开会。

当地党委、政府在村文化广场西侧规划建设了别墅群后，在最好的位置给王建民安排了"绘画工作室"。

现在，王公庄村已经成为声名远扬的"中国画虎第一村"。王建民作为村"四大虎王"之首、省优秀专家、中国美协会员，不仅自己频频获奖，还教出了众多弟子。他时常感慨："没有党组织的关心，也许我今天还是一个普通的画匠。"

"中国画虎第一村"——民权县王公庄村

【解读】领导抓人才就是抓服务，服务人才的重点就是及时帮助解决实际困难。

▶ "为高端人才提供最有力的支持，缺啥补啥"

镜头三：黄明贤，国家"千人计划"、省"百人计划"人选，2011年，在郑州高新区国家海外高层次人才创新创业基地创办英诺生物科技有限公司。"回国前我还有些忐忑，不知国内的创业环境究竟如何，现在我放心了，省市区各级支持力度很大，目前公司已顺利起步，可以把全部精力投入产品研发和市场开拓。"黄明贤坦言。

为了支持其发展，河南省委省政府给予其一次性奖金资助120万元，郑州高新区配套了200万元区级创业资金、1000万元的企业贷款担保，提供1000平方米研发场地，对企业实行税收优惠政策。

【解读】加大对人才投入的力度，为人才提供最大程度的支持，已成为当前河南全省上下的共识。

十二　坚持党管人才原则

相关链接

单位：万元

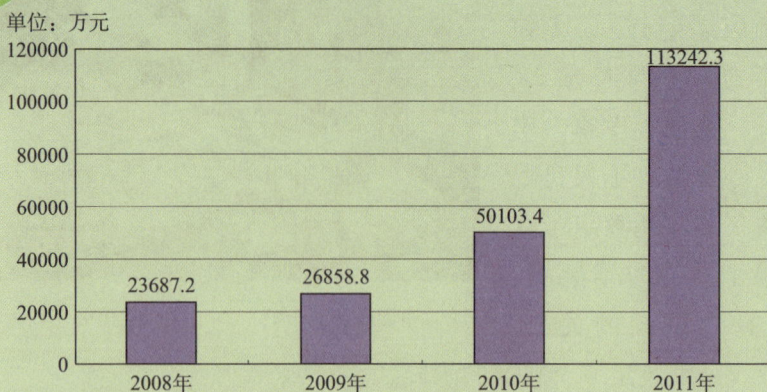

河南省财政人才工作专项经费迅速增长

镜头四：2011 年 12 月 9 日，70 岁的郑州大学化学系法国籍教授、国际磷化学实验室主任弗朗索瓦·马蒂增选为中国科学院院士，成为河南省首位中科院外籍院士。

马蒂是 2005 年受聘到郑州大学全职工作的。他曾担任法国化学

弗朗索瓦·马蒂教授给学生讲解课题

会主席、英国皇家化学会会员，拥有法国科学院院士、欧洲科学院院士等 6 个院士头衔。郑州大学校长申长雨在纽约参加国际学术会议期间，专门挤出一天转机飞往洛杉矶，力邀这位世界级学术大师"加盟"。

郑州大学为马蒂配备了科研启动经费 500 万元，建设了一个具有国际标准、拥有现代检测仪器的磷化学实验室。在马蒂的带领下，郑州大学的磷化学研究逐渐被世界认知。他还有意在磷化工方面搞产业研发。"我相信，在郑大的'实验结果'将是我科研生涯中最激动人心的成就。"

【解读】为了充分发挥大师级专家、科技领军人物的作用，郑州大学出台了多项政策，为高端人才提供最有力的支持，从研发环境、待遇到发展空间，缺啥补啥。

"我愿把一生奉献给这片热土"

镜头五：44 岁的张东江，现任许继集团电源公司总经理。大学毕业后，他进入许继集团，28 岁就成为许继研究所基础开发室主任。1998 年，张东江获得了赴欧洲直读博士机会，当时有人主张不能放人，总裁对张东江说："我相信你会回来。"

留学期间，集团领导经常通过电话、电子邮件与他沟通交流、嘘寒问暖，

相关链接

河南省"院士预备队"

2007 年，河南启动实施高层次创新型科技人才队伍建设工程，选拔培养"中原学者"作为"院士预备队"，在项目、资金、政策上给予全方位支持，全力打造河南科技"梦之队"。2009 年、2011 年连续两届院士增选年，"中原学者"申长雨、张改平、喻树迅、谢剑平先后当选"两院"院士，使河南省院士数量实现爆发式增长。

介绍家乡和企业的发展形势，并为他解决了 40 多万元的留学费用。张东江说："这是我独在异国他乡最坚实、最温暖的精神寄托。"2002 年，张东江放弃了国外优厚的待遇和条件，毅然回到许继集团。

"我觉得，这是我最明智的选择。这里有亲人、有关怀、有机遇，有平台，我的根在这里，我的事业在这里。"张东江动情地说。

【解读】许继集团领导层认为，员工是现代企业最重要的核心。要从思想上时刻关心员工的成长，提升每位员工的自我价值，建立起优秀人才培养和快速晋升的绿色通道。

镜头六：河南的每一位省级领导，都负责"面对面、心连心"地联系两位知名专家。国家科技进步一等奖获得者、著名小麦专家许为钢，是河南省省长的重点联系专家之一。

"其实，我的研究工作很早就得到了省领导的关怀，这种关怀一直延续至今。"许为钢深情地说。现在，他的最新成果——优质强筋"超级小麦"，已入选国家科技支撑计划"十二五"首批启动项目，将为河南"国家粮食核心区"建设再添新动力。

多年以来，为了培育和推广小麦新品种，许为钢每年都要驱车行程 8 万公里以上，跑遍了河南每个县市。籍贯山东的他，早已把河南当做自己的家。他说："没有河南各级领导的密切联系和亲切关怀，我不可能取得目前的成果。我愿把一生奉献给小麦事业，奉献给河南这片热土。"

镜头七：2012 年 5 月 9 日，在河南省委党校综合教学楼 203 教室，中平能化集团高级技师、"中华技能大奖"获得者白国周深有感触地说："这次参加省里组织的专家政治理论培训班，我感觉收获格外大，更加深了对国家大政方针的认识。现在国家和我们省的发展形势这么好，我对建设中国特色社会主义信心更足了，决心更大了。"

党的十七大以来，河南共获国家科技进步特等奖 1 项，国家科技进步一等奖 9 项、二等奖 87 项，国家技术发明二等奖 5 项，国家自然科学二等奖 2 项。一大批创新成果实现转化推广，取得显著经济社会效益。

【解读】党委联系专家是党管人才的重要体现，就是要使专家真切感受到党组织的关怀，增强专家的认同感和归属感，自觉地把个人前途命运与河南发展紧密联系在一起，最大程度激发其创新热情和创造活力。

十二 坚持党管人才原则

后 记

为深入宣传和普及科学人才观，充分展示近年来各地各部门各单位人才工作的创新实践和成功经验，我们精心编写了 49 个人才工作创新案例，供大家学习借鉴。

中央领导对本书的编写高度重视。有关中央国家部委、省区市和中央企业、高校、科研院所给予大力支持。教育部、财政部、国务院国资委、中国科学院、北京市、天津市、河北省、山西省、内蒙古自治区、辽宁省、吉林省、上海市、江苏省、浙江省、安徽省、福建省、江西省、山东省、河南省、湖北省、湖南省、广东省、广西自治区、海南省、重庆市、四川省、陕西省、中国航天科技集团公司、神华集团有限责任公司、中国商用飞机有限责任公司、中国铁路工程总公司、清华大学、中国科学技术大学、中南大学、中国农业科学院分别承担了相关案例的材料收集和整理工作。

本书由中央人才工作协调小组副组长、中央组织部副部长李智勇同志审定，中央人才工作协调小组办公室主任、中央组织部人才工作局局长孙学玉同志策划主编，中央组织部人才工作局陈红等同志参加编写和修订工作。

中共中央组织部人才工作局

2012 年 8 月

封面设计:郁　茂

责任编辑:茅友生

责任校对:吴海平

图书在版编目（CIP）数据

科学人才观实践读本／中共中央组织部人才工作局 编.
　－北京：人民出版社、党建读物出版社，2012.9
（科学人才观丛书）
ISBN 978－7－01－011074－5

I.①科…　II.①中…　III.①人才观－中国－学习参考资料　IV.① C964.2

中国版本图书馆 CIP 数据核字（2012）第 165464 号

科学人才观实践读本
KEXUE RENCAIGUAN SHIJIAN DUBEN

中共中央组织部人才工作局　编

人民出版社
党建读物出版社 出版

（100706　北京市东城区隆福寺街 99 号）

北京汇林印务有限公司印刷　新华书店经销

2012 年 8 月第 1 版　2012 年 9 月北京第 3 次印刷
开本：720 毫米 × 1020 毫米 1/16　印张：23.5
字数：398 千字　印数：100,001－200,000 册

ISBN 978－7－01－011074－5　定价：49.00 元

邮购地址 100706　北京市东城区隆福寺街 99 号
人民东方图书销售中心　电话（010）65250042　65289539